Jerusalem – Berlin – Sarajevo

Jochen Töpfer · Max Friedrich Bergmann

Jerusalem – Berlin – Sarajevo

Eine religionssoziologische
Einordnung Amin al-Husseinis

 Springer VS

Jochen Töpfer
Osteuropa-Institut (OEI)
Freie Universität Berlin
Berlin, Deutschland

Max Friedrich Bergmann
Dessau-Roßlau, Deutschland

ISBN 978-3-658-24632-7   ISBN 978-3-658-24633-4   (eBook)
https://doi.org/10.1007/978-3-658-24633-4

Die Deutsche Nationalbibliothek verzeichnet diese Publikation in der Deutschen Nationalbibliografie; detaillierte bibliografische Daten sind im Internet über http://dnb.d-nb.de abrufbar.

Springer VS

Springer VS ist ein Imprint der eingetragenen Gesellschaft Springer Fachmedien Wiesbaden GmbH und ist ein Teil von Springer Nature
Die Anschrift der Gesellschaft ist: Abraham-Lincoln-Str. 46, 65189 Wiesbaden, Germany

Inhaltsverzeichnis

Abbildungsverzeichnis

Tabellenverzeichnis

Einleitung: Amin al-Husseini – Instrumentalisierung einer historischen Figur

Kurz vor seinen Deutschlandbesuch am 21.10.2015 behauptete der israelische Premierminister Benjamin Netanjahu, der ehemalige Mufti von Jerusalem, Mohammed Amin al-Husseini[1] (1893–1974), hätte im November 1941 Adolf Hitler zur systematischen Vernichtung der europäischen Juden angestiftet[2]. Mit dieser Äußerung beabsichtigte er, die Gruppe der muslimischen Araber in Palästina und ihre Politik kollektiv zu verunglimpfen und damit weitere Siedlungen auf palästinensischem Gebiet außenpolitisch zu rechtfertigen. Auch in nationalen (Abdel-Samad 2014, S. 94, 95) wie internationalen (Wolin 2009) Debatten wird die historische Person Amin al-Husseini in den letzten Jahren verstärkt angeführt, wenn es das Ziel ist, Gruppen von Angehörigen der Glaubenstraditionen des Islams oder die Religion des Islam selbst kollektiv auf einer normativ verwerflichen Extremposition zu generalisieren und mit diesem Beispiel einen (oft politischen) Gegenspieler zu diskreditieren.

Aus diesem Grund versucht die vorliegende Analyse, sich dem den aktuellen Diskussionen (um Islam und Politik) vorgelagerten Problem einer Einordnung der ideologischen Orientierung des so prominent angeführten Amin al-Husseini – hier aus religionssoziologischer Perspektive – anzunehmen und damit eine sozialwissenschaftliche Perspektive der Debatte hinzuzufügen. Zu diesem Zweck wird im dritten und vierten Kapitel insbesondere der Charakter seiner Zusammenarbeit

---

[1]Wir verwenden in diesem Text die im deutschsprachigen Raum am häufigsten genutzte Schreibweise des Namens. In Texten von deutschen Historikern ist zudem oft ‚Amin al-Husayni' (Bauknecht 2001, S. 42) (arabisch ﺪﻤﺤﻣ ﻦﻴﻤﺃ ﻲﻨﻴﺴﺤﻟﺍ, DMG Umschrift *Muḥammad Amīn al-Ḥusainī*) zu finden.

[2]http://www.dw.com/de/netanjahu-mufti-von-jerusalem-dr%C3%A4ngte-hitler-zum-holocaust/a-18794874, 09.09.2016; www.welt.de/kultur/article147877905, 21.10.2015.

© Springer Fachmedien Wiesbaden GmbH, ein Teil von Springer Nature 2019
J. Töpfer und M. F. Bergmann, *Jerusalem – Berlin – Sarajevo*,
https://doi.org/10.1007/978-3-658-24633-4_1

mit dem NS-Regime in den Fokus gerückt, die als zentraler Bestandteil der Beweisführung in angesprochenen Publikationen dient: Bestanden seit 1933 nur lose Kontakte zwischen beiden Akteuren, so zeigte sich in den 1940er Jahren eine verstärkte Kooperation zwischen al-Husseini und politischen Eliten des sog. ‚Dritten Reiches', hier insbesondere über Heinrich Himmler (1900–1945). Ein genereller Überblick über die wissenschaftliche Literatur bestätigt, dass eine Vielzahl von Studien zum Wirken Amin al-Husseinis in Bezug mit NS-Regime existieren – jedoch sind diese mehrheitlich geschichtswissenschaftlich geprägt (Wildangel 2007), tragen beschreibenden Charakter (Höpp 2001) und/oder beziehen sich ihrer Sicht stark auf den das NS-Regime (Gensicke 1988; Herf 2008, 2009). Nicht nur die provokante These von Netanjahu zeigt jedoch einmal mehr den aktuellen Bedarf an, aus soziologischer Perspektive die ideologische Orientierung des palästinensischen Politikers und religiösen Würdenträgers Amin al-Husseini zu verorten und aus dieser Perspektive zu bestimmen, auf welcher Basis besagte Zusammenarbeit möglich war. Mit der Einbeziehung des biografischen Blickwinkels kann der ideologische und auch materielle Hintergrund aufgehellt werden, welche die Kooperation zwischen einem islamischen Glaubensführer und den Weltreligionen generell feindlich eingestellten, deutschen Nationalsozialisten begründete, zu deren Höhepunkt im Februar 1943 die Aufstellung zweier muslimischer SS-Divisionen auf dem Gebiet Bosnien-Herzegowinas gehörte. Wie angedeutet war die Zusammenarbeit wohl deshalb grundsätzlich ambivalent, da das NS-Regime und seine Hauptprotagonisten – auch nach außen sichtbar – bestehende traditionelle Religionen (hier insbesondere katholisches und protestantisches Christentum im Deutschen Reich) zunächst instrumentalisierten, weiterhin ihrer Ideologie folgend zu zersetzen suchten (May 1991, S. 614) und als Endpunkt schließlich durch eine umfassende NS-Doktrin mit irdischem Führerkult ersetzten wollten (Herbert 1985, S. 233, 234)[3]. Die angesprochene, paradox anmutende und eher kurzfristige Beziehung mit Amin al-Husseini wurde zuletzt verstärkt von zeitgenössischen politischen Kommentatoren in Deutschland aufgegriffen (Küntzel 2007b, S. 75 ff.) und in eher populistischen (Abdel-Samad 2014)[4] sowie wissenschaftlichen (Herf 2009, 2010)[5] Zuspitzungen zuerst mit einer

---

[3]Wie Herbert (1985) hier anmerkt, existierten innerhalb der NS-Elite große Divergenzen über die finale Ausgestaltung des letzten Punktes. Siehe auch Abschn. 3.2.2 *NS-Ideologie und Islam.*

[4]Abdel-Samad, Hamed (2014): Der islamische Faschismus: Eine Analyse. München.

[5]Herf, Jeffrey (2009): Nazi propaganda for the Arab world. New Haven, Conn. Der Historiker Jeffrey Herf (*1947), University of Maryland (http://history.umd.edu/users/jherf, 16.01.2017), publiziert umfangreich zum Thema und wird als klassischer Vertreter der These einer ideologischen Nähe zwischen deutschem Faschismus und Teilen von Vertretern des Islam bis 1945 angesehen (Kamil 2012, S. 11).

Unvereinbarkeit von Islam und Demokratie gleichgesetzt und anschließend mit einer Warnung vor einer möglichen zukünftigen Zusammenarbeit europäischer und arabischer antisemitistischer Politikkreise versehen (Küntzel 2007b, S. 135). Taugt Amin al-Husseini somit als prominentes Beispiel für heutige Beschreibungen, Vergleiche und Verhältniskonstrukte in einem Diskurs, der sich um die Beziehung von Islam und Politik (so auch um Islam und Demokratie) entfaltet hat, oder ist seine Nennung eher als Instrument zur Erregung von Aufmerksamkeit in derzeit eher emotional geführten Debatten innerhalb dieser Diskursarena anzusehen?

Innerhalb des Spektrums bilden die Grundlage der zweiten These Entgegnungen zu generalisierenden Standpunkten, die starke Parallelen oder gar Verknüpfungen zwischen politischem Islam und Nationalsozialismus betonen, welche im Anschluss von Wolin (2009) und Achcar (2012) geäußert wurden: Sie heben nicht hauptsächlich ideologische, sondern in der Fallanalyse der Kooperation Amin al-Husseinis mit dem NS-Regime auf beiden Seiten insbesondere kurzfristige, individuelle und instrumentelle Interessen hervor. Demnach kommen sie zu dem Resultat, dass die Zusammenarbeit, welche letztendlich nur in Bruchteilen des proklamierten Formats tatsächlich durchgeführt wurde, äußerst hierarchisch sowie von wenig Substanz geprägt war und schlussendlich aufgrund des individuell geprägten Charakters der Beziehung nicht zu generalisieren ist (ebd., S. 124, 125). Demnach ließen sich aus dem vorliegenden Fall keine generelle Aussagen zum Verhältnis von Islam und Politik ableiten.

Sind zur NS-Diktatur und ihren regionalen wie globalen Kooperationen eine Vielzahl von Veröffentlichungen erscheinen, so ist diese Diagnose auf den ersten Blick auch auf den hier vorliegenden, speziellen Themenkomplex anzuwenden (Scholtysek 2012, S. 275). Während jedoch, wie oben angesprochen, die Mehrheit der Publikationen die machtpolitischen Interessen des NS-Regimes ins Zentrum ihrer Aufmerksamkeit rücken (Faber 2010), nähert sich die vorliegende religionssoziologische Untersuchung diesem historischen Phänomen aus Sicht des Akteurs Amin al-Husseini. So sollen im zweiten Abschnitt zunächst auf den islamischen Kulturkreis anwendbare theoretische Muster des Verhältnisses von Politik und Religion dargestellt werden, um weiterhin im dritten Teil den historischen Handlungsrahmen und das Wirken der Person im Hinblick auf unsere Forschungsfrage nachzuzeichnen. Daran anschließend stehen im vierten Abschnitt die gemeinsamen Projekte im Zentrum der Betrachtungen, um letztendlich zu einer Einschätzung seiner ideologischen Orientierung (und deren möglicher Wandel) zu gelangen. In die Zeit der intensiven Kooperation zwischen 1941 und 1945 fallen die drei wohl bekanntesten Beispiele gemeinsam ausgeführter Projekte: Die Übernahme des Islamischen Zentral-Instituts in Berlin im Frühjahr 1942, die Sendung arabischer Rundfunkpropaganda aus dem berlinnahen Zeesen in Richtung des Nahen Ostens zwischen Juli 1942 und Januar 1945 sowie die erwähnte Aufstellung von sog. „muslimischen" SS-Divisionen auf dem Gebiet des ehemaligen Jugoslawiens ab Februar 1943. Alle drei Vorhaben legen vermeintliche Beweggründe als auch konkrete Zielsetzungen der Kooperation vonseiten Amin al-Husseinis dar, da hier neben der tatsächlichen Materialisierung von gemeinsamen Projekten durch Wortbeträge ein hohes Niveau an ideologischer Konvergenz beider Weltanschauungen konstruiert wurde: So entwarf er bei diesen Gelegenheiten ein höchst individuelles, politisches Modell des Islam, welches er als durchgehend kompatibel mit der NS-Doktrin darstellte. Wichtige Aspekte in der Einordnung dieses Modells lassen sich hinzufügen, wenn der Einfluss der drei angesprochenen Projekte auf die jeweils anvisierten Zielgruppen einbezogen wird. Hier lassen neue Erkenntnisse der Geschichtswissenschaft genauere Einschätzungen der Reichweite seiner politischen Thesen im Nahen Osten und in Jugoslawien zu als in der Vergangenheit.

Da die Problemstellung zunächst ein historisches Thema berührt, ist eine aktuelle tagespolitische Relevanz außerhalb der oben angesprochenen Debatten nicht auf den ersten Blick ersichtlich. Die politische Instrumentalisierung der historischen Person erfährt jedoch nicht nur in der Region oder im deutschsprachigen Raum, sondern mit der Entstehung von sog. ‚Anti-Islam-Parteien' in einer großen Anzahl von etablierten Demokratien auch international eine Renaissance. Neben der Äußerung von Benjamin Netanjahu im November 2015 kann als weiterer Beleg für ein Aufleben der aktuellen politischen Nutzung al-Husseinis eine Kampagne der Anti-Islamischen Bewegung AFDI[6] in den Vereinigten Staaten von Amerika (USA) in den Jahren 2014/2015 gelten. Sie nutzte zur Unterstützung ihres Ziels der Begrenzung von Zuwanderung von Muslimen ein bekanntes Bild des Treffens Amin al-Husseinis mit Adolf Hitler aus dem November 1941. Plakate der Abbildung wurden in ihrem Auftrag an Bussen des öffentlichen Nahverkehrs in Washington D.C. im Mai 2014 (o. A. 2014) und in Philadelphia im April 2015 (Beckhoff 2015) angebracht und sollten für die Öffentlichkeit ‚belegen', dass die Religion Islam generell judenfeindlich sei und dies eine Verankerung im Koran finde. Mit diesen populistischen Aktionen wird wiederholt versucht, eine sich vielfältig artikulierende Religion in sie ablehnenden Kreisen zu politisieren und selektiv zu generalisieren. Die Einführung dieser Logiken in Erklärungsmuster bildet aktuell ein Element in der Gestaltung von Diskursen sogenannter islamfeindlicher Bewegungen und populistischer Parteien in Europa und den USA.

---

[6]AFDI – American Freedom Defense Initiative; siehe http://freedomdefense.typepad.com/ (02.08.2018).

Die einleitenden Worte zeigen, dass die wissenschaftliche Beschäftigung mit der Person national und international auf ein mit äußerst konträren Standpunkten besetztes Feld trifft. Nicht nur im Nahen Osten sind aktuelle Debatten neben der angesprochenen Instrumentalisierung zweitens durch eine polare Einordnung Amin al-Husseinis in das Spannungsfeld zwischen ‚Befreiungskämpfer' auf der einen und ‚Kriegsverbrecher' auf der anderen Seite (Achcar 2012, S. 124, 145) geprägt. Auch in der Wissenschaft werden Belege, welche die jeweilige These unterstützen, oft einseitig aufgeführt (ebd., S. 124).

Drittens verläuft eine weitere wichtige Diskurslinie um Fragen der langfristigen Wirkung der Person und seinen Stellenwert auf den Antisemitismus in der arabischen Welt: Entweder wird sein Handeln von Autoren als nicht genug beachtet oder als überbewertet angesehen (Scholtysek 2012, S. 274). Während die Position des Islamwissenschaftlers Gilbert Achcar (2012, S. 128) der zweiten Gruppe zugehörig ist, kann jene von Küntzel als Gegenposition dienen, wenn er Amin al-Husseini bis heute als Schlüsselinspiration für Antisemitismus in der Politik der Länder des Nahen Ostens ansieht (Küntzel 2005, 2007a) und zusätzlich behauptet, diese ehemalige Kooperation beeinflusse noch heute deutsche Außenpolitik (Küntzel 2007b). Um einer möglichen externen Verortung unter diesen Vorzeichen zu begegnen, ist die vorliegende Studie nach ihren Quellen breit aufgestellt.

Der letzte Punkt der Relevanz verweist in den theoretischen Bereich der Religionssoziologie; genauer zu Modellen zur Kategorisierung des Verhältnisses von Religion und Politik: Durch eine Einordnung der ideologischen Orientierung Amin al-Husseinis (hiernach ‚Modell al-Husseini') in diese erscheint es auf den ersten Blick zunächst möglich, bisherige Lücken zu schließen (so beispielhaft bei Linz 1996, S. 134; Fox 2008, S. 147). Das NS-Regime als politische Religion oder Ersatzreligion steht am anderen Ende der Dimension, die mit theokratischen Systemen als der Verschmelzung von Religion und Politik beginnt (siehe zweites Kapitel). Trotz dieser Hinsicht enormen inhaltlichen und strukturellen Distanz wollen wir mit der vorliegenden religionssoziologischen Einordnung zeigen, wie eine spezifische, d. h. individuell zugespitzte, instrumentelle Politisierung des Islam' dennoch Überschneidungen mit der nationalsozialistischen Ideologie ergeben und dadurch eine brüchige, kurzfristige Legitimation für das Entstehen der Kooperation bereitstellten konnte. Deduktiv gewonnen bleibt im Hintergrund die These, dass aus der Perspektive der ideologischen Doktrin beider Seiten real auch Ablehnung eine mögliche Beziehungsform hätte darstellen können.

Die drei Städte, die in der Überschrift genannt werden, beschreiben Orte, in welchen Amin al-Husseinis bis 1945 aktiv war. Sie stehen symbolisch als Kristallisationspunkte für einen kurzen Zeitraum der Zuspitzung; nicht minder bedeutend für seine Biografie waren andere Städte wie Istanbul, Kairo oder Beirut.

Theoretischer Rahmen: Kollektivistische Regime und quasi-religiöse politische Ideologien

Die Verortung der ideologischen Orientierung Amin al-Husseinis wird aus religionssoziologischer Perspektive in einem ersten Schritt in Abgrenzung zu und im Abgleich mit weiteren Konzepten zum Verhältnis von Religion und Politik vorgenommen. Für den vorliegenden Fall arbeiten wir demnach mit theoretischen Modellen, die eine möglichst umfassende Klassifikation von Strukturen innerhalb des Bereichs bereitstellen und auch autoritäre politische Regime sowie generell kollektivistische Gesellschaftsmodelle einbeziehen: Der Überblick zeigt zunächst, dass eine Vielzahl von Modellen existiert, die sich jedoch in ihrer Mehrheit auf die Ausgestaltung des Zusammenhanges in demokratisch und semi-demokratisch verfassten Gesellschaften beschränken (Töpfer 2015, S. 30). Die Auswahl der in der vorliegenden Studie genutzten Klassifikationen erfolgt weiterhin nach Maßgaben der vergleichenden Sozialwissenschaft zum Anwendungsbereich und zur Qualität von Indizes (Pickel und Pickel 2012, S. 8), die mit den Stichworten der adäquaten Konzeptualisierung, Messung, Aggregation und Anwendungspraxis von Modellen umrissen sind.

Die Konzeptualisierung beinhaltet die Identifikation der Hauptmerkmale der verschiedenen Typen und die Organisation der Merkmalskomponenten, welche eine sinnvolle Zuschreibung der Fälle in der Klassifikation ermöglichen (ebd.). Unsere Auswahl greift auf etablierte Modelle im Bereich Religion und Politik zurück, die in der Sozialwissenschaft eine häufige Anwendung fanden und die minimalistische oder maximalistische Systemdefinitionen und Redundanzen vermeiden. Beide, nachstehend erklärten Modelle (Linz 1996; Shepard 1987), bilden jeweils fünf Hauptkategorien in der Beziehung zwischen Religion und Politik, innerhalb derer eine weitere Differenzierung stattfinden kann. Bei dem zweiten Stichwort zur Qualität von Indizes, der sog. Messung, muss beachtet werden, dass das Modell innerhalb der ideologischen Orientierung Amin al-Husseinis zwar per definitionem einer bestimmten Analyseebene zugeordnet ist, die auch

© Springer Fachmedien Wiesbaden GmbH, ein Teil von Springer Nature 2019
J. Töpfer und M. F. Bergmann, *Jerusalem – Berlin – Sarajevo,*
https://doi.org/10.1007/978-3-658-24633-4_2

in den Theorien angesprochen wird, es jedoch keine materiell vollendete Gesellschaftsordnung darstellte, sondern weitestgehend Projektion blieb. In den 1920er und 1930er Jahren gelangte er zwar in höchste Positionen in Palästina, jedoch während der Mandatszeit Großbritanniens, welches das Gebiet seit 1920 wie eine Kronkolonie behandelte (Pappe 2010, S. 206, Shamir 2013, S. 14). Dies bedeutete auf der einen Seite weitestgehend den Erhalt der vom Osmanischen Reich geerbten gesellschaftlichen Strukturen, in denen al-Husseini eine privilegierte Stellung besaß, auf der anderen jedoch auch finale Kontrolle über politische Entscheidungen und bei Bedarf den Eingriff der Kolonialmacht. So blieb sein Wirken faktisch auf einen bestimmten Personenkreis begrenzt und konnte nur begrenzt die politisch-gesellschaftliche Ordnung an sich determinieren.

Speziell zu Typologien, die das Verhältnis von Religion und Politik strukturieren, merkt Traunmüller (2012, S. 228) an, dass erhebliche Unterschiede in der Qualität zu beobachten sind. Er verweist darauf, dass eine Auswahl immer sehr eng mit der jeweiligen Fragestellung verknüpft ist und sich keine einfache Empfehlungen erstellen lassen (ebd., S. 229).

Im zweiten Schritt der Verortung gleichen wir Merkmale der ideologischen Orientierung Amin al-Husseini mit dem theoretischen Rahmen von Stephen Shepard (1987) ab, der Bewegungen des politischen Islam im 19. und 20. Jahrhundert als Reaktionen auf die westliche Moderne kategorisiert.

2.1   Politisierte und politische Religionen: Juan J. Linz (1996)

Der international renommierte Sozialwissenschaftler Juan José Linz (1926–2013) war an der Yale University (USA) vornehmlich auf den Gebieten der Analyse totalitärer Regime und der Vergleiche von Diktaturen[1] tätig. Demnach befasst sich sein hier genutzter Aufsatz aus diesem Blickwinkel mit der Einordnung der politischen Religion – der sog. Ersatzreligion autoritärer Regime – in eine neu gestaltete Klassifikation des Verhältnisses von Politik und Religion. Merkmale totalitärer und autoritärer Regime sind somit Ausgangspunkte eines Konzepts, welches die bisher historisch aufgetretenen Ausprägungen des Verhältnisses von Religion und Politik in fünf Typen zusammenfasst (Linz 1996, S. 134; siehe Abb. A1). Er unterscheidet

---

[1]So zählt zu seinem bekanntesten Werk Linz, Juan J. (2000): Totalitarian and Authoritarian Regimes. Rienner.

zwischen 1) Theokratie oder Cäsaropapismus, 2) Herrschaftsregime mit politisierter Religion, 3) feindlicher und 4) freundlicher Trennung der beiden Sphären sowie 5) der politischen Religion als Endpunkt.

Diese fünf Typen decken in einem ersten Schritt zwei Grundausrichtungen von Gesellschaftssystemen ab, die in der Soziologie seit ihren Anfängen aus verschiedenen Perspektiven benannt wurden: Auf der einen Seite stehen kollektivistische Regime, in welchen Religion und Politik eng miteinander verbunden sind, gegenseitig Legitimität erzeugen und gesellschaftliche Zielvorstellungen hinsichtlich eines ‚homogenen Kollektivs' mit mechanischer Solidarität verfolgen (die traditionellen Modelle Theokratie/Cäsaropapismus und politisierte Religion sowie die moderne politische Religion). Auf der anderen Seite sind zwei Grundtypen modernen Charakters zu verorten, die Religion und Politik freundschaftlich oder feindlich auf Distanz halten; der Begriff Trennung ist hier nicht strikt ausgelegt, sondern als Gewährung eines gewissen Grades an Autonomie beider Sphären gekennzeichnet (ebd., S. 135). Eine weitere Neuerung des Linz'schen Modells war, dass er kein lineares Kontinuum zwischen den Endpunkten politische Religion und Theokratie/Cäsaropapismus entwirft, sondern die beschriebenen fünf Typen in einem Kreis anordnet, sodass diese Pole unverbundene, aber benachbarte Kategorien darstellen, die nicht inhaltlich, aber strukturell ähnliche Zielvorstellungen verfolgen.

Da Linz das Anliegen in den Fokus rückt, sich modernen diktatorischen Regimen und kollektivistischen Gesellschaftsformen zuzuwenden, beschreibt er zunächst Merkmale der modernen politischen Religion in Abgrenzung zur politisierten Religion. Als empirischen Fall hat er den Nationalsozialismus vor Augen, dessen Wirken Grundlage der ersten Kategorie ist. Nach Linz entsteht dieses kollektivistische Gesellschaftsmodell im Bereich der Politik, verdrängt traditionelle Religionsgemeinschaften zunächst und versucht letztendlich, diese gänzlich zu ersetzen. Sie zeichnet sich durch eine autoritäre und umfassende Weltanschauung aus, welche übergeordnet als auch bis in kleinste Details des Alltags *Wahrheits*anspruch besitzt, alle Ebenen des Zusammenlebens einbezieht und die bisherigen religiös geprägten Sitten und Traditionen boykottiert (ebd., S. 130). Ausgehend von religiösen Formen, die sich in der verbalen Doktrin (Termini wie ‚einzige Wahrheit') und Handlungen (Riten mit obligatorischer Massenbeteiligung) äußern, wird versucht, Transzendenz auf einen Führer und die soziale Bewegung zu projizieren. Diese Stilisierung soll letztendlich fast ausschließlich der Legitimierung von politischer Macht dienen; hier geht die moderne politische Religion über historische Varianten der Verflechtung beider Sphären hinaus und „(...) *impliziert die Zerstörung des Dualismus von Religion und Politik, die Verschmelzung des politischen und spirituellen Sinns, die die Autorität definiert.*" (ebd., S. 132).

Dieser spezifisch ausgerichtete Kult macht zunächst auf ideologischer Ebene eine Kooperation mit anderen, religiös begründeten Regimen undenkbar: Führer und Nation sind exklusiv definiert; so können andere Gruppen und Zielvorstellungen, sofern nicht explizit als Opponent definiert, nur als Instrument zur Erhaltung des eigenen Modells dienlich gemacht werden. Die wirkmächtigen Akteure der Doktrin (ethnisch definiertes Volk, Führer) lassen insgesamt auf einen innerweltlichen Bezug der politischen Religion schließen. Dies zeigt auch das Hauptmerkmal der ausgeprägten Modernität an, welches sich in einem überhöhten Materialismus und einer zur Schau gestellten ‚Wissenschaftlichkeit‘ äußerte (ebd., S. 130 f.).

Das zweite Modell der Beziehung zwischen Religion und Politik definiert der Autor als feindlich-laizistische Trennung. Auch hier ist die Politik die dominante Seite, lässt jedoch traditionellen Religionen ihre Existenz und einen begrenzten Raum der Autonomie, der jedoch nicht überschritten werden darf. Eine größtmögliche Reduzierung der (politischen) Aufmerksamkeit und Unterstützung der Religion soll eine Abkehr der Bürger von Glaubensgemeinschaften bewirken. Ziel sei es hier, ein nationalstaatlich geprägtes, säkulares, (staats-)bürgerliches Modell einzuführen (ebd., S. 135 f.); somit scheint diese Kategorie für unsere Analyse der ideologischen Orientierung Amin al-Husseinis weniger von Bedeutung. Dies gilt ebenso für das anschließend beschriebene Modell der freundschaftlichen Trennung von Religion und Politik, da hier ein hoher Grad an Autonomie im ersten Bereich sowie eine gegenseitige Kooperation auf Basis von politisch gesetzten und demokratisch legitimierten Strukturen angestrebt wird (ebd.).

Im weiteren Verlauf folgt als vierte Kategorie die politisierte Religion, innerhalb derer sich der persönliche Glauben der herrschenden Elite zu einem für alle Mitglieder der Gesellschaft verbindlich geltenden Regelwerk gesetzt wird. So erwächst aus der Modifikation einer traditionellen Religion in diesem Falle eine Art Ideologie im politischen Bereich, die auch als Programm für den Alltag tiefen Einfluss auf die Gesellschaft ausüben soll. Die Entstehung von Modellen, die sich diesem Typus zuordnen lassen, habe zwei Grundlagen, die sich verbinden können: Zum einem kann sie von der Religion ausgehen, um vor dem Einwirken säkularer Einflüsse und/oder Konkurrenz bewahrt zu werden. Auf der anderen Seite agieren Akteure wie „(…) *politische Führer, Institutionen des Staates, politische Bewegungen, die sich darum bemühen, die Religion zu instrumentalisieren, um Legitimität und Unterstützung zu erreichen (…).*“ (ebd., S. 137).

Obwohl das Verhältnis von Religion und Politik bei der politisierten Religion auf der Oberfläche einen kooperativen Charakter aufweist, birgt es zugleich ein nicht unbedeutendes Konfliktpotenzial und Instabilität, da die Grenzen von Zuständigkeiten schwer zu definieren sind. Dies muss jeden Fall einzeln geprüft werden, da es auch zu Änderungen der Grenzen kommen kann. Zwei Zielvorstellungen liegen in der Entstehung des Modells zentral: die Ablehnung von Liberalismus und durch organische Solidarität geprägte Gesellschaftsformen mit der Geltung individueller Rechte und Pflichten sowie die Durchsetzung eines kulturell geprägten Nationalismus innerhalb der Konstruktion einer nationalen Identität (ebd., S. 138). Nationalismus als Ausgangspunkt der Durchsetzung politisierter Religionen spielte häufig dort eine Rolle, wo dieser wie ein Katalysator für hohe Würdenträger wirkte, um auch ihre politische Macht zu legitimieren (ebd., S. 144). In der historischen Betrachtung waren Geistliche in Europa ja oft in der Position, durch ihre Stellung im Bereich der Religion politische Macht (Einfluss auf Gesetzgebung, sozialer Zwang) über eine breite Schicht der ungebildeten Landbevölkerung auszuüben (ebd., S. 147 ff.), die mit den weltlichen Eliten fortwährend neu ausgehandelt wurde. In der Betrachtung der Wechselwirkungen enthält das Modell der politisierten Religion demnach potenziell Spannungen, erbringt aber auch für die beiden entscheidenden Elitenschichten (religiös, politisch) vorteilhafte Funktionen.

Wenn sich Überschneidungen zwischen Religion und Politik intensivieren und eine Integration der beiden Bereiche herbeigeführt wird, kann dies die Bildung der beiden Extremformen der politisierten Religion, der Theokratie oder des Cäsaropapismus', annehmen. Theokratien sind Regierungsformen, die ausschließlich auf der Doktrin einer (meist traditionellen) Religion basieren und in denen eine religiös legitimierte Führungsschicht alle Gesellschaftsbereiche dominiert; im Cäsaropapismus erheben hier weltliche Herrscher Anspruch auf Autorität. Beide Modelle agieren mit und in gewisser Weise innerhalb von traditionellen Religionen. Da jedoch ein vollständiges Zusammengehen von Religion und Politik vorliegt, verliert erstere die Fähigkeit, potenziell auch die Rolle des Gegenpols zu politischen Entwicklungen anzunehmen (ebd., S. 138). Theokratie und Cäsaropapismus weisen Affinitäten zur politischen Religion auf, auch wenn bei der Entstehung entgegengesetzte politische und kulturelle Ausgangspunkte standen (ebd.). Mit Blick auf eine Kooperation mit der politischen Religion sind jedoch Konflikte vorhersehbar: Wenn eine politische Elite, die offensichtlich an der Infragestellung und Zersetzung traditioneller Religion arbeitet, eine enge Zusammenarbeit mit ideologischen Orientierungen anstrebt, die grundsätzlich auf eben jenen Religionen basieren, führt dies beiderseitig zur Relativierung der jeweiligen Doktrin (z. B. Element der einzigen ‚Wahrheit') gegenüber den eigenen Anhängern und letztendlich zu einer Erosion der Machtlegitimation.

2.2 Islam und westliche Moderne: William E. Shepard (1987)

Die zweite theoretische Grundlage zur Einordnung hier diskutierter ideologischer Orientierungen bildet eine Strukturierung der islamischen Strömungen
des 19. und 20. Jahrhunderts aus der Perspektive ihrer Reaktion auf die Moderne
westeuropäischer Ausprägung, und hier insbesondere auf die Konsequenzen
der Entwicklungen auf die Regionen mit muslimischer Bevölkerungsmehrheit (siehe Kolonialisierung). So legte der Islam- und Religionswissenschaft-
ler William E. Shepard (1987), der sich in seiner wissenschaftlichen Laufbahn
mit modernen islamischen Bewegungen auseinandergesetzt hat[2], dazu im Jahr
1987 ein Konzept vor, dass einen Überblick über die verschiedenen Strömungen in der benannten Region verschaffen soll und diese in Beziehung setzt (siehe
Abb. A2). So entsteht ein differenziertes Bild, welches auch Änderungen in Einstellungen berücksichtigen kann. Mit der Abbildung wesentlicher Bewegungen
in der Moderne innerhalb von fünf Haupttypen (Säkularismus, Modernismus,
radikaler Islamismus, Traditionalismus und Neo-Traditionalismus) kann davon
ausgegangen werden, dass auch der vorliegende Fall der ideologischen Orientierung Amin al-Husseinis abgedeckt wird. Der Autor spricht in diesem Zusammenhang zunächst nicht von Ideologien, sondern von ideologischen Orientierungen,
da diese Kategorien mit Blick auf den Gesamtrahmen eher eine weite Definition
benötigten (Shepard 1987, S. 308).

Die fünf Haupttypen werden anhand von Merkmalen unterschieden, die auf
zwei Dimensionen liegen: Islamische Totalität und Modernität einer Orientierung.
Islamische Totalität als erste Dimension beschreibt die Intensität der religiösen
Durchdringung der Lebensbereiche und Ebenen der Gesellschaft (Spannweite:
ausschließlich private, individuelle Ausübung bis zur Richtlinie für Gesamtgesell-
schaft in allen Bereichen, die eine eigene Gesellschaftsform bilden kann). Die
zweite Dimension der Modernität wird definiert als Tendenz, moderne soziale
Organisation, staatliche Institutionen, Ideen und Technologien zu bevorzugen
(ebd.).

Der erste Haupttypus der säkularen ideologischen Orientierungen wird definiert durch eine hohe Modernität und eine gering ausgeprägte islamische Totalität. Richtlinien für das soziale Leben haben weitestgehend andere Quellen als die

---

[2]Siehe http://www.oxfordbibliographies.com/ViewContributor/document/obo-9780195390155/
obo-9780195390155-0072.xml (02.08.2018).

islamische Glaubenslehre; Säkularismus meint in diesem Falle, dass der Staat die Religion kontrolliert und auch für politische Belange nutzen kann (ebd., S. 309, 310). Innerhalb des Typus' werden als Untergruppen radikaler (Beispiel Albanien) und moderater (Türkei) Säkularismus unterschieden, wobei der moderate Fall weitere Differenzierungen erfährt[3]. Während im säkularen Bereich generell eine Orientierung an Formen der Moderne dominiert, versucht der zweite Haupttypus des Islamischen Modernismus, den Islam und seine Traditionen mit modernen Elementen zu verbinden. Die Religion ist Basis des privaten und öffentlichen Lebens, Interpretationen jedoch, die sehr flexibel verschiedene moderne Orientierungen inkorporieren bzw. mit der islamischen Lehre in Einklang bringen können. So wird hier u. a. die Sonderform eines islamischen Marxismus' möglich (ebd., S. 313).

Ähnlich wie die angesprochenen modernen Orientierungen hält der dritte Haupttypus, der radikale Islamismus, eine umfassende Änderung der politischen und gesellschaftlichen Gegebenheiten für unausweichlich; jedoch nicht in der Verbindung, sondern in Ablehnung zu modernen westlichen Orientierungen. Vertreter sehen ihre Interpretation der Religion als Basis des individuellen und öffentlichen Lebens, die nicht mit modernen Elementen angereichert oder individuell interpretiert werden könne: Demnach sei der Islam in der Ausübung weitgehend so anzuwenden, wie er von aktuellen Akteuren kollektiv festgeschrieben wird. Das muslimische Glaubenssystem erfährt an dieser Stelle die Auslegung als (einheitlich postulierte) Gesellschaftsformation (ebd., S. 314), die sich von anderen Orientierungen abhebt, nach außen hin abgeschlossen ist und als Gegenentwurf zu westlichen, modernen ideologischen Orientierungen positioniert wird. Trotz dieser Abgrenzungen hatten moderne gesellschaftliche Entwicklungen entscheidenden Einfluss auf das Entstehen dieser Strömung (ebd., S. 217) – und ihre Akteure selbst nutz(t)en vermehrt moderne Technologien. Im Vergleich zeigen die drei Haupttypen Säkularismus, islamischer Modernismus und radikaler Islamismus wenige bedeutende Differenzen in der Anwendung von Elementen der moderner Gesellschaften, jedoch große Unterschiede in der Dimension ,islamische Totalität' (siehe Abb. A2).

Der vierte Typus des Traditionalismus enthält als wesentliches Charaktermerkmal eine außerweltliche Orientierung. Modelle dieser Kategorie suchen Antworten auf die westliche Moderne und ihre Herausforderungen hauptsächlich innerhalb traditioneller Richtlinien des Islam, die jedoch in erster Linie auf

---

[3]Der zeitliche Abstand von 30 Jahren hat bei den Beispielen signifikante Änderungen herbeigeführt.

die eigene, eng umfasste Gruppe limitiert bleiben. Die Moderne an sich wurde in einem gewissen Rahmen zwar als Bedrohung wahr-, jedoch nicht als Ereignis angenommen und mit Blick auf eine mögliche geistige Auseinandersetzung nur lethargisch begleitet. Diese Orientierung wurde und wird nach Shepard hauptsächlich unter religiösen Gelehrten (ulema), traditionellen Eliten, Sufi-Orden und der Unterschicht (Bauern, Nomaden) vertreten (ebd., S. 218); demnach kann für den Beginn des 20. Jahrhunderts aufgrund des noch immer vorherrschenden Gesellschaftssystems mit feudalen, mit in manchen Regionen des Nahen Ostens subsistenzökonomischen Zügen angenommen werden, dass die hier als traditionell beschriebene Einstellung auch bei der großen Mehrheit der arabischen Bevölkerung in Palästina in der Endphase des Osmanischen Reiches[4] vermutet werden kann.

Der fünfte Haupttypus des Neo-Traditionalismus befasst sich intensiver mit der Moderne, indem er moderne Technologie selektiv akzeptiert, jedoch nur im als traditionell verstandenen, islamischen Rahmen und nicht als Teil einer umfassenden Idee des Fortschritts. Im Vergleich zu anderen Islaminterpretationen ist er eher lokal orientiert und sieht nicht die Schaffung eines zentralen Islammodells wie der radikale Islamismus vor. Diese Orientierung war nach Shepard beispielsweise unter der religiösen Elite Ägyptens in der ersten Hälfte des 20. Jahrhunderts zu finden, innerhalb derer sich ein Teil für einen adaptiven Islam unter konkreten lokalen Traditionen aussprach (ebd., S. 320). Die beiden letztgenannten, traditionalistischen Haupttypen unterscheiden sich von den ersten drei durch die geringe Annahme moderner Elemente trotz der nicht vollständigen Ersetzung durch Formen des islamischen Totalismus. Nur der radikale Islamismus steht für die umfassende, ,totale' Durchdringung des Alltagslebens durch die Religion und vereint Radikalität und Moderne zu neuen Formen; traditionalistische Typen stehen dagegen für den Autor für eine Bandbreite an Islaminterpretationen.

Weiterhin seien hier kurz Überschneidungen und Weiterentwicklungen in theoretischen Modellen zu Islam und Moderne angesprochen: Das neuere Konzept des Religionswissenschaftlers und Islamgelehrten[5] Andrew Rippin nimmt explizit Bezug auf jenes von Shepard (1987) (Rippin 1993, S. 35) und bildet vier Kategorien der muslimisch-intellektuellen Verarbeitung der westeuropäischen Moderne, die er mit den Bezeichnungen a) der strikten Ablehnung (radikaler

---

[4]Zur Zeit der Anfänge der politischen Biografie Amin al-Husseinis.
[5]International Qur'anic Studies Association, siehe https://iqsaweb.wordpress.com/2016/12/01/ripar/ (10.09.2018).

Islam bei Shepard), b) der ambivalenten Haltung zur Moderne (Traditionalismus, Teil islamischer Modernismus), c) kritischen, positiven Inkorporationsversuchen (Teil islamischer Modernismus) und d) dem Ausstieg aus dem Islam sieht (säkulare Ideologien) (ebd., S. 27, 28).

2.3 Zusammenlegung: Politische Ideologien mit religiöser Basis

In der religionssoziologischen und generell sozialwissenschaftlichen Forschung wurden die Ausprägungen des Verhältnisses von Religion und Politik bisher mehrheitlich als lineares Kontinuum beschrieben. Bei Linz (1996) werden die Kategorien in einer Kreisform eingeordnet, bei dem die beiden Endpunkte die Typen der politischen Religion und der Theokratie/des Caesaropapismus bilden. Beide stehen sich nahe, da sie Religion und Politik zu einer Einheit vereinen und sich daraus für die Struktur der Gesellschaftsformation ähnliche Konsequenzen ergeben; sie sind jedoch nicht miteinander verbunden, da sich Entstehungsquellen und Bezugspunkte ihrer Legitimität fundamental unterscheiden. Der Fall des deutschen Nationalsozialismus zwischen 1933 und 1945 ist dem Typus der politischen Religion zugeordnet; bei der Einordnung des Modells al-Husseini wird an dieser Stelle von einer Vereinigung von Religion und Politik unter spezifisch ausgelegter Islamdoktrin ausgegangen, somit einer ideologischen Orientierung, die der politisierten Religion oder dem theokratischen/caesaropapistischen Modell nahe kommt (weder die Bildung einer Ersatzreligion noch die Trennung der Sphären war beabsichtigt).

Die Zusammenführung der beiden Konzepte von Linz (1996) und Shepard (1987) bringt an diesem Punkt weitere Erkenntnisse: Der radikale Säkularismus bei Shepard (1987) entspricht der feindlichen Trennung bei Linz (1996), der moderate Säkularismus der freundschaftlichen Trennung. Die Typen des islamischen Modernismus und (Neo-)Traditionalismus stehen in erster Linie für die politisierte Religion; nur im radikalen Islamismus[6] (und teilweise Traditionalismus) ist die islamische Totalität so intensiv ausgeprägt, dass eine reine Theokratie als ideologische Orientierung real angestrebt wird. Da Amin al-Husseini in hohem Maße moderne Techniken nutzte (Propaganda, Kriegsführung), jedoch seine Islaminterpretation als umfassende Lebensführung proklamierte, liegt die

---

[6]Und in Teilen des ablehnenden Neo-Traditionalismus'.

Einordnung in Formen des (Neo-)Traditionalismus oder des radikalen Islamismus nicht fern.

Den Abschluss des theoretischen Rahmens bilden an dieser Stelle die Anmerkungen von Joachim Scholtysek (2012), der in seinem Aufsatz die Begriffe Faschismus und Nationalsozialismus mit arabischen Bewegungen in Verbindung bringt. Somit fokussiert auch er auf islamisch-arabische Reaktionen auf die Moderne, spezifisch jene, die bestimmte kollektivistische ideologische Orientierungen des Westens nicht ablehnen sondern aufnehmen und mit ihnen umgehen. Nach den Erläuterungen um die zentralen Begriffe nimmt er insbesondere die gesellschaftliche Konditionen moderner Diktaturen, die unter den Termini Nationalsozialismus und Faschismus zusammengefasst werden, in den Fokus und begründet, warum eine tatsächliche Etablierung solcher Modelle in der Region des Nahen Ostens in der ersten Hälfte des 20. Jahrhunderts objektiv überaus fraglich war:

> Because certain movements in the Arab world of the 1930s and 1940s showed similarities to Mussolini's and Hitlers regimes, historians have drawn comparisons with the fascist and national-socialist dictatorships. (...) National-socialist and fascist movements and regimes required the atmosphere and culture of liberal democracy as a foil – and liberal democracy was virtually nonexistent in the Near and Middle East. The preconditions for fascism were thus lacking. Colonial rule was still in place, traditional culture still prevailed in these mainly rural societies, and their small bourgeois parties showed greater allegiance to their clans than to liberal and secular ideologies (Scholtysek 2012, S. 242).

Nach den Erläuterungen aus soziologisch-theoretischer Perspektive wird klar, dass die ideologische Orientierung Amin al-Husseinis nicht die modernen Typen der Ersatzreligion oder der Trennung von Religion und Politik widerspiegelt. Für eine genauere Bestimmung werden nun im Anschluss ihre Dynamik sowie die Pfadabhängigkeiten aus den gesellschaftlichen Konditionen in Palästina in den Blick genommen.

Die Auswahl unserer Konzepte zum Verhältnis von Religion und Politik lässt den Versuch erkennen, Modelle mit unterschiedlicher Ausrichtung konstruktiv zusammenzuführen: Steht jenes von Linz (1996) für eine generelle Einordnung mit hoher Abdeckung und Möglichkeiten des interkulturellen und historischen Vergleichs, so fokussiert sich Shepard (1987) auf Orientierungen im islamischen Raum ab der Mitte des 19. Jahrhunderts und hält eine detailreiche Differenzierung und hohe Erklärungskraft hinsichtlich des spezifischen gesellschaftlichen Wandels bereit. So kann in diesem Kontext auch der Charakterisierung nachgegangen werden, die gesellschaftstheoretische Orientierung Amin al-Husseinis sei primär als politische Ideologie mit äußerst selektiver religiöser Basis zu verstehen (Achcar 2012, S. 130).

Entstehungskontext und ideologischer Hintergrund

Zur adäquaten Vorortung der ideologischen Orientierung Mohammed Amin al-Husseinis und ihres Wandel, die sich später zu einer Kooperation mit dem NS-Regime in den 1940er Jahren entwickelte, ist als erster Schritt die Betrachtung der historischen Pfadabhängigkeiten sinnvoll. Diese trennen wir in politische und gesellschaftliche Entwicklungen (Abschn. 3.1) und ideologische Grundlagen (Abschn. 3.2), um die spezifischen Bedingungen auf beiden Ebenen strukturiert benennen zu können[1].

Im Rahmen der politischen und gesellschaftlichen Entwicklungen stellen den wohl wichtigsten Kontext für unsere Fragestellung die Strukturen und Akteure am Ende des 19. und Anfang des 20. Jahrhunderts im arabischen Raum und in Palästina dar, welche im ersten Unterkapitel thematisiert werden. Im darauffolgenden zweiten Unterabschnitt beleuchten wir die Situation der Muslime im späten deutschen Kaiserreich, in der Weimarer Republik, und anschließend während der Herrschaft der NSDAP ab 1933. Hier soll geklärt werden, welche grundlegenden Bedingungen und Änderungen in der deutschen Gesellschaft und Politik hinsichtlich (arabischen) Muslimen bestanden, um mögliche Anknüpfungspunkte von dieser Seite zu identifizieren. Das dritte Unterkapitel widmet sich den Beschreibungen der politischen und gesellschaftlichen Position der Muslime im Königreich SHS/Jugoslawien und insbesondere in Bosnien-Herzegowina nach dem Ersten Weltkrieg, die eine zentrale Zielgruppe beider Akteure im Projekt des Aufbaus einer muslimischen SS-Division zwischen 1943 und 1945 bildete.

---

[1]sind uns bei diesem Vorgehen der gegenseitigen Verschränkungen und Wechselwirkungen bewusst.

© Springer Fachmedien Wiesbaden GmbH, ein Teil von Springer Nature 2019
J. Töpfer und M. F. Bergmann, *Jerusalem – Berlin – Sarajevo*,
https://doi.org/10.1007/978-3-658-24633-4_3

Das Kapitel zu den ideologischen Grundlagen teilt sich in die Themenbereiche der Beziehung von Islam und Moderne (als auch zu modernen Diktaturen) im arabischen Raum bis 1940 sowie der Analyse der NS-Ideologie hinsichtlich ihrer Haltung zum Islam und zu Muslimen. Die benannte Strukturierung erscheint zudem sinnvoll, um die im vierten Kapitel ausführlich behandelten, zentralen Projekte der beiden Akteure (Islamisches Zentral-Institut Berlin, Radiopropaganda aus Zeesen, SS-Division ‚Handschar‘ in Bosnien-Herzegowina) dahin gehend zu analysieren, welche ideologischen Standpunkte eingenommen, materiellen Ressourcen verwendet und Konsequenzen (für die Zielgruppen) erzielt wurden.

3.1   Politische und gesellschaftliche Entwicklungen

Die Auswahl der Orte des Wirkens Amin al-Husseinis (Jerusalem, Berlin, Sarajevo) erscheint mit Blick auf seine Biografie zeitlich und geografisch eng begrenzt, da die vorliegende Analyse im Jahr 1945 endet und sich damit nur auf die erste Hälfte seines Lebens bezieht, er jedoch bis zu seinem Tode 1974 politisch aktiv blieb. Wir wollen uns jedoch auf Aussagen zur Kooperation mit dem NS-Regime beschränken, da sich die Vertreter der These einer Zusammenarbeit und/oder generellen Deckungsgleichheit der Interessen der Religion Islam und der Ideologie Nationalsozialismus letztendlich auf dieses spezifische soziale Phänomen, implizit oder explizit, beziehen.

3.1.1   Palästina und Jerusalem

Das Gebiet des heutigen Palästina' wurde im Zuge der Ausbreitung des Osmanischen Reiches von diesem bereits um das Jahr 1517 erobert und verblieb für fast fünf Jahrhunderte bis zum Ersten Weltkrieg Provinz der Großmacht. Die Mehrheit der Bevölkerung in der Region waren traditionell muslimische Araber, die sich neben lokalen Aufständen insgesamt mit der Herrschaft der ebenfalls muslimischen Osmanen abfanden (Dawn 1973, S. 123). Sie wurden seitdem, formell abgesichert nach einigen Reformen ab 1876, in der Administration des Reiches integriert, insbesondere in das staatstragende Militär (Uyar 2013, S. 532, 533). Ihrer Doktrin und Religionsinterpretation folgend definierte das Osmanische Reich die Bevölkerung der im Mittelalter eroberten Gebiete zunächst nach den Richtlinien religiöser Zugehörigkeit und ordnete diese in illegitime (und der Bekehrung oder Willkür freigegebene) und anerkannte Gemeinschaften (Zaffi 2006, S. 132). Letztere wurden weiter differenziert und waren innerhalb sogenannter ‚millets' organisiert; neben den Muslimen anerkannte Gruppen waren demnach das jüdische, das armenische und das christliche (griechisch dominierte) millet (ebd., S. 135). Angehörige der nicht-muslimischen Gruppen hatten höhere Steuerlasten zu tragen, konnten jedoch die Angelegenheiten in ihrer jeweiligen Gemeinschaft in weitgehender Autonomie, d. h. unter osmanischer Aufsicht, regeln. So koexistierten in Palästina ein dominierender Staatsislam, verbunden mit der osmanischen Staatsadministration, neben dem traditionellen Judentum sowie dem Christentum mehrheitlich orthodoxer Prägung in der Bevölkerung friedlich nebeneinander (ebd, S. 152). Alle anerkannten Religionen hatten demnach nicht nur die Chance, sich als identitätsstiftendes Element der jeweiligen Bevölkerungsgruppen zu halten, sondern wurden von staatlicher Seite als zentraler Bestandteil der Identitätskonstruktion von gesellschaftlichen Gruppen gesetzt. Diese externen Bedingungen sowie der Fakt, dass die Stadt Jerusalem und ganz Palästina mehrheitlich von arabischen Muslimen bewohnt war, führten dazu, dass Minderheiten in verantwortlichen Positionen in der staatlichen Administration vorhanden, jedoch bis ins 19. Jahrhundert hinein eher unterrepräsentiert waren[2].

Nach der französischen Revolution 1789 mit der grundlegenden Idee der Etablierung des (ethnisch und/oder kulturell definierten) Nationalstaates gerieten überdehnte Großmächte in Europa, wie auch das Osmanische Reich, im beginnenden 19. Jahrhundert unter den Druck der sich zunehmend als Nationen verstehenden ethnischen Gruppen innerhalb der eigenen Territorien, deren Wortführer jeweils souveräne Staaten einforderten[3]. So trugen zur weiteren Schwächung speziell des Osmanischen Reiches innerhalb eines kurzen Zeitraumes die Eroberung Ägyptens durch Napoleon (1798–1801), die Kolonialisierung Algeriens durch Frankreich (1830), sowie der Beginn der Etablierung Griechenlands (1827, 1830) und Serbiens (1833, 1867) als selbstständig agierende Staaten bei.

Die Antwort des Sultans des Osmanischen Reiches, der neben diesem weltlichen Titel auch jenen des Vertreters aller Muslime (Kalif) für sich beanspruchte, und seiner Beraterkreise auf die militärischen Niederlagen und territorialen Verluste waren zunehmend interne Reformen. Neben militärischen Neuordnungen (Auflösung der Verbände der Janitscharen 1826) fanden zudem Reorganisationen

---

[2]Für das hier betrachtete Gebiet bildete eine Ausnahme die kommunale Ebene der Stadt Jerusalem, da hier der Stadtrat spätestens ab 1831 (Beginn der Herrschaft Muhammad Alis über Palästina) alle wichtigen Bevölkerungsgruppen repräsentierte (Pappe 2000, S. 30, 2001, S. 53).

[3]So verstärkt in den südosteuropäischen Regionen des Osmanischen Reiches.

in der Staatsadministration statt, die sich ab 1839 intensivierten (sog. ‚Tanzimat'), die bedeutende Modernisierungsschritte darstellten, jedoch den externen Druck und die inneren Spannungen nicht nachhaltig verringern konnten. Im Verlauf des 19. Jahrhunderts bildeten sich so verschiedene Interessengruppen unter der politischen Elite des Reiches, in denen auf der einen Seite sezessionistische, auf der anderen zentralistische Kräfte weitere Entwicklungen diskutierten. Eine wichtige Bewegung innerhalb der zentralistischen Kräfte waren religiös ausgerichtete Kreise, die auf eine Islamisierung des Osmanischen Reiches setzten (sog. ‚Traditionalisten'), sowie weiterhin die Gruppe der Jungosmanen ab 1865, welche weitere Reformen in Richtung eines modernen (Zentral-)Staates europäischer Prägung forderten (sog. ‚Modernisten'). Der verlorene Krim-Krieg (1853–1856) und die daraus resultierende finanzielle Abhängigkeit von westeuropäischen Großmächten, sowie der wachsende Einfluss der letztgenannten Gruppe der Modernisten brachten Sultan Abdülmecid I. (1823–1861) in der Folge dazu, im Jahr 1856 das millet-System mit einem Reformedikt[4] neu zu gestalten. Nun wurde allen Bürgern unabhängig der (religiösen) Herkunft Zugang zur Staatsadministration, zur Justiz und zu Bildung eingeräumt (Davison 1963, S. 56). Hinzu kam die Einführung einer ersten Verfassung nach westeuropäischem Vorbild von Sultan Abdülhamid II. (1842–1918) im Jahr 1876 (ebd., S. 358 ff.). Formal beschränkte diese seine Macht, indem sie u. a. ein Parlament (Generalversammlung mit Ober- und Unterhaus, erste Wahlen 1877) mit eingeschränkten Rechten vorsah. Die Aufhebung der Verfassung erfolgte durch ihn jedoch bereits ein Jahr später 1878, und eine wirkliche progressive politische oder konstitutionelle Entwicklung wurde aufgrund der faktisch nicht ausreichend zur Anwendung gebrachten Verfassung vor der Jahrhundertwende nicht möglich. Weiterhin etablierten sich mit dem Berliner Kongress von 1878 sukzessive die vier nun vollständig souveränen Nationalstaaten Serbien, Bulgarien, Rumänien und Montenegro; zugleich wurde der Verwaltungsbezirk Bosnien-Herzegowina an Österreich-Ungarn abgetreten, und nur kurze Zeit später besetzten 1882 britische Streitkräfte Ägypten. Im Jahr 1908 verliert das Osmanische Reich letzte Gebiete im heutigen Südserbien (Sandčak), und innere Unruhen münden in die Jungtürkische Revolution, welche die Machtstrukturen des Landes erfasst und nachhaltig ändert. Ihre Vertreter führten einen erfolgreichen Putsch an der Staatsspitze, setzten Sultan Abdülhamid II. Faktisch ab und führten die oben erwähnte Verfassung wieder ein. Diese Entwicklungen mit Regierungswechseln, Restrukturierung der Staatsadministration und des Militärs verhindern jedoch

---

[4]Osm.-türk.: *Islâhat Hatt-ı Hümâyûnu.*

nicht, dass in den beiden Balkankriegen der Jahre 1912 und 1913 weitestgehend alle europäischen Verwaltungsregionen verloren gingen. Der anschließende Erste Weltkrieg brachte den endgültigen Zusammenbruch des Osmanischen Reiches, welches, wie oben erwähnt, bereits zuvor von anderen europäischen Großmächten finanziell abhängig war (ebd., S. 45).

Diese Ereignisse erreichten auch die Region Palästina, die als Verwaltungseinheit im Osmanischen Reich zu Beginn des 19. Jahrhunderts durch das Verbot der Ansiedlung von Ausländern eher abgeschottet wurde (Pappe 2000, S. 30). Eine Zäsur brachte die kurze Herrschaft des albanisch-stämmigen Vizekönigs von Ägypten, Muhammad Ali Pasha (1769–1849) über die Region in den Jahren 1831 bis 1840, der die Gruppen der Juden, der Muslime und der Christen außerhalb der Staatsadministration rechtlich weitgehend gleichstellte, jedoch nicht weniger tyrannisch auftrat als die Osmanen. Nach den Reformen im Osmanischen Reich ab 1839 und der Wiedereingliederung Palästinas in das Herrschaftsgebiet im Folgejahr wurde es nun Ausländern in begrenztem Umfang erlaubt, sich in der Region anzusiedeln (ebd.). Wie die osmanischen Aufzeichnungen belegen, blieb die Gruppe der muslimischen Araber jedoch weiterhin das dominante Element in der Bevölkerung (siehe Tab. 3.1).

Große Einwanderungswellen nach Palästina erfolgten verstärkt nach dem Jahr 1905, als durch wiederholte Pogrome im russischen Zarenreich sowie in weiteren Regionen in Mittel- und Osteuropas etwa 70.000 Juden osteuropäischer Herkunft nach Palästina kamen (Mallmann und Cüppers 2011, S. 11). Diese Migrationsbewegung lässt sich in den Aufzeichnungen der offiziellen osmanischen Bevölkerungszählung der Jahre 1906/1907 jedoch nicht nachvollziehen (Karpat 1985, S. 166 f.).

Neben der militärischen Struktur legte das Osmanische Reich die Verwaltung und Regierung ihrer Regionen in die Hände von Wesiren und Statthaltern als Stellvertreter des Sultans, die in den muslimischen Provinzen mit dem lokalen

Tab. 3.1 Bevölkerung der Region Jerusalem (‚Kudüs‘) 1881–1906/1907 (nach Religion) (Eigene Berechnungen nach Daten aus Karpat (1985, S. 144 f., 156 f., 166 f.). Den starken Abweichungen der Zahlen von 1895 liegen auch Änderungen in den Grenzen der Zählbezirke zugrunde)

	Muslime		**Juden**		**Andere Gruppen**		**Gesamt**
	absolut	*in v.H.*	*absolut*	*in v.H.*	*absolut*	*in v.H.*	*Absolut*
1881/1882	199.613	*85*	8110	*3,5*	27.047	*11,5*	**234.770**
1895	266.614	*86,4*	9026	*2,9*	32.962	*10,7*	**308.602**
1906/1907	197.701	*86*	7883	*3,4*	24.228	*10,5*	**229.812**

Adel zusammenarbeiten sollten. Dieser lokale Adel wurde zuständig für die Vermittlung von Problemen zwischen der Zentraladministration in Istanbul (bzw. seinen örtlichen Vertretern) und der lokalen Bevölkerung; so kam ihm eine entscheidende Rolle in der Staatsorganisation zu (Pappe 2010, S. 28). Im 19. Jahrhundert konkurrierten verschiedene Familien auf dem Gebiet Palästinas und Jerusalems um Vorherrschaft und um hohe Positionen als Ansprechpartner der Osmanen, welche die autochthonen arabischen Stämme repräsentierten: Die Familie al-Nashashibi als Vertreter des Clans der Quais und die Familie al-Husseini als Vertreter des Clans der Yaman, mit der auch die Familie Abu Gosh mit großem Landbesitz in der Umgebung von Jerusalem verbunden war (Pappe 2000, S. 32). Dieser Konkurrenzkampf bildete sich auch innerhalb der Stadt Jerusalem ab, in der die eben erwähnten mit weiteren Familien (al-Khalidi, al-Dalani) um lukrative öffentliche Positionen und Einfluss stritten. Die Familie al-Husseini bekleidete wichtige politische und religiöse Ämter in der Stadt bereits zu Beginn des 19. Jahrhunderts, nach Auseinandersetzungen zwischen den Osmanen und der Familie in den Jahren 1834 und 1843 verloren sie jedoch zeitweilig ihren Einfluss (ebd., S. 31). Ab der Mitte des Jahrhunderts konnte sie jedoch andere Familien erneut erfolgreich verdrängen und sich wiederholt auf religiösen und insbesondere politischen Spitzenpositionen etablieren; so fiel ihnen das Amt des Bürgermeisters in den Zeiträumen 1876/1877, 1882–1897, 1909–1917 und 1918–1920 zu. Ihr Anspruch auf das Amt des Muftis von Jerusalem[5] und des Hüters der heiligen islamischen Stätten auf dem Tempelberg in Jerusalem im Auftrag des Sultans konnte mit der Wende zum 20. Jahrhundert gefestigt werden (Pappe 2001, S. 54). Der Posten des Bürgermeisters von Jerusalem wurde nach den Reformen im Osmanischen Reich durch den Stadtrat mit einfacher Mehrheit bestimmt; der Erfolg der Familie al-Husseini bei diesen Wahlen basierte auf der Nutzung ihrer traditionellen Verankerung und Erfahrung in lokalen arabischen Netzwerkstrukturen, war jedoch auch auf ihre interreligiöse Dialogbereitschaft und insbesondere auf die damit verbundene, langjährige Unterstützung jüdischer Abgeordneter zurückzuführen (ebd., S. 53).

Unmittelbar vor dem Ersten Weltkrieg kam es auf dem Gebiet Palästinas wiederholt zu Aufständen, die jedoch eher in lokalen Gegebenheiten ihren

---

[5]Zwischen dem Ende der 1840er Jahre und 1865 Mustafa al-Husseini, zwischen 1865 und 1908 dessen Sohn Mohammed Tahir al-Husseini (1842–1908), sowie anschließend bis 1921 dessen Sohn Kamil al-Husseini (1867–1921), der einen Ausgleich mit jüdischen Gruppen und der britischen Besatzungsmacht suchte. Er war Bruder Amin al-Husseinis, von dem dieser das Amt 1921 übernahm (Beška 2007, S. 23).

Ursprung fanden (Auseinandersetzungen zwischen Clans) und zudem wechselnde Bündnisse zwischen einzelnen arabischen Familien und osmanischer Besatzungsmacht hervorbrachten (Pappe 2000, S. 29). So war auch die Familie al-Husseini eher kurz- und mittelfristig, flexibel, sowie instrumentell in der Wahl ihrer Partner ausgerichtet – ein Vorgehen, dass in der historischen Forschung als ‚Politik der Notablen' (ebd., S. 32) bezeichnet wurde. An dieser Stelle lassen sich zwei wesentliche Elemente in Bezug auf das politische Handeln der unmittelbaren Vorfahren und Familienangehörigen, die Amin al-Husseini persönlich kannte, festhalten: Ein starkes politisches Machtstreben und eine öffentlich proklamierte Haltung gegen die vorhandenen externen, insbesondere westeuropäischen, Einflüsse in Palästina[6].

Hinsichtlich der politischen Struktur war das Osmanische Reich als Monarchie mit Vermittlungsinstanzen auf den Bezirks- und Lokalebene aufgebaut, die sich über die Vielzahl der einzelnen Regionen erstreckten. In sozio-ökonomischer Perspektive herrschten und wuchsen im 19. Jahrhundert jedoch enorme Unterschiede zwischen den Regionen: Im Zentrum Istanbul und in Teilen der europäischen Territorien waren auf der einen Seite sozio-ökonomische Modernisierungstendenzen anzutreffen, die den Beginn des Übergangs von feudalen zu modernen Gesellschaften bedeuteten. Diesen Entwicklungen standen auf der anderen Seite archaische und feudale gesellschaftliche Strukturen gegenüber, die sich zum Beispiel in traditionellen Lebensweisen wie dem Nomadentum auf der arabischen Halbinsel äußerten. Auch für die Region Palästina kann für das gesamte 19. Jahrhundert eine weitgehend lokale und regionale Handelsstruktur sowie Subsistenzökonomie unter der muslimisch-arabischen Bevölkerung angenommen werden: Das Außenhandelsmonopol lag neben Konzessionen für Europäer beim Osmanischen Reich, der Anteil der Personen, die nicht in Landwirtschaft oder Kleinhandel beschäftigt waren, nach der offiziellen Zählung des Osmanischen Reiches von 1894 bei ungefähr 13 % (Karpat 1985, S. 215). Auch das pro-Kopf-Einkommen erreichte nur das Mittelfeld im Vergleich aller osmanischen Provinzen (ebd., S. 225), welches mit Blick auf damalige Verhältnisse in den Staaten Westeuropas als eher gering eingeschätzt werden kann. Diese gesellschaftliche Struktur änderte sich in Palästina bis zum Ende des Ersten Weltkrieges nicht signifikant.

---

[6]Zu diesen Einflüssen wurde auch die jüdische Einwanderung in Palästina gezählt, die jedoch vor dem Ersten Weltkrieg von der kooperativen Einstellung hinsichtlich der autochthonen jüdischen Bevölkerung getrennt wurde.

Ableitend von den archaisch und feudal geprägten Strukturen hob sich neben der politischen auch die wirtschaftliche Situation der Familie al-Husseini von der Mehrheit der arabischen und jüdischen Bevölkerung Palästinas deutlich ab. Nach der Besetzung wichtiger religiöser und politischer Ämter ab Mitte des 19. Jahrhunderts, die Steuererleichterungen und einen Zugriff auf bestimmte materielle Ressourcen versprachen, wurde zunehmend Grund- und Immobilieneigentum zu einer wichtigen ökonomischen Basis der Familie. Zwar sprachen sich führende Vertreter der al-Husseinis politisch weiterhin gegen neue Siedlungen jüdischer und christlicher Gruppen aus – die zunehmende und sehr hohe Nachfrage nach Land in Palästina brachte sie jedoch in die Position der reichsten Immobilieneigentümer im Umland von Jerusalem (Pappe 2000, S. 37). Dies geschah nach 1901 insbesondere vor dem Hintergrund des verstärkten Ankaufs von Land durch jüdische Zuwanderer[7], welche in vielen Fällen vorher brachliegende Flächen einer Bewirtschaftung zuführten und dadurch neben der Nachfrage Wertsteigerungen des Bodens auslösten (Aumann 1973, S. 120 ff.). Bei der Auswahl ihrer wirtschaftlichen Partner legte die Familie al-Husseini hauptsächlich Wert auf rational-ökonomische Präferenzen und weniger auf nationale, kulturelle, ethnische oder religiöse Zugehörigkeit (Pappe 2000, S. 37), sodass ihr instrumentelles Handeln aus dem Bereich der Politik auch auf diesen Sektor übertragbar ist.

Die herausgestellte Position der beiden Familien al-Nashashibi und al-Husseini wird nicht nur auf lokaler und regionaler, sondern auch auf nationaler Ebene des Osmanischen Reiches in seiner Spätphase deutlich; hier in der Repräsentation ihrer Mitglieder in hohen nationalen Institutionen. Das Unterhaus des Osmanischen Parlamentes, 1908 im Zuge der Jungtürkischen Revolution wieder

---

[7]Es bestanden auch andere, mehrheitlich europäisch-christliche Siedlungsbewegungen, die jedoch allein aufgrund der Anzahl ihrer Angehörigen nicht die gleiche Basis besaßen wie jüdische. Exemplarisch ist der Verein „Deutscher Tempel“, in verschiedenen Quellen auch „Tempelgesellschaft“ genannt, der sich 1861 in Süddeutschland gründete (National Library of Israel 2017) und eine christlich-religiös motivierte Besiedlung Palästinas beschloss. So kam es nach Rückschlägen zu erfolgreichen Gründungen in der Nähe größerer Städte in Palästina, die sich durch verschiedene Spezialisierungen im Handwerk ökonomisch erhalten konnten. Die Zahl der christlichen deutschen Siedler stieg von 120 im Jahr 1870 bis auf ca. 2000 kurz vor dem Ersten Weltkrieg an (ebd.). Von Großbritannien im Ersten Weltkrieg interniert, gingen einige nach dem Krieg zurück nach Palästina und bauten neue (Siedlungs-)Gemeinschaften auf. In diesem Milieu war auch die NSDAP mit einer 1933 gegründeten Ortsgruppe in Jerusalem aktiv. Aufgrund der NS-Politik in Europa boykottierte die jüdische Gemeinschaft diese; sie konnte wegen ihrer geringen Mitgliederzahl, der Dominanz der Briten und ihrer öffentlichen Ächtung kaum Einfluss ausüben (siehe dazu Löffler 2008, S. 144 ff.).

eingesetzt, führte drei Vertreter aus dem Wahlbezirk Jerusalem (‚Kudüs'), darunter Said al-Husseini. Nach den Wahlen 1912 wurde Ahmed Arif al-Husseini, ab 1914 wieder Said al-Husseini als Abgeordneter im Unterhaus gelistet (Meclisi Mebusan 1914, S. 7). Als weitere der drei Abgeordneten aus dem Wahlbezirk ist vor dem Ersten Weltkrieg jeweils zu allen Wahlperioden ein Vertreter der Familie der al-Nashashibi, in zwei von drei Fällen ein Vertreter der al-Khalidi in den Quellen verzeichnet (ebd., S. 8).

Der Historiker und Islamwissenschaftler Hasan Kayalı[8] sieht denn zwar in der formalen Einführung des Strukturelements des Parlaments ein Element im Modernisierungsprozess des politischen Systems im Osmanischen Reich, jedoch stellte sich der Zwei-Ebenen-Wahlmodus mit der Vorselektion von Wahlmännern in der ersten Runde begünstigend für die Weiterführung bestehender Patronage-Netzwerke heraus, die eine politische Repräsentation der gesamten (und vor allem armen) Bevölkerung eher verhinderte (Kayalı 1995, S. 269). Demnach konnte der regionale Adel, wie am Beispiel Jerusalem veranschaulicht, seinen vorher starken politischen Einfluss auch in den neuen Institutionen des Reiches ausüben. Trotz der Reformen des Osmanischen Reiches kann in der Zusammenfassung bis zum Ersten Weltkrieg das Gesellschaftssystem in Palästina als Feudalsystem mit wenigen modernen Elementen, die hauptsächlich durch die Kolonialisierung eingebracht wurden, charakterisiert werden. In jenen gesellschaftlichen Konstellationen nahm die Familie al-Husseini und insbesondere seine politisch aktiven Mitglieder eine äußerst privilegierte Stellung ein. In diese Umgebung wurde Amin al-Husseini im Jahr 1893[9] in Jerusalem geboren, als Sohn des amtierenden Muftis und frühen Gegners der zionistischen Bewegung, Mohammed Tahir al-Husseini (1842–1908).

Mit der steten Kolonialisierung des Mittelmeerraums und des Nahen Ostens durch westeuropäische Staaten und dem sukzessiven Niedergang des Osmanischen Reiches existierten auch innerhalb der Familie al-Husseini Konfliktlinien hinsichtlich der politischen Positionierung am Ende des 19. Jahrhunderts: Während eine Gruppe, vornehmlich ältere Mitglieder, die strategische Sicherung der wichtigen Positionen (verbunden mit Einfluss auf die Einstellungen der Bevölkerung und Zugriff auf ökonomische Ressourcen) in der weiteren Zusammenarbeit mit der jüdischen autochthonen Bevölkerung und der osmanischen Herrschaft (sowie später der britischen Besatzungsmacht) sah (Dawn 1973,

---

[8]Siehe https://history.ucsd.edu/people/faculty/kayali.html (10.09.2018).
[9]Es existieren auch die Geburtsangaben 1895 und 1897.

S. 377), verweigerten sich die jüngeren Familienangehörigen einer Kooperation mit angesprochenen Akteuren (Pappe 2001, S. 60). So bestanden in langfristiger Perspektive auf der einen Seite Interesse an einer Weiterführung des Osmanischen Reiches, geteilt mehrheitlich innerhalb der älteren Generation, und auf der anderen Seite Aufgeschlossenheit gegenüber einem aufkommenden arabischen Nationalismus mit seinen vielfältigen Auslegungen der Ausgestaltung, für den hauptsächlich die jüngere Generation stand.

Amin al-Husseini, der in den Jahren 1912[10] bis 1914 in Kairo studierte und dort mit den Ideen und Netzwerken des seinerzeit einflussreichen Gelehrten Rashid Rida (1865–1935, siehe unten) in Verbindung kam (Achcar 2012, S. 128), entwickelte trotz seiner späteren religiösen Ämter zum Ende des Ersten Weltkriegs zu einem Politiker unter der Doktrin eines reaktionären arabischen Nationalismus' (Pappe 2001, S. 61). So führten die angesprochenen Verwerfungen bereits nach dem Weltkrieg auch in großen Teilen seiner Familie zu der Einsicht, dass er eher für eine destruktive und spaltende Politik stand, die aufgrund der unkooperativen Haltung zu anderen wichtigen Akteuren in Palästina (Achcar 2012, S. 130) langfristig nicht erfolg versprechend war und zu der demnach die Mehrheit der Mitglieder in Opposition stand (Pappe 2001, S. 63).

Der Beginn des Ersten Weltkrieges 1914 bedeutete für die jungen muslimischen Araber des Nahen Ostens die Einziehung in die Armee des Osmanischen Reiches, welche jedoch aufgrund der militärischen Entwicklungen und der verschiedenen politischen Interessen im Land, welche sich auch in der Armee widerspiegelten, unter Auflösungserscheinungen litt. So wurde auch Amin al-Husseini eingezogen und stieg zum Offizier der osmanischen Armee auf (Fischer-Weth 1943, S. 57). Dort hatte er vermutlich aufgrund seiner Verbindung zu Rashid Rida in den Vorjahren Zugang zu arabischen Offiziersklubs und politischen Netzwerken (Schulze 1994, S. 78, 79), blieb jedoch von der Teilnahme an Kampfhandlungen verschont und gelangte bald zurück in seine Heimat Palästina. Im weiteren Verlauf wurde der Nahe Osten von den Geschehnissen des Weltkriegs substanziell erst im Jahr 1917 erfasst; neue Bündnisse bereiteten sich jedoch bereits zuvor auf die Nachkriegsordnung vor: 1915 kam es zum (damals) geheimen Sykes-Picot-Abkommen zwischen Frankreich und Großbritannien um die koloniale Aufteilung der Gebiete, die südlich an die heutige Türkei grenzen. In den Jahren 1915 und 1916 korrespondierte der Abgesandte Großbritanniens in Kairo, Sir Henry MacMahon (1862–1949), mit dem Emir des Hedschas,

---

[10]Andere Quellen sprechen von 1911, siehe Fischer-Weth (1943, S. 55).

Großscherifen von Mekka und Oberhaupt des Familienclans der Hāschimiden, Hussein ibn Ali (1853–1931)[11], um die arabischen Clans im Nahen Osten zu ermutigen, mit dem Versprechen der Unterstützung nationaler Unabhängigkeit gegen das Osmanische Reich zu revoltieren (MacMahon 1939, S. 12). Einige der angesprochenen Clans, unter ihnen ein Großteil der Hāschimiden, nahmen an dem Aufstand teil, andere nicht (Khalidi 1980, S. 378), sodass ein uneinheitliches Bild der Unterstützung entstand. Die Ergebnisse sind zum Ende des Ersten Weltkriegs a) eine koloniale Aufteilung des Nahen Ostens unter Großbritannien und Frankreich, sowie b) die Erkenntnis, dass in der praktischen Politik neben der pan-islamischen auch die pan-arabische Idee nicht realisiert werden konnte (ebd.).

Kurz nach den oben erwähnten Korrespondenzen sagte die britische Regierung in einem Briefwechsel im November 1917 der zionistischen Weltorganisation ihre Unterstützung zur Errichtung eines jüdischen Staates in Palästina zu (sog. Balfourt-Deklaration). Mit dieser instrumentellen aber auch widersprüchlichen Politik konnte Großbritannien seinen Machtbereich im Nahen Osten ausdehnen und nahm am 9. Dezember 1917 das Gebiet um Jerusalem ein (Schulze 1994, S. 80); löste jedoch damit teilweise Jahrzehnte andauernde Konflikte aus, die auch heute noch zur spannungsreichen Situation in der Region beitragen (siehe aktuell Föderl-Schmid 2017, S. 8). Für dieses Analyse bleibt festzuhalten, dass sich schon im Vorfeld und während des Ersten Weltkrieges in der praktischen Politik gezeigt hatte, dass die pan-islamische sowie die pan-arabische Idee diskreditiert und der Zusammenhalt auf diesen Ebenen faktisch nicht gegeben war. Es setzte sich unter einflussreichen arabischen Eliten ein partikularer Nationalismus durch, der das Ziel der Sicherung eines eigenen, familiären Machtbereiches in der Region ins Zentrum rückte.

Nach der endgültigen Niederlage der Achsenmächte Ende 1918 bestanden demnach drei wesentliche Akteursgruppen, die auf das Gebiet Palästinas *exklusiven* Machtanspruch erhoben: Ethno-nationalstaatlich gesinnte jüdische und arabische Gruppen[12] sowie die externe Kolonialmacht Großbritannien. Mit der Durchsetzung des Sykes-Picot-Abkommens verblieb Palästina unter britischer Herrschaft; der Vertrag von Sèvres im August 1920 manifestierte diese Ansprüche und setzte den Anfang des vom Völkerbund anerkannten, britischen

---

[11]Siehe McMahon, Arthur H. (1939): Correspondence between Sir Henry MacMahon, His Majesty's high commissioner at Cairo, and the Sherif Hussein of Mecca, July 1915-March 1916. London.

[12]Intern neben zahlreichen moderaten Kräften in Palästina.

Mandatsgebietes, welches bis 1948 Bestand hatte (Schulze 1994, S. 81, 82). In der Stadt Jerusalem kam es in der Folge, trotz Anwesenheit der britischen Ordnungsmacht, zu Unruhen zwischen jüdischen und arabisch-muslimischen Gruppen, an denen Amin al-Husseini durch Aufrufe beteiligt war. Die ersten größeren Konflikte ereigneten sich bereits im Frühjahr 1920, als im März im Kampf um die Siedlung Tel Hai an der Nordgrenze des Mandatsgebietes mehrere jüdische und muslimisch-arabische Kontrahenten starben. Anschließend ereigneten sich Anfang April Auseinandersetzungen zwischen beiden Gruppen auch im 240 km entfernten Jerusalem (sog. ‚Nebi Musa Unruhen'), in dessen Folge die britische Mandatsmacht Amin al-Husseini wegen zentraler Beteiligung zu zehn Jahren Haft verurteilte (Achcar 2012, S. 129). Ebenfalls von den Maßnahmen betroffen war sein Cousin Musa Kazim Pasha al-Husseini (1853–1934), der nach zwei Jahren eine Absetzung vom Posten des Bürgermeisters erfuhr; Amin al-Husseini selbst floh nach Syrien. Auch dort schwelte der Konflikt zwischen lokalen und regionalen Machthabern auf der einen sowie Frankreich und Großbritannien auf der anderen Seite, bis die Unabhängigkeitsarmee der Araber unter König Faisal I. (1883–1933), Sohn des oben erwähnten Hussein ibn Ali von Mekka, der im Ersten Weltkrieg ebenfalls mit Großbritannien kooperiert hatte, am 20. Juli 1920 von den Kolonialmächten geschlagen wurde (Schulze 1994, S. 81). Damit erlosch vorerst ein weiterer Plan eines souveränen arabischen Nationalstaates im Nahen Osten.

Als neuer Bürgermeister von Jerusalem wurde von der Mandatsmacht Ragheb al-Nashashibi (1881–1951), aus einer rivalisierenden Familie der Stadt, eingesetzt. Die Briten wollten andererseits die alte gesellschaftliche Balance aus arabischen Familienstrukturen in Palästina beibehalten und begnadigten daraufhin Amin al-Husseini nach wenigen Monaten bereits im September 1920 (Mallmann und Cüppers 2011, S. 14).

In Anlehnung an Herrschaftsstrukturen Ägypten wurde im Jahr 1918 von der Kolonialmacht Großbritannien die Institution des Großmuftis *(‚al-Mufti al-Akbar')* von Jerusalem geschaffen, welcher nicht wie vorher islamische Autorität nur über die Stadt ausüben, sondern jetzt für die ganze Region Palästina zentralisieren sollte (Achcar 2012, S. 129). Als der Großmufti Kamil al-Husseini (1867–1921) im März 1921 starb, ernannte der britische Hochkommissar Herbert Samuel (1870–1963) dessen Bruder Amin al-Husseini, der sich bisher wesentlich als Politiker hervorgebracht hatte, im darauffolgenden April (Mallmann und Cüppers 2011, S. 14). Er brachte die Voraussetzungen a) der Herkunft aus einer einflussreichen, adligen Familie Jerusalems, b) eines früher ebenfalls auf der Position tätigen Vaters (Mohammed Tahir al-Husayni 1842–1908) und c) eines kurzen, nicht abgeschlossenes Studiums in Kairo mit geringer theologischer

Vorbereitung (ebd.; siehe Abschn. 3.2.1) mit. Im Zuge der politischen Ernennung verfügte er nun über hohe geistliche Autorität, hatte jedoch wenig religiöse Bildung und Rückhalt, und zählte „nicht einmal zu den drei führenden Anwärtern" (Achcar 2012, S. 129) nach dem islamischen Recht. Demnach sah er sich der starken Opposition führender arabischer Landadliger (sowie großen Teilen des regionalen islamischen Klerus') ausgesetzt, die diese Maßnahme erfolglos zu verhindern suchten (Schulze 1994, S. 130). Weiterhin bekam er im gleichen Jahr die Position des Vorsitzenden des Obersten Islamischen Rates (Supreme Muslim Council) zugesprochen, des höchsten Organes, das für die Angelegenheiten der muslimischen Gemeinschaft im Mandatsgebiet Palästina zuständig war und das ebenfalls von der britischen Kolonialmacht geschaffen wurde (Achcar 2012, S. 129). Amin al-Husseini vereinte somit in seiner Person symbolische und religiöse Autorität mit großem politischem und wirtschaftlichen Einfluss, da diese Ämter auch die Aufsicht über ökonomische Beziehungen und Vermögenswerte der muslimischen Organisationen (siehe „Waqf") beinhaltete.

Aufgrund der weiterhin andauernden, massiven Verfolgung in Europa kam es auch in den folgenden 1920er Jahren zu Einreisewellen von jüdischen Migranten nach Palästina. Die Reaktion auf die steigende Zahl der Einwanderer brachte vermehrt gewaltsame Konflikte zwischen arabisch-nationalistischen und jüdischen Gruppen in Palästina und Jerusalem (Schulze 1994, S. 129). Da der Unmut der ersten Gruppe auch gegenüber der britischen Mandatsmacht stieg, welche für die Einwanderung verantwortlich gemacht wurde (Mallmann und Cüppers 2011, S. 16), behalf sich letztere mit weiteren offiziellen Einschränkungen der Einreise in den Jahren 1922 und 1930. Sie waren jedoch ineffektiv (siehe Tab. 3.2) und

Tab. 3.2 Bevölkerung in Palästina 1922–1937 (nach Religion) (Eigene Darstellung nach Daten in Mallmann und Cüppers 2011, S. 17)

	Muslime		Juden[a]		andere		Gesamt
	absolut	in %	absolut	in %	absolut	in %	absolut
1922	589.177	78,3	83.790	11,1	79.081	10,5	752.048
1932	771.174	73,2	180.793	17,2	100.905	9,6	1.052.872
1937	883.446	63,0	395.836	28,2	122.512	8,7	1.401.794

[a]Der jüdische Bevölkerungsanteil kann in drei Gruppen unterteilt werden: Auf der einen Seite jene der Mizrachim (orientalische Juden), die auch von der muslimisch-arabischen Seite als autochthone Bewohner anerkannt war. Die zweite Hauptgruppe waren einwandernde aschkenasische Juden aus Europa, von denen nur ein Bruchteil (dritte Gruppe) einen mono-ethnischen, jüdischen Staat aufbauen wollte

es entstand letztendlich die Position seitens dieses entscheidenden Akteurs, das palästinensische Gebiet in einen jüdischen und einen arabischen Staat zu unterteilen (Schulze 1994, S. 171).

Ethno-nationalistisch eingestellte Eliten der Araber, auch Amin al-Husseini, lehnten den Plan der Gründung eines jüdischen Staates ab, da dies absehbar eine Verkleinerung des Einflussgebiets gebracht hätte und das Extremziel der ideologischen Orientierung nicht erfüllt gewesen wäre (Zankel 2006, S. 42), Palästina als muslimisch-arabischen Nationalstaat zu etablieren. In diesem Kontext wurden die Wahlen zur nationalen Versammlung Palästinas, die erstmals im Frühjahr 1923 unter Organisation der britischen Militärverwaltung stattfinden sollten[13], durch einen Aufruf des fünften palästinensisch-arabischen Kongresses von der arabischen Seite boykottiert. Die Wahlen sollten eigentlich einen Übergang von der Militärherrschaft der Briten zu einer zivilen politischen Ordnung (unter ihrer Aufsicht) schaffen; ihre Vertreter annullierten jedoch aufgrund des Boykotts anschließend die Abstimmung und setzten einen Beirat ein. Differenzen um Einwanderung, Zugang zu heiligen Stätten, als auch Konsequenzen der Weltwirtschaftskrise (Schulze 1994, S. 129) führten 1929 erneut zu gewaltsamen Konflikten zwischen jüdischen und arabischen Gruppen, in denen die Mandatsmacht wiederholt nur bedingt einschritt (Mallmann und Cüppers 2011, S. 18) und in denen Amin al-Husseini wiederholt eine zentrale Rolle einnahm (Motadel 2011, S. 51). Auch politisch waren Teile seiner Familie in dieser Zeit aktiv und gründeten 1934 die als ‚clan-eigen' beschriebene, Arabisch-Palästinensische Partei, eine von insgesamt sechs Parteien mit arabischem Hintergrund im britischen Mandatsgebiet (Schulze 1994, S. 132, 133).

Die sechs arabischen Parteien organisierten sich im Obersten Arabischen Komitee, an dessen Spitze Amin al-Husseini Ende April 1936 einen Generalstreik ausruft (ebd.). So beginnt erneut ein großer arabischer Aufstand in Palästina, der sich gegen die Expansion jüdischer Siedlungen und die britische Mandatsmacht wendet und bis 1939 andauert. Amin al-Husseini selbst setzte starke antijüdische Propaganda ein, in der aus Antizionismus ein genereller Antisemitismus wurde: Angst um Überbevölkerung in Palästina wuchs nun zu einem globalen Verschwörungsdiskurs, der die Religion des Islam annähernd

---

[13]Die Schaffung eines ‚Palestinian Legislative Council' wurde mit einer direkten Order im Namen des englischen Königs George V. am 10.08.1922 erlassen. Siehe Buckingham Palace (Hg.) (1922): Palestine. The Palestine Order in Council. London; und ECF (2017): Palestine Order in Council, 1922. Zugriff unter https://ecf.org.il/issues/issue/1465 (01.12.2017).

vollständig politisierte (siehe Abschn. 3.2.1). Die realen Zahlen zur Einwohner-struktur zeigen auf, dass auch 1932 knapp drei Viertel der Bevölkerung arabische Muslime waren, bis 1937 wuchs der Anteil der jüdischen Bevölkerung in Paläs-tina auf etwas unter 30 %. Die erstgenannte Gruppe bildete demnach noch immer die Mehrheit und wies zudem eine deutlich höhere Geburtenrate auf (Mallmann und Cüppers 2011, S. 17).

In der Zeit der Bekämpfung der jüdischen Einwanderung und des briti-schen Kolonialismus' erkannte Amin al-Husseini bereits ab 1933 im NS-Re-gime aufgrund der gemeinsamen Feinde geeignete Kooperationspartner. Am 31. März 1933 ließ er dem deutschen Generalkonsul in Jerusalem eine Botschaft zukommen, in der er der neuen Regierung eine baldige Ausbreitung ihrer Ideo-logie auf andere Länder wünschte (Zankel 2006, S. 49). Noch immer ließ die Mandatsmacht ihn gewähren; erst nach der Ausrufung des Generalstreiks 1936 wurde er in Palästina gesucht, floh im Herbst 1937 in den Libanon (Schulze 1994, S. 133) und gelangte 1941 in den Irak (Achcar 2012, S. 140). Die Briten versuchten dennoch weiterhin, sich um die Zustimmung der arabischen Clans in Palästina zu bemühen, da mit dem drohenden Ausbruch des Zweiten Welt-krieges auch Nordafrika zu einem Konfliktschwerpunkt werden würde und Kooperationen mit dem NS-Regime vermieden werden sollten. So beschränkten sie sukzessive, wie auch andere Westalliierte, effektiver jüdische Zuwanderung nach Palästina als auch in ihr jeweiliges Staatsgebiet (Achcar 2012, S. 18) – und es wurde für diese Gruppe immer schwieriger, der Verfolgung in Mitteleuropa zu entkommen. Erneut scheiterte am Widerstand arabisch-muslimscher Grup-pen eine von der britischen Mandatsmacht am 7. Juli 1937 vorgeschlagene Tei-lung Palästinas in einen jüdischen und einen muslimischen Staat (Zankel 2006, S. 42). Am 17. Juli 1937 wurde der Versuch unternommen, Amin al-Husseini zu verhaften, der sich in der Al-Aqsa-Moschee verschanzte und drei Monate spä-ter im Zuge des Verbots des Obersten Arabischen Komitees durch die britische Kolonialmacht entkommen konnte (Achcar 2012, S. 138). Im September 1937 verlor er durch Entscheidungen der Vertreter Großbritanniens viele öffentliche Positionen, blieb aber vorerst Großmufti.

Der Aufstand ab 1936 kostete der autochthonen arabischen Bevölkerung die ökonomische Existenz und große Auswanderungswellen folgten; so ist zwischen dem Aufbau eines Verbundes jüdischer Siedlungen und den Entwicklungen der Fluktuation, der Unruhe und des Zusammenbruchs innerhalb der arabischen Bevölkerung ein Zusammenhang zu sehen. Trotz der politischen Entwicklungen und Reformen der Zwischenkriegszeit konnten sich in Palästina bis zu Beginn des Zweiten Weltkrieg etablierte arabische Familien halten und das alte System der

,Politik der Notablen' in seinen Grundzügen bei der arabischen Bevölkerungsgruppe weiterhin durchsetzen (Nashif 1977, S. 113 ff.).

Das Verhältnis zwischen Religion und Politik in Palästina ist in diesem Zeitraum in zwei Kategorien nach Linz (1996) einzuordnen: Offizielles Ziel der Kolonialmacht war eine freundschaftliche Trennung beider Sphären; da dies nicht gelang, entstand substanziell (durch den politischen Eingriff Großbritanniens in islamische Institutionen, der Bewahrung etablierter arabischer Netzwerke und mit Religion begründeten, politischen Aufrufen ethno-nationalistischer Kreise) zwischen den lokalen Akteuren eine Struktur, die dem Typus der politisierten Religion zuzuordnen ist.

3.1.2 Muslime und Juden im Kaiserreich und der Weimarer Republik

In der frühen Neuzeit entwickelte sich auf dem Gebiet des späteren Deutschen Reiches bis 1914 in der Bevölkerung ein Verhältnis zu Muslimen des Nahen Ostens (die auch die Gruppe der Araber beinhaltete), dass aufgrund militärisch und marginal wirtschaftlich geprägter Kontakte hauptsächlich zwei zentrale Elemente zentral stellte: Zunächst die ,Exotisierung' und Mystifizierung in Verknüpfung mit der Expansion des Osmanischen Reiches, die unter den Eliten und breiten Schichten der Bevölkerung der deutschsprachigen Länder in Europa verbreitet war (Kahlheyss 2014, S. 34). Daran anschließend kam auf der Seite der Herrschenden die instrumentelle Dimension hinzu, muslimische Soldaten käuflich zu erwerben und aufgrund tatsächlicher oder vermeintlicher Vorteile im Krieg für sich einzusetzen (siehe Bosniaken-Regiment der preußischen Armee im 18. Jahrhundert). Bis zum Ende des 19. Jahrhunderts kamen vermehrt wirtschaftliche Kontakte zum Nahen Osten hinzu, die durch die aufkommende Modernisierung, aber auch durch den zunehmenden inter-regionalen und globalen ökonomischen Austausch mit der Mittlerfunktion des Osmanischen Reiches im Handel zwischen Asien und Westeuropa bedingt waren.

Innerhalb der deutschsprachigen Länder, die sich 1871 zum Deutschen Reich zusammenschlossen, lebten im Hinblick auf die Gesamtbevölkerung bis dahin nur sehr wenige autochthone als auch allochthone Muslime, zudem mit arabischen Hintergrund. Im 1871 gegründeten deutschen Kaiserreich änderte sich dieser Zustand nicht wesentlich. Mit wenigen Ausnahmen waren der Bevölkerung von dieser Gruppe fast ausschließlich die überlieferten Rollenbilder von Diplomaten oder Soldaten bekannt – nun änderten sich allmählich diese Vorstellungen: Der berufliche Hintergrund der Gruppe diversifizierte sich etwas, beschränkte sich jedoch weiterhin auf die Bereiche des diplomatischen Dienstes anderer Länder oder auf die kaufmännische Tätigkeit (Motadel 2009, S. 108). Ein weiteres Charakteristikum in der Beziehung zwischen dem Deutschen Reich und Muslimen fügte der deutsche Kaiser Wilhelm II. (1859–1941) hinzu, der ein überhöhtes Interesse an Bevölkerungsgruppen mit muslimischen Glauben im Nahen Osten öffentlich zur Schau stellte (siehe unten). Die Betonung der Differenz, „Andersartigkeit", Exotisierung sowie Hierarchisierung der Beziehung blieb jedoch erhalten und wurde mit der Kolonialisierung und pseudo-wissenschaftlichen Unterlegung (Stichwort rassistischer Sozialdarwinismus) weiter vorangetrieben, sodass im Bereich der Einstellungen in der Bevölkerung im Reich hinsichtlich der Gruppe der arabischen Muslime keine wesentlichen Änderungen eintraten. Unter diesen Vorzeichen stand auch die Visite des deutschen Kaisers in Palästina im Jahr 1898, die öffentlich als private Pilgerreise dargestellt wurde, bei der jedoch auch Vertreter vieler politischer Interessengruppen des Ziellandes (autochthoner wie allochthoner; osmanische Repräsentanten, zionistische Siedler, Vertreter der [nationalistischen] Araber, hauptsächlich aber europäische und christliche deutsche Siedler) von ihm getroffen wurden. Als Vertreter des Stadtrates von Jerusalem empfing auch Ismail Musa al-Husseini (†1945)[14], damaliges Oberhaupt der Familie, den deutschen Kaiser und überreichte ihm im Namen seiner Institution Präsente (Pappe 2000, S. 34). Dennoch unternahm Wilhelm II. keine Handlungen, welche die Autorität und Herrschaft des Sultans in Istanbul in der Region untergraben hätten und betonte in Wortbeträgen die Zentralität des Osmanischen Reiches in Verbindung mit dem Islam sowie die politische und religiöse Zentralität des Sultans (ebd.).

Zwischen dem Deutschen und dem Osmanischen Reich entwickelten sich in der Zeit bis zum Ersten Weltkrieg neben den politischen und militärischen schrittweise auch wirtschaftliche Beziehungen, wie der Bau der Bagdad-Bahn ab 1903, die maßgeblich von deutschen Banken finanziert wurde und in deren erste Planungen, die bereits ab 1872 liefen, deutsche Ingenieure maßgebliche Verantwortung trugen. So kam eine ganz pragmatische, ökonomische Perspektive bei Teilen der aufkommenden Mittelschicht des Kaiserreiches auch hinsichtlich der Beziehung zu arabischen Muslimen hinzu, die zunehmend Verbindungen mit außenpolitischen Planungen (siehe Oppenheim [1914]: *Denkschrift betreffend Die Revolutionierung der islamischen Gebiete unserer Feinde*) zeigte.

---

[14]Siehe http://www.orienthouse.org/about/history.html (12.09.2018).

Bestand die Gruppe der Muslime im deutschen Kaiserreich bis 1914 hauptsächlich aus wenigen Diplomaten, Kaufleuten und wohlhabenden Studenten, so
änderte sich das islamische Leben im Land mit den Entwicklungen des Ersten
Weltkriegs. Die Kriegsgegner Frankreich und Großbritannien setzten eine erhebliche Anzahl von Soldaten aus ihren Kolonien, auch mit muslimischem Hintergrund, an der deutschen Westfront ein, die im Verlauf demnach auch öfter in
deutsche Kriegsgefangenschaft gerieten. So wurden zwanzig Kilometer südlich
der Stadtgrenze der Hauptstadt Berlin, in der Umgebung der Orte Wünsdorf und
Zossen, zum Jahreswechsel 1914/1915 zu einem bestehenden Lager zwei spezielle
Anlagen eingerichtet (Förderverein 2013, S. 8, 9), in denen insbesondere muslimische Kriegsgefangene konzentriert und indoktriniert werden sollten (Kahleyss
2014, S. 25). Zu Beginn glichen Mangel, Hunger und Unterdrückung in dieser der
Situation in den anderen Stätten der Kriegsgefangenschaft im Deutschen Reich
(ebd.). Die Häftlinge wurden hier jedoch zusätzlich aufgrund ihrer Zugehörigkeit zu einer Vielzahl anderer Ethnien, im Geiste der oben angesprochenen ‚Exo-
tierung' und unter Angabe vermeintlich wissenschaftlicher Motive (Lange 2014,
S. 101), auch vermessen und eingehend medizinisch untersucht. Diese Maßnahmen nahmen die betroffenen Personen als sehr entwürdigend war (ebd., S. 98).

Ein Besonderheit erhielten diese Lager, mit Schwerpunkt auf jenem nahe Wünsdorf, mit dem dort unternommenen Versuch, die nun zahlreicher in Gefangenschaft
geratenen arabisch-muslimischen Soldaten der Kolonialmächte Großbritannien und
Frankreich zu indoktrinieren für die Kriegsziele des Deutschen Reiches zu gewinnen (Breidecker 2015, S. 13). Dazu sollten sie nach Anweisungen des deutschen
Auswärtigen Amtes eine „*Vorzugsbehandlung*" (Kahleyss 2014, S. 25) genießen,
zu der auch drei verschiedene, nicht-deutschsprachige Publikationen (hier die auf-
lagenstärkste, am längsten publizierte und in arabischer Schrift verfasste Veröffentlichung „*El Dschihad*" ab März 1915) und eine Moschee gehörten. Das religiöse
Gebetshaus kann zu einem der ersten Stätten oder Gebäude für islamische Riten
in Deutschland gezählt werden, wurde in fünf Wochen Bauzeit errichtet, war eine
Holzkonstruktion und konnte (augenscheinlich) maximal 200 Personen[15] aufnehmen (ebd., S. 29). Sämtliche Zugeständnisse waren jedoch instrumentell auf die
Zielsetzung einer erfolgreichen Indoktrinierung der Inhaftierten ausgelegt (Publikationen und Religion als Propagandamittel), welches auch den Angehörigen der
Zielgruppe recht bald bewusst wurde (Breidecker 2015, S. 13).

---

[15]Andere Quellen (Ahmad 2006, S. 8) sprechen von bis zu 3000 Personen, die darin Platz
gefunden hätten. Diese Angaben sind mit Blick auf die Ausmaße des Bauwerks (Kahleyss
2014, S. 29) als übertrieben einzuordnen.

In beiden Lagern waren während des Ersten Weltkrieges etwa 15.000 (Wokoeck 2009, S. 129 ff.) bis 16.000 (Kahleyss 2014, S. 26) muslimische Kriegsgefangene untergebracht. Von diesen folgten im Jahr 1916 circa 1800 Personen dem Aufruf, sich unterrichten zu lassen und mithilfe quasi-religiöser, politisch-ideologischer Indoktrinierung nach einer möglichen Rückkehr in den von den Kolonialmächten besetzten Heimatländern Unruhen zu verursachen; die übergroße Mehrheit der Inhaftierten stand dem Vorhaben aus verschiedenen Gründen jedoch ablehnend gegenüber (Breidecker 2015, S. 13). Auf der anderen Seite haben bei der Entscheidung für eine Teilnahme wohl nicht nur ideologische, sondern zusätzlich instrumentelle Gründe (Gedanken an Flucht oder wenigstens Verbesserung der harten Bedingungen im Lager) eine Rolle gespielt. Andere Quellen schätzen, dass in der Summe ungefähr ein Viertel der muslimischen Kriegsgefangenen beider Lager für die Propaganda empfänglich war, das Projekt der Umerziehung und Indoktrinierung trotzdem insgesamt als gescheitert angesehen werden müsse (Kahleyss 2014, S. 35). Demnach kamen keine Änderungen in der Gesamtsituation der überwiegenden Mehrheit der muslimischen Kriegsgefangenen zustande, die bis zum Kriegsende durch Mangel, Hunger und Unterdrückung geprägt war.

Die Holzmoschee in Wünsdorf wurde von religiös motivierten Besuchern, die hauptsächlich aus anderen Ländern stammten und in Berlin ansässig waren, bis in das Jahr 1923 genutzt, jedoch war die Anfahrt aus der Hauptstadt mit 90 min beschwerlich. In der Moschee predigten im und nach dem Ersten Krieg meist türkische Imame (Lahore Ahmadiyya Islamic Movement 2014, S. 7) bis sie anschließend 1924 wegen Baufälligkeit geschlossen (Bauknecht 2001, S. 44) und im Jahr 1930 abgerissen wurde (Kahleyss 2014, S. 35).

Aus der Perspektive der Gesellschaft im Deutschen Reich kann in diese Zeit der Wandel der Religion und Kultur des Islam' von einem ausschließlich außenpolitischen (und -wirtschaftlichen) zu einem auch innergesellschaftlichen Themenfeld verortet werden: Nach dem Ersten Weltkrieg wurden in den 1920er Jahren in der Weimarer Republik ca. 15.000 Personen zur Gruppe der Muslime gezählt (Steinke 2015, S. 57). Ein spezifisch islamisch-bürgerliches Milieu konnte sich dabei nur in Großstädten wie in Berlin[16] (Motadel 2009, S. 106)

---

[16]Der Fokus auf Berlin bedeutet nicht, dass diese Situation exemplarisch für alle Regionen der Weimarer Republik steht. Das Feld ist insgesamt wenig untersucht und strukturiert; jedoch liegen in diesem Fall mehrere Studien vor. So gab es in der Hauptstadt eine Konzentration von Muslimen, die die Entstehung eines spezifisch muslimisch-bürgerlichen Milieus erst ermöglichte. Eine solche Entwicklung entfaltete sich im Deutschen Reich und in der Weimarer Republik aufgrund der geringen absoluten Zahl der Muslime nur in sehr wenigen Großstädten (Wokoeck 2009, S. 123).

zusammenfinden; erste Zusammenkünfte durch Eigeninitiativen zwischen musli-
mischen Geschäftsleuten und Diplomaten gab es in der Hauptstadt spätestens ab
1922 (Lahore Ahmadiyya Islamic Movement 2014, S. 6). Hier entstanden erste
Gedanken, sich für die Errichtung einer neuen Moschee innerhalb der Grenzen
der Stadt einzusetzen (ebd.). Die Größe der Gruppe der in Berlin ansässigen
Muslime variierte in der Zeit der Weimarer Republik 1919–1933 zwischen 1800
(Motadel 2009, S. 104) und bis zu 3000 Personen, die aus circa 40 verschiedenen
Ländern kamen (Wokoeck 2009, S. 123). Die meisten waren Kaufleute, Ärzte,
Studenten, gehörten Botschafterfamilien an oder wurden direkt von ihrem
Heimatland als Repräsentanten für unterschiedliche Belange nach Berlin entsandt
(Motadel 2009, S. 110). Sie fanden schnell Zugang zu deutschen bürgerlichen
Kreisen, da sie sog. ‚bürgerliche Verhaltensweisen' nicht erst in Europa erlernten,
sondern diese meist aus ihren Herkunftsländern mitbrachten, da sie dort zu einem
Teil der Elite zählten, welche sich an europäischen und modernen Lebensverhält-
nissen orientierte (ebd., S. 108).

Durch das diverse Engagement und durch die Gründung von islamischen
Organisationen fanden die in den Städten konzentrierten Muslime recht schnell
Kontakt zur deutschen bürgerlichen Gesellschaft und zu Personen mit meist
akademischen Berufsständen, die ihrerseits über die Möglichkeit zum kulturellen Austausch erfreut waren (ebd., S. 110). Eine weitere wichtige Gruppe im
Milieu stellten nicht nur die Muslime selbst und die am Kulturaustausch Interessierten, sondern auch deutsche Konvertiten dar, die meist publizistischen,
künstlerischen oder wissenschaftlichen Tätigkeiten nachgingen und mit ihrer
Mittlerposition den allochthonen Muslimen Zugänge zum deutschen bürgerlichen Milieu ermöglichten (ebd., S. 111). Insgesamt können dennoch keine prä-
zisen Aussagen darüber getroffen werden, wie die muslimische Gemeinschaft
innerhalb der deutschen Gesamtbevölkerung wahrgenommen wurde. Weithin ist
anzunehmen, dass kein nachhaltiger Kontakt, Integration oder Akkulturation der
Gruppe stattgefunden hat (ebd., S. 112), sodass die oben beschriebenen, traditionellen Identitätskonstruktionen vonseiten der Mehrheitsgesellschaft hinsichtlich
der allochthonen Muslime in der Grundstruktur weitgehend erhielten blieben.
Eine ausführliche Beschreibung der während der Weimarer Republik in Berlin
tätigen muslimischen Organisationen[17] wird unter 4.1 stattfinden; wir begrenzen
unsere Beschreibungen hier auf die Leitlinie der Forschungsfrage (generelle

---

[17]Siehe zu diesem Thema auch die zentralen Texte von Motadel (2009) und Bauknecht
(2001).

Identifikation möglicher Anknüpfungspunkte zum Islam aus der Perspektive der Entwicklungen im Deutschen Reich) und weiterhin auf den Zeitraum ab 1933 mit den Maßnahmen des NS-Regimes, welche die Beziehung zwischen Religion und Politik grundsätzlich neu ordnen, um einen Überblick zu erhalten. Es kann festgehalten werden, dass bis dahin zumindest in den Großstädten ein kleines, jedoch vielfältiges und liberal eingestelltes muslimisch-bürgerliches Milieu entstand, dass einen Indikator unter vielen für eine beschleunigte gesellschaftliche Differenzierung der deutschen Gesellschaft während der Zeit der Weimarer Republik bildet.

Nach der Machtergreifung der NSDAP im Frühjahr 1933 kam es zu vermehrter Ausreise von allochthonen Mitgliedern der muslimischen Gemeinschaft Berlins, da durch die ethnische Rassenpolitik des NS-Regimes phänomenologische Differenz vom propagierten Idealbild starke gesellschaftliche Ächtung erzeugte. Zudem mussten Muslime auch reale Einschnitte in ihren offiziellen Rechten hinnehmen (siehe dazu Steinke 2015, S. 57). Daher sank ihre Zahl ab diesem Zeitpunkt auf nur noch etwa 300 Personen muslimischen Glaubens in der Stadt, die dem intellektuellen und kulturellen Bereich zuzurechnen oder im diplomatischen Sektor im Auftrag anderer Staaten tätig waren. Auch Konvertiten verschwanden zunehmend aus dem öffentlichen Leben (ebd.). 1937 begann die NSDAP zum Zweck der endgültigen Zentralisierung und Gleichschaltung mit der verschärften Überprüfung aller muslimischen Vereine in Berlin und im Deutschen Reich, in dessen Folge der größte Zusammenschluss, die Deutsch-Moslemische Gesellschaft e. V., seine Aktivitäten stark begrenzen musste. Der nächste Schritt der Verfolgung bedeuteten die Konsequenzen des Ausbruchs des Zweiten Weltkriegs am 1. September 1939, da nun die verbliebenen ausländischen Muslime aufgrund ihrer in der überwiegenden Mehrheit bestandenen Zugehörigkeit zu sogenannten ‚Feindstaaten‘ und der drohenden Inhaftierung emigrierten. Der letzte ausländische Vertreter der Deutsch-Moslemischen Gesellschaft e. V. verließ 1940 das Land und diese wie weitere Organisationen stellten ihre Aktivitäten aufgrund des Drucks von selbst ein (Bauknecht 2001, S. 68, 69). Die verbliebenen, mit dem nationalsozialistischen Regime weitgehend sympathisierenden Muslime und ihre Veranstaltungen wurden in der Stadt beim zweiten großen Verein, der Islamischen Gemeinde e. V. gebündelt. Deren Gründung erfolgte als eine der ersten dieser Art bereits im Jahr 1922; von dieser Vereinigung versprachen sich die staatlichen Akteure, auch aufgrund der ethnischen Zusammensetzung der Mitglieder, größere Loyalität gegenüber ihrer Politik (ebd., S. 73, 74). Alle anderen muslimischen Organisationen wurden sukzessive geschlossen oder stellten ihre

Aktivitäten ein[18]. Der letzte Schritt in der organisatorischen und ideologischen Gleichschaltung des islamischen Lebens im Deutschen Reich nach 1933, 1937 und 1939 erfolgte im Frühjahr 1942 mit der Umwandlung des Islam-Instituts der oben erwähnten Islamischen Gemeinde in das Islamische Zentral-Institut Berlin: Mithilfe und unter Aufsicht des Auswärtigen Amtes (ebd., S. 77) sollte diese Konstruktion eine einzige religiöse Anlaufstelle für Muslime bilden; selbst die Islamische Gemeinde wurde trotz Treuebekundungen ihrerseits aus ihrer eigenen Einrichtung zurückgedrängt und verlor ihren Status (ebd., S. 74). An dieser letzten Maßnahme der Gleichschaltung der Muslime im Deutschen Reich war auch Amin al-Husseini beteiligt, der Weisung der SS die Leitung des Instituts übernahm. Als im Jahr 1941 die faktische Kooperation des NS-Regimes mit Amin al-Husseini begann, war das vielfältige bürgerliche islamische Milieu der Hauptstadt bereits durch die Verfolgung und Emigration der ausländischen Mitglieder, die argwöhnische Überwachung der Konvertiten und Interessierten sowie der Vereinigung ihrer Organisationen unter dem Dach des Islamischen Zentral-Instituts nahezu verschwunden; die Reste dessen politisiert, gleichgeschaltet und zentralisiert. Die verbliebenen Muslime, wenn in diesem Zentral-Institut organisiert, standen aufgrund ihrer selbst postulierten Nähe zum NS-Regime unter einem gewissen staatlichen Schutz vor der sonst willkürlich angewandten Verfolgung, wurden von den Institutionen des nationalsozialistischen Macht- und Terrorapparats jedoch weiterhin strikt observiert (ebd., S. 68, 69).

Mit Blick auf die innenpolitischen Entwicklungen bleibt an dieser Stelle festzuhalten, dass die Gruppe der Muslime im Deutschen Kaiserreich bis 1918 und in der Weimarer Republik bis 1933 eine äußerst geringe absolute Zahl an Personen umfasste, die eher in kleinen Gruppen oder als Individuen in Erscheinung traten und nur in urbanen Zentren sichtbar und erfahrbar wurden. Mit der Machtergreifung der NSDAP verkleinerte sich diese geringe absolute Zahl der zugehörigen Personen ab 1933 drastisch. Aufgrund dieser Einschränkungen (Mikromilieu, innere Vielfalt in der Weimarer Zeit bis 1933, anschließende Unterdrückung und Gleichschaltung) erscheint es kaum möglich, ein kohärentes Narrativ der Muslime im Deutschen Reich und der Weimarer Republik zwischen 1871 und 1933, oder auch während der Diktatur zwischen 1933 und 1945, zu zeichnen (Wokoeck 2009, S. 123). Dies gilt insbesondere für die spezielle Thematik der Beziehung von Mitgliedern der Gruppe zur NS-Ideologie und deren Organisationen (siehe dazu Abschn. 4.1).

---

[18]Nähere Erläuterungen dazu unter Abschn. 4.1 Das Islamische Zentral-Institut Berlin.

Außenpolitisch verfolgten die Akteure des NS-Regimes mit Blick auf die Muslime im Nahen Osten ab 1933 eine deutliche Linie, die sich bis 1937 im Grunde nicht mit den Interessen der muslimisch-nationalistischen Araber aus Palästina vereinen ließ. So war es das Ziel führender Eliten auf deutscher Seite, einen Krieg mit Großbritannien zu vermeiden, das Land auf die Seite der Achsenmächte zu bringen und möglichst viele jüdische Personen zur Ausreise zu bewegen, auch nach Palästina (Achcar 2012, S. 137). Das NS-Regime erkannte vorerst die Vorherrschaft der britischen Mandatsmacht im arabischen Raum an und entwickelte zwischen 1933 und 1937 das konkrete Streben nach einer Allianz, als deren Höhepunkt das deutsch-britische Flottenabkommen vom 18. Juni 1935 gesehen werden kann (Mallmann und Cüppers 2011, S. 61). Zusätzlich achtete das NS-Regime ab 1933 auf die Interessen des faschistischen Italien im Nahen Osten, dessen Führer Benito Mussolini (1883–1945) Ansprüche auf Libyen und Ägypten erhob und deshalb keine Unterstützung der muslimischen Araber in der Region duldete (Gensicke 1988, S. 292)[19]. Als 1937 ein Abwenden von Großbritannien erfolgte und konkrete Handlungen zur Gründung eines jüdischen Staates in Palästina aufkamen (Veröffentlichung des sog. Peel-Plans im Juli 1937[20]), fing die deutsche NS-Regierung an, sich intensiver mit der Politik im Nahen Osten vertraut zu machen, da die Gründung eines solchen Staates nicht in ihrem Interesse lag (Mallmann und Cüppers 2011, S. 57). So sind zwischen 1933 und 1937 neben der ideologischen Ausrichtung und der Implementierung des völkischen Antisemitismus (auch in der Außenpolitik) ebenso die Beziehungen zu den Kolonialmächten des Mittelmeerraums, Großbritannien und Italien, essenziell, um die Nahostpolitik des NS-Regimes und die weitgehende Ignoranz für Interessen der muslimischen Araber zu diesem Zeitpunkt zu verstehen.

Dennoch verblieb das Auswärtige Amt in Berlin weiterhin in Kontakt zu arabischen, mit dem deutschen Nationalsozialismus sympathisierenden Führern wie Amin al-Husseini, der diese Stellen bis 1937/1938 vergeblich um substanzielle

---

[19]So sendete Italien mit Radio Bari bereits ab 1934 Propaganda in den Nahen Osten (siehe Abschn. 4.2).

[20]Im November 1936 begann die britische Peel-Kommission aufgrund der arabischen Unruhen, das Mandat in Palästina zu überprüfen. Der im Juli 1937 veröffentlichte Bericht kam zu dem Schluss, dass ein Vertrag mit einer Teilung Palästinas in zwei Staaten beschlossen werden sollte. Das den arabischen Palästinensern zugeteilte Territorium sollte mit Jordanien vereinigt werden, der jüdischen Staat die Verluste der Palästinenser ausgleichen (Rubenberg 2010, S. 1152, 1153). Der Plan wurde dem Völkerbund zugesandt, vom ihm bestätigt und in der weiteren Entwicklung faktisch Grundlage der Grenzziehungen Israels (Bartal 2017, S. 58).

materielle Unterstützung in Palästina bat (Achcar 2012, S. 137). Die Vielfalt der Beziehungen des NS-Regimes in die Region und ihren instrumentellen
Charakter zeigt der Blick auf die Verbindung mit anderen Gruppen und Staaten; so kooperierte in den Jahren 1938/1939 die deutsche Geheime Staatspolizei
(‚Gestapo') – neben der nun beginnenden Finanzierung arabischer Nationalisten
(Küntzel 2005) – auch mit jüdischen Untergrundorganisationen, um die Migration jüdischer Gruppen nach Palästina zu organisieren (Achcar 2012, S. 19). Die
anfangs erfolgreiche Expansionspolitik des NS-Regimes gleich nach dem Beginn
des Zweiten Weltkrieges in den Jahren 1939/1940 ermöglichte seinen Vertretern
nun eine ernsthafte Auseinandersetzung mit dem Nahen Osten. Noch 1939
wurde die Region dem Bündnispartner Italien zugesichert; nach der gescheiterten
Eroberungspolitik Mussolinis in Griechenland 1941 rückte sie jedoch in den
Kreis des eigenen Interessengebietes. Nachdem Hoffnungen auf eine Niederlage
der Sowjetunion durch schnelle Eroberungen in Osteuropa im Spätsommer 1941
aufkamen, war der anschließend geplante Schritt die Zuwendung zu Palästina
und Ägypten, da die Rohstoffvorkommen als auch die strategische Position des
Gebietes mit dem Suez-Kanal kriegswichtige Vorteile versprachen (Mallmann
und Cüppers 2011, S. 89).

Das NS-Regime unterstützte ab 1937/1938 in engem Rahmen finanziell verstärkt ägyptische und arabische nationalistische Bewegungen (Küntzel 2005),
sowie materiell den nationalistischen Putsch im Irak Ende März 1941 (an dem
auch Amin al-Husseini beteiligt war), der bereits anderthalb Monate später im
Mai scheiterte. Demnach wurde das Ziel, den Grad der Unruhe in britischen
Kolonialgebieten zu erhöhen, in kurzfristiger Perspektive teilweise erfüllt. Da
die Unterstützungsleistungen in diese Richtung jedoch nicht substanziell sondern
eher symbolisch waren, trugen sie als ein Faktor dazu bei, dass die genannten
Unternehmungen mittel- und langfristig Misserfolge blieben. Als zusätzlich zum
Ende des Jahres erste Rückschläge in Osteuropa zu verzeichnen waren und die
erfolgte Kriegserklärung an die USA am 11. Dezember 1941 immer schwer-
wiegendere Konsequenzen zeigte, stand auch eine Umstrukturierung der Priori-
täten und eine ebenso schnelle faktische Distanzierung vom Nahen Osten bevor.
Geplante Materiallieferungen wurden nicht mehr durchgeführt. Genau aus diesem
Grund erhielt die Verbindung zu Amin al-Husseini, der seit November 1941 in
Berlin, Brandenburg und Sachsen im Exil lebte, auch immer wichtigeren Charakter (ebd., S. 90): Die militärische Lage verschlechterte sich aus Perspektive des
deutschen NS-Regimes auch in muslimisch bewohnten, besetzten Gebieten in
Bosnien-Herzegowina und in der Sowjetunion. Somit wurde sein ideologischer
Einfluss auf Bevölkerungsgruppen in diesen Regionen, denen eine positive oder

zumindest ambivalente Orientierung hinsichtlich des NS-Regimes unterstellt wurde, als immer bedeutender erachtet (Bernwald 2012, S. 97).

Die jüdische Minderheit im Deutschen Reich (und in Westeuropa) identifizierte sich am Ende des 19. und zu Beginn des 20. Jahrhunderts in ihrer Bürgerlichkeit und Gruppenstruktur zunehmend in Bezug auf die Nation. Dies drückte sich auch in der Ausübung der Religion, jedoch verstärkt durch Ähnlichkeiten in der „ (…) *Lebensweise und Kultur eines bestimmten sozialen, stilbestimmenden Milieus.*" (Motadel 2009, S. 107) aus. So gab es vielfältige Versuche der Integration von jüdischer Seite, die im Kaiserreich und der Weimarer Republik auch punktuell Erfolge verweisen konnten (beispielsweise in den Bereichen Wissenschaft, Kunst, Wirtschaft), die jedoch am allgemeinen Antisemitismus, der unter der Bevölkerung und den Eliten der bestimmenden gesellschaftlichen Schichten verbreitet war, in der Breite oft scheiterten. Dieser Antisemitismus war eher ein Antijudaismus (siehe auch Abschn. 3.2.2 *NS-Ideologie und Islam*), der bereits vor 1871 in den Einstellungen weiter Teile der Bevölkerung sichtbar wurde. Im Zuge der Gründung des Kaiserreichs in diesem Jahr entstanden nun auch erste Organisationen im Staat, die sich als zentrale ideologische Figur ausschließlich diesem antijüdisch geprägten Antisemitismus verschrieben (Leicht 2015a) und damit eine institutionelle Basis für die Verbreitung verschwörungstheoretisch angelegter Thesen und Erklärungsmuster sozialer Phänomene bereitstellten. Das neue, zentrale Element dieser Organisationen war die Verbindung der antijüdischen Verschwörungstheorien mit moderner Propaganda sowie einem offen rassistischen, (pseudo-)wissenschaftlichen Erscheinungsbild.

Als eine der ersten Organisationen in diesem Bereich ist die 1879 gegründete ‚*Antisemitenliga*' des Journalisten und zeitweisen Anarchisten Wilhelm Marr (1819–1904) aus Berlin zu nennen, die sich auf die rassistisch-kämpferische Ideologie des publizistisch-propagandistisch[21] tätigen Gründers stützte, innerhalb derer die jüdische Gruppe nicht religiös, sondern ausschließlich rassistisch-ethnisch definiert wurde. Der Verein löste sich aufgrund der Konkurrenz im antisemitischen Lager schon ein Jahr später, 1880, wieder auf (Hartung 1996, S. 29). Wie im Kapitel zur völkischen Ideologie dargelegt, verbanden sich in der Doktrin des Verbandes die Suche nach Schuldigen für vermeintliche oder tatsächliche Fehlentwicklungen der Gesellschaft (wie für die Wirtschaftskrise 1873) mit einem Antisemitismus, der nicht ursprünglich christlich geprägt war, sondern sich

---

[21]In diesem Zusammenhang waren nach Hartung (1996, S. 29) Marrs zentrale Werke „*Der Sieg des Judenthums über das Germanenthum*" (1879) und „*Der Weg zum Siege des Germanenthums über das Judenthum*" (1880).

aus völkisch-ethnischer Sicht ('Kampf Germanen gegen Juden') antijüdisch und kämpferisch äußerte.

Die zweite wichtige Vereinigung, der ‚*Deutsche Volksverein*‘, wurde von einem ehemaligen Mitglied der Antisemitenliga, Max Liebermann von Sonnenberg (1848–1911), und dem Publizisten Ludwig Bernhard Förster (1843–1889) im Folgejahr 1881 gegründet. Hier fanden sich nationalistisch und rassistisch eingestellte Personenkreise zusammen, die vornehmlich gegen die liberale Deutsche Fortschrittspartei agitierten und diese propagandistisch verunglimpften, da sie in ihr eine Interessenvertretung der angeblichen ‚jüdischen Weltverschwörung‘ sahen (ebd.)[22]. Neben einer Vielzahl weiterer Vereinsgründungen hielten auch im politischen Bereich Antisemitismus und Antijudaismus Einzug, als im Reichstag des deutschen Kaiserreichs erstmals ab 1893 antisemitische Parteien vertreten waren und 1903 die Gründung der ‚*Wirtschaftlichen Vereinigung*‘ erfolgte, in der sich alle antisemitisch eingestellten Abgeordneten sammelten und die sich über das gesamte Spektrum der politischen Parteien im Parlament erstreckte. Die explizit antisemitischen Parteien konnten jedoch nie aus der Rolle von Splitterparteien heraustreten.

Zusätzlich bildeten sich außerhalb der Volksvertretung auch in anderen gesellschaftlichen Bereichen im Deutschen Reich etliche antisemitische Gruppierungen wie der ‚*Reichsdeutsche Mittelstandsverband*‘ (Gründung 1911; antisemitischer Spitzenverband deutscher Handwerker) oder der ‚*Verband gegen die Überhebung des Judentums*‘ (VgÜJ; Gründung 1912); ein Sammelbecken antisemitischer Politiker, Publizisten und Verbandsfunktionäre. Beim letztgenannten Verein liegen einige organisatorische Pfadabhängigkeiten zum früher gegründeten ‚*Alldeutschen Verband*‘ und zur sich später formierenden NSDAP, da zu den Gründungsmitgliedern des VgÜJ u. a. Martin Bormann (1900–1945), Fritz Bley (1843–1931) und Ernst zu Reventlow (1869–1943) gehörten (siehe auch Abschn. 3.2.2 *NS-Ideologie und Islam*). Diesem Personenkreis kam ab 1933 neben Alfred Rosenberg (1893–1946) und der zentralen Führungsfigur Adolf Hitler (1889–1945) entscheidende Bedeutung in der Ausgestaltung der ideologischen Orientierung des NS-Regimes zu[23]. Bereits sieben Jahre nach der

---

[22]Die angesprochene Entwicklung war auch ein europäisches Phänomen, da in den Nachbarstaaten wie Österreich-Ungarn und Frankreich ebenfalls antisemitische Parteien erstarkten. So kam es 1891 zur Gründung der offen antisemitischen ‚*Alldeutschen Bewegung*‘ in Österreich-Ungarn, die 1901 mit 21 Abgeordneten in den Wiener Reichsrat einziehen konnte (Leicht 2015a).

[23]Martin Bormann (1900–1945) trat während des NS-Regimes in exponierte Positionen, die ihm nach Adolf Hitler als dessen engstem Vertrautem eine Schlüsselrolle im Machtgefüge gaben. Alfred Rosenberg (1892–1946) war an führender Position mit der

Gründung des VgÜJ schloss sich dieser 1919 dem in den Anfängen der Weimarer Republik einflussreichen ‚*Deutschvölkischen Schutz- und Trutzbund*‘ (DVSTB) an, zu dem später auch die 1920 gegründete NSDAP (Shirer 1960, S. 40) zählte. Der DVSTB war zu Beginn der Weimarer Republik der stärkste antisemitische Verein mit geschätzten 200.000 Mitgliedern, als er hauptsächlich aufgrund seiner kämpferisch-ideologischen Ausrichtung im Jahr 1922 verboten wurde (Leicht 2015b).

Parallel zu diesen gesellschaftlichen, politischen und wirtschaftlichen Vereinigungen, und oft in personeller Überschneidung, entwickelten sich ab den 1850er Jahren bis 1945 zusätzlich insgesamt 69 spirituell ausgerichtete, völkisch-religiöse Organisationen (Schnurbein 1996, S. 172). Trotz einer staatlichen Förderung ab 1933 wiesen die geringe Zahl der Mitglieder von einigen Zehntausend (Junginger 2012, S. 99) sowie deren Vielfalt in der inhaltlichen und religiösen Orientierung jedoch darauf hin, dass diese Vereinigungen keine nachhaltigen Wirkungen auf die Glaubenseinstellungen in der deutschen Bevölkerung entfalteten.

Dieser sehr kurze Überblick sollte verdeutlichen, dass sich die organisatorische Infrastruktur des Antisemitismus bereits im deutschen Kaiserreich und der Weimarer Republik umfangreich entwickelte. Zwar existierten auf der anderen Seite zwischen 1871 und 1933 Gesetze und Regelungen zum Schutz von religiösen und sonstigen Minderheiten (Paragraf 130 Strafgesetzbuch des deutschen Kaiserreichs, die sog. ‚Gefährdung des öffentlichen Friedens durch Anreiz von Gewalt gegen Klassen der Bevölkerung‘); sie wurden jedoch nicht oder nur sehr unzureichend zum Schutz der jüdischen Mitbürger angewandt (Hofmann 2017, S. 17). Zusätzlich formierten sich gesellschaftliche Vereine, die sich der öffentlichen Aufklärung gegen den Antisemitismus verschrieben und wahrnehmbare Gegenpositionen dazu einnahmen, wie der ‚*Central-Verein deutscher Staatsbürger*‘, der sich im Jahr 1893 gründete, oder der ‚*Verein zur Abwehr des*

---

ideologischen Ausrichtung der Parteilinie der NSDAP befasst, gab ab 1930 die nationalsozialistischen Monatshefte heraus und galt ab 1933 als oberster Ideologe des NS-Regimes. Der Journalist und Politiker Ernst zu Reventlow (1869–1943) schrieb zunächst für die Monatshefte und führte von 1934 bis 1936 die ‚*Deutsche Glaubensbewegung*‘. Diese war ein Zusammenschluss mehrerer sektenähnlicher Vereinigungen mit vor- und antichristlich geprägten Abstammungsideologien (Nanko 1993, S. 178), die das gemeinsame Ziel verfolgten, vornehmlich in scharfer Abgrenzung zu den dominanten christlichen Kirchen eine neugestaltete ‚arisch-nordische Religion‘ zu begründen (siehe auch Abschn. 3.2.2 *NS-Ideologie und Islam*).

Antisemitismus' (1890). Diese gingen auch juristisch gegen die antisemitische Organisationen und Aktionen vor (Leicht 2015c). Trotz ihrer starken Öffentlichkeitsarbeit und einer relativ prominenten und hohen Mitgliederzahl konnten sie jedoch keine nachhaltig wirksamen Strategien gegen Antisemitismus und das Erstarken der NSDAP in der Weimarer Republik erwirken (Hofmann 2017, S. 17). Mit der generellen Verfolgung und Ermordung der jüdischen Bevölkerung und ihrer Unterstützer unter dem NS-Regime ab 1933 kamen auch alle Aktivitäten dieser Vereine zum Erliegen.

3.1.3 Jugoslawien – Bosnien – Sarajevo

Die historischen Pfadabhängigkeiten der Region, die seit 1992 durch den Staat Bosnien-Herzegowina abdeckt wird, liegen wie im Fall Palästina prägend beim Osmanischen Reich, welches im 14. Jahrhundert auf den westlichen Balkan vordrang. Nach den aus Sicht der Osmanen siegreichen Schlachten an der Mariza (1377) im heutigen Bulgarien und auf dem Amselfeld (1389) in der heutigen Republik Kosovo gegen slawische, albanische und weitere dort siedelnde Stämme, gelang auch bei Nikropolis (1396) ein militärischer Erfolg gegen ein aus vielen Ländern West- und Mitteleuropas zusammengestelltes (christliches) Heer unter dem ungarischen König Sigismund von Luxemburg (1368–1437). In der Folge dehnte sich das Osmanische Reich auf der Balkanhalbinsel nach Norden aus und die Autoritäten des Imperiums entschieden sich im Jahr 1463, an der damals nordwestlichen Grenze des Reiches aus einem Verbund von Siedlungen die Stadt Sarajevo zu gründen (Greble 2011, S. 4). Als Stadtgründer firmiert der osmanische General und Verwalter Bosnien-Herzegowinas, Isa-Beg Ishaković († 1470), der aus einer christlich-orthodoxen Familie stammte, jedoch bereits lange Zeit zuvor in osmanischer Gefangenschaft zum Islam konvertierte. Im weiteren Verlauf wurde die Religion von vielen Teilen der Bevölkerung übernommen und die Stadt demnach mehrheitlich muslimisch geprägt. Auf der anderen Seite fasste Sarajevo mit ihrer damaligen Ausdehnung auch Siedlungen ein, deren Bewohner sich weiterhin zum orthodoxen oder katholischen Christentum bekannten (ebd.). Da sich das Osmanische Reich bis zum Ende des 15. Jahrhunderts einen gefestigten Machtanspruch auf das gesamte Territorium des heutigen Bosnien-Herzegowinas sichern konnte, wurde die Stadt als regionales Verwaltungszentrum an der Peripherie ausgebaut und ein bedeutender Ort des Imperiums (ebd., S. 3).

Das Osmanische Reich war nach der Typologie von Juan J. Linz (1996) ein caesaropapistischer, monarchisch geprägter Staat mit einer spezifischen

Auslegung des Islam als grundlegendes Rechtssystem; die Bevölkerung Bosnien-Herzegowinas trat jedoch, wie in anderen eroberten europäischen Gebieten, nur in Teilen zur Staatsreligion über. Folgend islamischen Traditionen wurde die weitere, nicht-muslimische Bevölkerung im Osmanischen Reich nach dem Merkmal der Religionszugehörigkeit kollektiv erfasst und anhand des sogenannten millet-System strukturiert und regiert (siehe Abschn. 3.1.1). Dieses erlaubte Angehörigen von im Islam anerkannten Religionen (effektiv nur den bestimmenden Konfessionen des Christentums und dem Judentum) unter strengen Auflagen und höheren Abgaben, innerhalb ihrer jeweiligen Gemeinschaft Angelegenheiten selbst zu regeln und ihre Religion zwar nicht öffentlich, jedoch privat auszuüben (Zaffi 2006, S. 133). Aufgrund dieses Systems bildeten sich die kollektiven Identitäten der Angehörigen der drei Hauptgruppen der autochthonen Bevölkerung Bosnien-Herzegowinas, der Bosniaken, der Kroaten und der Serben, neben der eigenen Identitätszuschreibung durch Clan- und Familienbindung hauptsächlich entlang des Merkmals religiöser Zugehörigkeit aus.

Nach der Vertreibung der jüdischen Bevölkerung aus Spanien im Jahr 1492 wurde das Osmanische Reich Ziel großer Teile dieser Migranten, da in vielen weiteren christlich geprägten Staaten Europas zu dieser Zeit Wellen von Pogromen gegen jüdische Gruppe stattfanden und dort eine äußerst feindliche Atmosphäre herrschte. Dadurch immigrierten auch in die Stadt Sarajevo in den Folgejahren sephardischen Juden in merklicher Zahl und bereicherten das multireligiöse Stadtbild zusätzlich (Greble 2011, S. 4), dass bereits zuvor zu einem nicht unerheblichen Teil von jüdischer Bevölkerung geprägt war (Malcolm 1994, S. 108). Die Beziehungen der staatlichen osmanischen Autorität mit den religiös definierten Bevölkerungsgemeinschaften präzisierten im Laufe der Zeit Neuordnungen und Verbote: Im christlichen Bereich, in dem jegliche Angelegenheiten der diversen orthodoxen Kirchen der eroberten Gebiete dem Patriachat in Istanbul sukzessive untergeordnet wurden[24], sowie die offizielle Anerkennung der Autorität der Rabbis der sephardischen Juden im Jahr 1622 (Greble 2011, S. 4) – diese Maßnahmen bestanden bis zur Zeit der Reformen ab 1840 für mindestens zwei Jahrhunderte (Zaffi 2006, S. 145). Das Zusammenleben der religiös definierten Gemeinschaften bildete sich auch symbolhaft in der architektonischen Struktur der Stadt Sarajevo ab: Sie bestand aus religiös abgeschlossenen Quartieren, sog. ‚mahalas‘, die ungefähr 40 Häuser umfassten (Malcolm 1994, S. 109) und

---

[24]Die Serbisch-Orthodoxe Kirche in Bosnien wurde dem Patriarchat in Istanbul unterstellt; die Bistümer der Katholischen Kirche aufgelöst und ihre Tätigkeit in der Region auf den Franziskanerorden beschränkt.

die um ein religiöses Zentrum, meist eine Moschee[25], organisiert waren (Greble 2011, S. 4). Auch dörfliche Organisationseinheiten in der Region wurden durch das religiöse Bekenntnis festgelegt, so existierten christliche oder muslimische Siedlungen. Die Vorteile für das Osmanische Reich waren eine hohe soziale Kontrolle als auch eine übersichtliche Verwaltung; diese Situation verhinderte jedoch den Kontakt zwischen den Gemeinschaften (z. B. wenige inter-religiösen Ehen) sowie den sozialen Aufstieg (ebd., S. 5) und bedeutete die Zementierung lokaler Machtstrukturen.

Demnach koexistierten die Gemeinschaften, unter ihnen auch ausdrücklich die jüdische, für Jahrhunderte friedlich nebeneinander (Malcolm 1994, S. 109), ohne neben dem ökonomischen Austausch und der gegenseitigen Anerkennung einen höheren Grad an Integration zu erlangen. Mit den Elementen der Segregation religiös definierter Gruppen mit muslimischer Dominanz und der Bevorzugung/der hohen Bedeutung des lokalen Adels unter dem Dach eines islamisch geprägten Caesaropapismus des Osmanischen Reiches lassen sich Parallelen zu den Pfadabhängigkeiten in Palästina mit dem Zentrum Jerusalem ziehen (siehe Abschn. 3.1.1). Diese Feststellung gilt auch für die Zeit der (oben dargestellten) Reformen im Osmanischen Reich nach 1840, die Auffassungen des islamisch-traditionellen Rechts (Kollektivleitlinie) zugunsten westeuropäischer Vorbilder (Orientierung am Individuum) allmählich Grenzen setzten: In beiden Regionen schrittweise eingeführt, sollten diese Rechte der Angehörigen nicht-islamischer Gemeinschaften jenen der Muslime anpassen. Die Konsequenz war ein gradueller Machtverlust bei der zweiten Gruppe, der bei lokalen muslimischen Vertretern in beiden Verwaltungseinheiten zu Protesten und Widerstand (ebd., S. 125, Bougarel 1997, S. 534) gegen die Reformen führte.

Ein entscheidender Unterschied zur Situation in Palästina war der Umstand, dass Bosnien-Herzegowina während der Jahrhunderte nach Eroberung durch die Osmanen eine Position an der Peripherie des Reiches einnahm und an der Militärgrenze zu Österreich-Ungarn lag. So war das Mittelalter folglich neben dem friedlichen Zusammenleben der Bevölkerungsgruppen auch durch Aufstände von meist slawischen Gruppen (Malcolm 1994, S. 122) geprägt. Mit dem allmählichen Rückzug des Osmanischen Reiches aus Südosteuropa im 19. Jahrhundert und dem sukzessiven Aufbau von ethnisch geprägten Nationalstaaten in der Region (Serbien, Griechenland, Bulgarien, Rumänien) sahen sich alle Gruppen

---

[25]Es existierten zu Beginn des 19. Jahrhunderts auch eine einstellige Zahl von christlichen und ein jüdisches ‚mahala‘ (Malcolm 1994, S. 109).

der Bevölkerung in Bosnien-Herzegowina vermehrt Gewalttätigkeiten ausgesetzt, da der generelle multiethnische und multireligiöse Charakter der Region nicht mit diesen Konzepten in Einklang zu bringen war (Zaffi 2006, S. 151), viele ethnisch-nationalistische Führer von Parteien der Nachbarstaaten (Kroatien, Serbien) jedoch Anspruch auf das Gebiet (und die Identität der dort lebenden Einwohner) erhoben. So war im Vergleich zu Palästina für Bosnien-Herzegowina neben dem Unterschied der Lage des Territoriums jener des Niveaus der Auseinandersetzungen zwischen Bevölkerungsgruppen, die sich ethnisch-religiös definierten, bedeutend. Im weiteren Verlauf brachten die Okkupation der Region durch Österreich-Ungarn ab 1878 und die endgültige Annexion 1908 zunächst eine Beruhigung der Situation bis 1914, da durch die Doppelmonarchie der Versuch einer Neustrukturierung der staatlichen Verwaltung, der Einführung von Bürgerrechten und -pflichten sowie einer Normalisierung der Beziehungen zwischen den verschiedenen Bevölkerungsgruppen unternommen wurde. Mit der späten Einführung einer Landesverfassung für Bosnien-Herzegowina im Februar 1910 (Gesetz- und Verordnungsblatt für Bosnien und die Hercegovina 1910, S. 21–29) gelang dies auch weitestgehend bis zum Ersten Weltkrieg; die 1912/1913 in der südlichen Nachbarschaft wütenden Balkankriege wirkten sich jedoch negativ auf die politische und sozio-ökonomische Stabilisierung, die noch fragil war, aus. Das bis mindestens 1878 vorherrschende Feudalsystem in Bosnien bedeutete eine enge Bindung der wirtschaftlichen und kulturellen Bedingungen an die politischen Gegebenheiten: Große Landbesitzer waren Militärangehörige des Osmanischen Reiches (Greble 2011, S. 5), darunter kam eine dünne Schicht aus regionalem Adel und religiösen Würdenträgern, die der übergroßen Mehrheit der armen Bauern und Abhängigen gegenüberstanden. So kann nach den letzten osmanischen Bevölkerungszählungen kurz vor dem Ende des 19. Jahrhunderts (Karpat 1985, S. 215) auch für Bosnien-Herzegowina angenommen werden, dass der weitaus größte Teil der arbeitsfähigen Menschen von der Landwirtschaft direkt abhängig war; eine Subsistenzwirtschaft, die in diesem Stadium der sozio-ökonomischen Entwicklung bis weit nach dem Ersten Weltkrieg verharrte und die den Charakter aller Gemeinschaften in der Region langfristig prägte. Seit der Okkupation Bosnien-Herzegowinas 1878 durch Österreich-Ungarn kam es auch durch Landreformen zu größeren Ausreisewellen von muslimischen Gruppen (Balić 1968, S. 119).

Fortschritte brachte nach 1878 eher der politische Bereich: Im Zuge der vollzogenen Annexion Bosniens-Herzegowinas durch Österreich-Ungarn wurde vom österreichischen Kaiser Franz Joseph I. (1830–1916) im Jahr 1910 eine Verfassung, das sog. *„Landesstatut für Bosnien und die Hercegovina"* (Gesetz- und Verordnungsblatt für Bosnien und die Hercegovina 1910, S. 22), für das Gebiet eingesetzt. Wichtig im Zusammenhang mit unserer Forschungsfrage über die Beziehung zwischen Gesellschaft, Politik und Islam ist in dieser Regionalverfassung zunächst Paragraf 2, der allen Landesangehörigen Bosnien-Herzegowinas[26] gleiche Rechte einräumte (ebd.). Weiterhin bedeutend ist Paragraf 8, der die private, d.h. individuelle, Glaubens- und Gewissensfreiheit festsetzte sowie öffentlich anerkannte Religionsgenossenschaften definierte; darunter fielen auch die *„islamitische"* und die *„israelitische"* (ebd., S. 23). Der anschließende Paragraf 9 regelte die Autonomie der angesprochenen Gemeinschaften (ebd.), die bestehende spirituelle, wohltätige und finanzielle Institutionen weiterführen konnten, sich jedoch durch die Beschlüsse des Regionalparlamentes an politisch gesetzte Regeln (Paragraf 42, Absatz 15) halten mussten (ebd., S. 28). Paragraf 10 widmet sich ausschließlich der Gemeinschaft der *„Islamiten"* (d. h. der Muslime), denen weiterhin die „(...) *Anwendung des Scheriatrechtes in den Familien-, Ehe- und Mulk-Erbrechtsangelegenheiten* (...)" zugesichert wurde (ebd., S. 23). Zusätzlich räumte das Landesstatut den anerkannten Religionsgemeinschaften durch das Wahlrecht zum Landtag Bosniens (1910–1915) nach Paragraf 22 ein hohes Maß an (regionaler) politischer Einflussnahme und Mitsprache ein: Die Versammlung umfasste 92 Abgeordnete, von denen 20 als Virilstimmen gesetzt und 72 gewählt wurden. Die Virilstimmen beinhalteten die anerkannten Religionen mit insgesamt 16 Mitgliedern[27] ; die muslimische Gemeinschaft entsendete fünf, die jüdische einen, serbisch-orthodoxe und katholische Christen jeweils fünf Vertreter (ebd., S. 25)[28]. Demnach konnte mit der Einsetzung des Landesstatuts die muslimische Gemeinschaft ihren dominanten gesellschaftlichen Status zwar nicht erhalten. Anerkannte Religionsgemeinschaften, darunter auch islamische und jüdische, waren jedoch in der Lage, ihre eigenen Strukturen innerhalb der Gemeinschaften weitestgehend weiterzuführen (Ökonomie,

---

[26]Diese wurden durch Paragraf 3 festgelegt als jene, die durch Geburt von Landesangehörigen abstammen oder auf Landesgebiet geboren wurden (Gesetz- und Verordnungsblatt für Bosnien und die Hercegovina 1910, S. 22).

[27]Die vier weiteren Sitze nahmen der Präsident des Obergerichts, der Präsident der Anwaltskammer Sarajevo, der Bürgermeister von Sarajevo und der Präsident der Handels- und Gewerbekammer der Stadt ein (Gesetz- und Verordnungsblatt für Bosnien und die Hercegovina 1910, S. 25).

[28]In der Aufzählung werden die Positionen der Vertreter in ihren jeweiligen Religionsgemeinschaften exakt definiert; so für die muslimische Gemeinschaft „(...) *der Reisel-ulema, der Vakuf-Moarif-Direktor, die Muftis von Sarajevo und Mostar und außerdem der der Ernennung nach älteste Mufti;* (...)" (Gesetz- und Verordnungsblatt für Bosnien und die Hercegovina 1910, S. 25).

Kultur/Tradition[29]). Im politischen Bereich kann mit der Gleichstellung für andere Gruppen (Serben, Kroaten) eine erhebliche Einflusserhöhung dieser durch die Integration in Strukturen der im Aufbau befindlichen Legislative angenommen werden.

Im kurz darauf folgenden Ersten Weltkrieg unterstanden die Einwohner Bosnien-Herzegowinas als auch des gesamten kommenden Jugoslawiens unterschiedlichen Kriegsparteien[30]. So gelang die Gründung des Königreichs der Serben, Kroaten und Slowenen (Königreich SHS) im Jahr 1918 als konstitutionelle Monarchie unter Dominanz Serbiens (mit der Königsfamilie aus der serbischen Dynastie Karađorđević[31]) durch die Siegermächte nur unter großen Vorbehalten vieler dort lebender Gruppen, auch der muslimischen Bevölkerung in Bosnien-Herzegowina, im Sandčak und im Kosovo. Eine erste Verfassung wurde nach langen Verhandlungen erst im Jahr 1921 eingesetzt; mit Blick auf die formalen Regelungen im Bereich Religion und Politik (Art. 12) nannte diese auf der einen Seite die Trennung von Staat und Religion nicht explizit, auf der anderen verzichtete sie auch auf eine Bevorzugung einer bestimmten religiösen Gemeinschaft und stellte diese gleich (Džaja 2002, S. 42). Jene wie weitere Gleichstellungsideale der Verfassung, die unter Berücksichtigung der Interessen der verschiedenen ethnischen Gruppen in den Text aufgenommen wurden, trafen auf ein faktisches Dominanzstreben serbischer Elitenkreise für ihre Zielgruppe im Staat. Demnach standen bereits zu Beginn bedeutende administrative und militärische Strukturen des Königreichs wie die Armee, Staatsadministration, Kultur- und Bildungspolitik unter serbischer Kontrolle (ebd., S. 46), die bosnischen Muslime blieben bei der Vergabe staatlicher Stellen benachteiligt und waren in höheren Positionen wie im Generalstab oder im diplomatischen Dienst faktisch nicht vertreten (Balić 1968, S. 119). Im nationalen Parlament (,Narodna Skupština') fanden sich in großer Mehrheit ethnisch-nationalistische Parteien zusammen, unter denen die serbisch-nationalistische Radikale Volkspartei NRS (,Narodna radikalna stranka') unter Nikola Pašić (1845–1926) die Mehrheit der Abgeordnete stellte. Sie konnte ihre Bedeutung auch festigen, da die Vertreter der zweitgrößten ethnischen Gruppe im Land, der Kroatischen Bauernpartei HSS

---

[29]Paragraf 10 des Landesstatuts kann hier als Weiterführung von Elementen des millet-Systems unter entgegengesetzten Vorzeichen einer christlichen Dominanz gewertet werden (siehe Bougarel und Rashid 1997, S. 534).

[30]mehrheitlich aufseiten Österreich-Ungarns oder Serbiens

[31]Die Staatsoberhäupter waren Petar I. Karađorđević (Regierungszeit 01.12.1918–16.08.1921), Aleksandar I. Karađorđević (16.08.1921–09.10.1934) und Petar II. Karađorđević (09.10.1934–29.11.1945).

Tab. 3.3 Bevölkerung in Jugoslawien 1921 und 1931 (nach Religion) (Eigene Darstellung nach Daten aus Džaja 2002, S. 43)

	serbisch-orthodox	katho-lisch[a]	evange-lisch[b]	musli-misch	jüdisch[c]	andere	Summe
1921	5.593.057	4.748.995	229.517	1.345.271	64.746	3325	**11.984.911**
1931	6.785.501	5.262.455	175.279	1.561.166	68.405	81.232	**13.934.038**

[a]Römisch-katholisch und griechisch-katholisch
[b]Für 1931 evangelisch-lutherisch (deutsch) und evangelisch-lutherisch (slowakisch)
[c]Für 1921 israelitisch; für 1931 jüdisch-sephardisch, jüdisch-aschkenasisch und jüdisch-orthodox

(‚*Hrvatska seljačka stranka*'), die Versammlung in den ersten Jahren boykottierte. In der weiteren Entwicklung expandierte die Serbisch-Orthodoxe Kirche (SOK) in die nördlichen und südlichen Regionen, sodass neue Kirchen (Džaja 2002, S. 45) gebaut und Eparchien wie jene von Zagreb im Jahr 1931 neu gegründet wurden[32] (die auch das Gebiet Slowenien umfasste). Die serbische Dominanz drückte sich zudem in Bildungs- und Landreformen aus, welche die muslimische Bevölkerung systematisch benachteiligten und für sie den Verlust von Kulturland brachten, der „(…) *starke materielle Einbußen.*" (Balić 1968, S. 119) bis hin zu vollkommenen Einkommensverlusten bedeutete und erneut einen Anteil der Muslime Bosniens veranlasste, auszuwandern (ebd.).

Die verschiedenen Bevölkerungsgruppen wurden im ersten Zensus des Königreichs SHS von 1921 auch anhand religiöser Kategorien abgebildet. Für das gesamte Territorium ist die Gruppe der (meist serbisch-) orthodoxen Einwohner mit 46,7 % in der Mehrheit, gefolgt von der katholischen mit 39,6 %, zur jüdischen wurden absolut 64.746 Personen (0,54 %) gezählt (siehe Tab. 3.3). Die muslimischen Bewohner, mehrheitlich in Bosnien-Herzegowina angesiedelt[33], stellten nach den Zählungen von 1921 und 1931 jeweils 11,2 % der Gesamtbevölkerung.

---

[32]Siehe Srpska Pravoslavna Crkva (2017): Istorijat Mitropolije zagrebačko-ljubljanske. Unter http://mitropolija-zagrebacka.org/istorijat-mitropolije-zagrebacko-ljubljanske/ (12.06.2017).

[33]Der Anteil der Muslime an der Gesamtbevölkerung im Jahr 1931 (11,2 %) verteilte sich auf die beiden Blöcke von 6,52 % (908.167 Personen), die ‚Serbokroatisch' sprachen und mehrheitlich in Bosnien-Herzegowina verortet wurden, und 4,68 % (652.999 Personen), die hauptsächlich im Süden des Staates siedelten und für die Sprachen Albanisch und Türkisch standen (vgl. Džaja 2002, S. 43).

Eine zusätzliche Veröffentlichung des staatlichen Statistikamtes des König-reiches SHS von 1929 (dem Jahr der Einführung der Königsdiktatur) enthält neben den religiösen, geografischen und beruflichen Differenzierungen der Bevölkerung auch eine Kategorisierung nach dem Kriterium Sprache. Hier domi-niert nun die Kategorie der Jugoslawen (83 %) vor sonstigen Minderheiten wie Deutschen, Ungarn oder Albanern (Zentral-Pressbureau des Ministerratsprä-sidiums 1930, S. V); die Anlage des Kategoriensystems kann als Indiz für den Versuch gewertet werden, mit besonderem Fokus auf dieses Kriterium sukzes-sive eine (serbisch dominierte) jugoslawische Identität in der Bevölkerung auf-zubauen. Diese Entwicklungen nahmen auch die Minderheiten – einschließlich des muslimischen und jüdischen Teils der Bevölkerung – als schleichende ‚Ser-bisierung' wahr, sodass die Staatsgründung für sie mit weiteren Unwägbarkeiten verknüpft war: *„Bosnien-Herzegowina und die politische Identität der bosni-schen Muslime wurden zum Zankapfel der serbisch-kroatischen Beziehungen und zum neuralgischen Punkt des jugoslawischen Staates überhaupt."* (Džaja 2002, S. 31). So wurden sie von den beiden hier angesprochenen dominanten Akteuren des Staates (kroatische, serbische Nationalisten) als Religionsgemeinschaft und nicht als gleichberechtigte (ethnische) Nation klassifiziert, um eine historische Kontinuität zur eigenen ‚ethnischen Gemeinschaft' zu unterstellen und aus die-ser Haltung heraus, auch unter Repressionen, eine Angleichung an die jeweilige Gruppe zu erwarten (ebd., S. 21; Bougarel und Rashid 1997, S. 535). Die bosni-schen Muslime legten jedoch auch nach dem Ersten Weltkrieg großen Wert dar-auf, eine eigenständige Identität weiterhin zu erhalten (u. a. Džaja 2002, S. 11), und konnten dieses Ziel bis zum Ende des ersten jugoslawischen Staates 1941 behaupten.

Das Parteienspektrum der nationalen Versammlung des Königreichs SHS war zwischen 1920 und 1929 von religiös oder ethnisch-nationalistisch aus-gerichteten Vereinigungen geprägt, die bereits in der verfassungsgebenden Ver-sammlung vom November 1920 mit 255 von 419 Abgeordneten dominierten. Zu diesem Spektrum zählte auch die wichtigste politische Gruppierung der in Jugoslawien lebenden Muslime, die 1919 in Sarajevo gegründete Jugoslawische Muslimische Organisation JMO (*‚Jugoslovenska muslimanska organizacija'*). Sie war die bedeutendste politische Interessenvertretung der bosnischen Muslime, da sie bereits zur Wahl zur verfassungsgebenden Versammlung im November 1920 eine breite Mehrheit der Stimmen der Muslime in Bosnien-Herzegowina für sich gewinnen und damit in diesem Spektrum ihre zentrale Stellung etab-lieren konnte (siehe Tab. 3.4). Weitere muslimische Parteien aus der Region wie die Unabhängige Muslimische Partei oder die Muslimische Volkspartei kamen zusammen auf weniger als 1 % der Stimmen im Vergleich zur JMO und

Tab. 3.4 Muslimische Parteien zu den Wahlen zur verfassungsgebenden Versammlung im Königreich SHS am 28.11.1920 (Daten aus Džaja 2002, S. 19)

Name	Stimmen	Stimmen-anteil (v.H.)	Mandate (insg. 419)
Jugoslawische Muslimische Organisation (BiH)	110.895	6,9	24
Džemijet[a] (MK, KV)	30.029	1,9	8
Unabhängige Muslimische Partei (BiH)	449	0,0	–
Muslimische Volkspartei (BiH)	306	0,0	–

[a]Dt.: „Vereinigung" (alb.: ‚*Xhemijet*', türk.: ‚*Džemijet*'). Vollständiger Name ‚Islamische Vereinigung zur Verteidigung des Rechts' (alb.: ‚*Shoqatë Islamike për Mbrojtje e Ligjit*'; türk. ‚*İslam Muhafaza-i Hukuk Cemiyeti*'). Muslimische Organisation der Türken und Albaner in Makedonien und Kosovo

erreichten kein Mandat. Albanische und türkische Muslime gründeten nach dem Vorbild der JMO die Partei Vereinigung (‚*Džemijet*') in der Region des heutigen Westmazedonien und im Kosovo, die aufgrund der regionalen und ethnischen Aufteilung keine Konkurrenz für die wichtigste bosnisch-muslimische Partei bedeutete.

Die JMO setzte sich im nationalen Parlament des SHS-Staates zum einen für eine weitgehende Autonomie Bosnien-Herzegowinas, zum anderen für die Interessen der dortigen muslimischen Großgrundbesitzer ein (ebd., S. 18). Sie verlor im Verlauf der Wahlperioden jedoch sukzessive an Unterstützung, da sich die muslimischen Bewohner Bosnien-Herzegowinas seit Gründung des Staates mit ideologischer und politischer Ausgrenzung konfrontiert sahen. Gewaltsame Höhepunkte waren die Attacken bewaffneter serbischer Tschet- nik-Verbände, welche offen rassistisch die angebliche Minderwertigkeit anderer ethnischer Gruppen (insbesondere der Muslime, Juden, Kroaten) proklamierten und gegen sie gewaltsam vorgingen (ebd., S. 40). Dies konnte auch die JMO nicht verhindern, obwohl sie in den nächsten zehn Jahren bis 1929 an acht nationalen Regierungen beteiligt war. Die Entwicklungen zeigen zusätzlich die chaotischen Zustände in den demokratischen Institutionen des ersten Jugo- slawiens (1918–1929) – innerhalb des kurzen Zeitraumes von etwas mehr als zehn Jahren gab es insgesamt 19 Regierungen, bis im Januar 1929 die National- versammlung von König Aleksandar I. aufgelöst wurde und die Einführung einer Königsdiktatur mit Zentralisierung und Verbot der bestehenden Parteien

begann. Trotz Machtbeteiligung gelang es der JMO insgesamt nicht, die muslimische Bevölkerung in Bosnien nachhaltig vom Gesamtstaat zu überzeugen, da
sie sich – wie der jüdische Teil – in vielen Teilen realen Benachteiligungen ausgesetzt sah und im Vergleich zur Zeit der Herrschaft Österreichs-Ungarns mit
seinem System von Elementen der Interessenvertretung innerhalb Jugoslawiens
strukturell benachteiligt wähnte (Motadel 2013, S. 1011). Auch sozio-öko-
nomisch konnte keine Veränderung erreicht werden; die Bevölkerung Bosniens
lebte in der überwiegenden Mehrheit und abseits ethnischer Zugehörigkeiten
in der Zwischenkriegszeit weiterhin mehrheitlich in Strukturen der Subsistenzwirtschaft (Kirk 1967, S. 200). Zusätzlich kann die Entwicklung der Unterstützung der JMO auf innermuslimische Diskurse in Bosnien zurückgeführt
werden, die von mindestens vier ideologischen Fraktionen (Traditionalisten,
Semi-Reformisten, Modernisten und säkularisierten Intellektuellen mit muslimischen Hintergrund) geprägt wurden (Popović, S. 212, 213) und von denen
die Partei letztlich nur die Semi-Reformisten an sich binden konnte[34]. Dass
sie nur einen Teil der bosnischen Muslime repräsentierte, zeigt auch eine Aus-
wertung der Abstimmungsergebnisse zu den nationalen jugoslawischen Wahlen
im November 1920. Das aktive Wahlrecht war auf die männliche Bevölkerung
ab 21 Jahren eingeschränkt; somit stellten die 110.895 Stimmten für die JMO
ca. 25–30 % der Stimmberechtigten der potenziellen Zielgruppe dar (siehe
Tab. 3.3 und Džaja 2002, S. 19, 22, 43). Ein Grund war sicher die mäßige Wahl-
beteiligung (von landesweit 64,8 %); die relative Stärke der Parteien ohne ethnische oder konfessionelle Bindung (min. 164 von 419 Mandaten) kann auf der
anderen Seite ein Indikator dafür sein, dass sich auch ein bedeutender Anteil
der (männl.) Muslime in Bosnien-Herzegowina für eine (politische) Identität
jenseits der ideologischen Vorstellungen der JMO entschied.

Die Zeit von 1929 bis zum Angriff der deutschen Wehrmacht auf Jugoslawien im April 1941 war zusätzlich geprägt von der Weltwirtschaftskrise, die
auch hier starke Wirkungen entfaltete und insgesamt zu gesellschaftlicher Lähmung führte. Durch die starken Zusammenhänge von sozio-ökonomischen und
politischen Herrschaftsverhältnissen (Bougarel und Rashid 1997, S. 535) verschärften sich in diesem Zeitraum weiterhin die Beziehungen zwischen den ethnischen Bevölkerungsgruppen und bewegten sich insgesamt eher in Richtung

---

[34]Auf die verschiedenen Fraktionen der bosnischen Muslime zwischen 1918 und 1941 wird
zudem unter Punkt 4.3 (‚Die SS-Division Handschar in Bosnien und Amin al-Husseini')
eingegangen.

konfliktträchtiger Positionen. Innerhalb des Landes hatten die bosnischen Muslime im Jahr 1939 erneut einen Rückschlag in ihren Bestrebungen hinzunehmen: Als Antwort auf kroatischen Druck veranlasste der serbische König Petar II. Karađorđević (1923–1970) eine Neugliederung der Verwaltungsbezirke des Landes, welche eine Inkorporation Bosnien-Herzegowinas in eine kroatische Verwaltungseinheit bedeutete.

Mit dem Beginn des Zweiten Weltkriegs im September 1939 wurde Jugoslawien aufgrund seiner neutralen Haltung von einem Angriff durch das deutsche NS-Regime zunächst verschont. Das Land spielte insofern in den Kriegsplanungen eine Rolle, als dass es in Vorbereitung auf den Überfall auf die Sowjetunion, wie Griechenland, den westlichen Alliierten nicht als Angriffs- oder Landepunkt zur Verfügung stehen sollte (Shirer 1960, S. 823). So wurde vom NS-Regime im weiteren Verlauf bis Anfang des Jahres 1941 der Druck auf die jugoslawische Regierung immer weiter erhöht, eine Kooperation einzugehen, welche diese veranlasste, am 25. März 1941 in Wien den Eintritt in den Dreimächtepakt zu unterzeichnen. Der Schritt wurde jedoch von entscheidenden Bevölkerungsteilen, insbesondere der kommunistischen Partei und serbischen Nationalisten, nicht akzeptiert, und sie organisierten zahlreiche Proteste im ganzen Land (Pavlowitch 2008, S. 11, 12). Mit dem anschließenden Putsch in der Nacht vom 26. zum 27. März und der Mobilisierung der jugoslawischen Armee zweifelte Adolf Hitler stark an der Einhaltung der geschlossenen Verträge und ließ noch am 28. März konkrete Pläne zum Angriff auf das Land ausarbeiten (Shirer 1960, S. 825). Die schon seit Februar 1941 – und dies zeigt die frühe Entscheidung zum Angriff – in Rumänien mit 680.000 Soldaten konzentrierte deutsche Wehrmacht griff am 6. April 1941 Jugoslawien und Griechenland zugleich an und konnte beide Länder trotz Widerstand schnell besetzen. Verbände der Wehrnacht und ungarische Truppen marschierten am 13. April in die zerstörte Hauptstadt Belgrad ein und die jugoslawische Armee kapitulierte am 17. April in Sarajevo (ebd., S. 826), welche mit diesem Schritt ebenfalls und als letzte Stadt des Landes in das Gebiet des NS-Terrorregimes eingegliedert wurde. Es fanden noch einige Kämpfe mit jugoslawischen Truppen in Bosnien-Herzegowina statt, bis Adolf Hitler am 30. April 1941 die endgültige Eroberung des Landes in deutschen Medien verkündete (ebd., S. 830).

Bereits zuvor kristallisierte sich die Entstehung eines vom NS-Regime abhängigen, jedoch ‚Unabhängiger Staat Kroatien' (NDH – *Nezavisna Država Hrvatska*) genannten Gebildes heraus. Dieser Staat wurde am 10. April 1941 durch die Achsenmächte unter dem Druck des NS-Regimes beschlossen und am 15. April 1941 durch das Deutsche Reich und Italien anerkannt. Ähnlich wie in

beiden Staaten wurden ein sog. ‚Führer‘, Ante Pavelić[35] (1889–1959), ernannt
(McCormick 2014, S. 63), dessen Gruppierung Ustaša[36] im Vorfeld mit den
Regimen im Deutschen Reich und Italien über die Ausgestaltung des Staates
verhandelte und der die Bevölkerung zur Loyalität gegenüber den neuen Machthabern aufforderte (Džaja 2002, S. 29). Der nun als autark postulierte, jedoch von
den Besatzungsmächten gänzlich abhängige Staat NDH schloss weitestgehend
die Gebiete der heutigen Staaten Kroatien und Bosnien-Herzegowina ein und
umfasste somit eine multiethnische sowie multireligiöse Bevölkerung.

Die ideologische Orientierung des NDH-Staates wurde nach den nationalis-
tisch-rassistischen Grundsätzen der Ustaša, die sich weitestgehend an jenen der
italienischen Faschisten orientierte (siehe Biografie Ante Pavelić), gebildet. Ein
zentraler Unterschied zeigte sich in der religiösen Dimension, die folgend der italienischen und deutschen Ideologie umfassend neu gestaltet werden sollte, in der
Weltanschauung der Ustaša jedoch vermeintlich an traditionelle Glaubenssysteme
anknüpfte: Hier band sie ihre zentrale spirituelle Orientierung an die Katholische
Kirche (Ognyanova 2009, S. 158 f.). Durch den engen Bezug zur Katholischen
Kirche ist nach dem Zweiten Weltkrieg in der Fachliteratur für das System der
Ustaša der Begriff des ‚Klerikalfaschismus‘ aufgekommen, der jedoch heute
vorsichtig verwendet wird (ebd., S. 162). Tatsächlich spielte Religion im NDH-
Staat weniger eine spirituelle, denn instrumentelle sowie politische Rolle; im
Vergleich der Ideologiesysteme nationalistischer Diktaturen bis 1945 ein „(…)
*typical ‚local distinguishing feature‘ of the East European extreme nationalism
from its Western forms.*" (ebd., S. 160). Wenn Quellen der Machtlegitimation für
den NDH-Staat zu identifizieren sind, kann nach diesen Ausführungen in der
Anwendung der Kategorien von Linz (1996) (Theokratie/Cäsaropapismus bis
politische Religion) die Schlussfolgerung gezogen werden, dass die ideologische
Orientierung in diesem Fall trotz postulierter und tatsächlicher Nähe zur Katholischen Kirche aufgrund der definitiven Ausgestaltung als Terrorregime hauptsächlich Merkmale der politischen Religion erfüllte.

---

[35]Ante Pavelić gründete im Jahr 1929 die faschistische Ustaša und war am Attentat auf den
jugoslawischen König Alexander I. Im Jahr 1934 beteiligt. Mit der Einführung der Königsdiktatur 1929 durch Alexander I. floh Pavelić ins Exil ins faschistisch regierte Italien. Dort
gründete er die Ustaša zum gewaltsamen Kampf für ein faschistisches unabhängiges Kroatien nach italienischem Vorbild (McCormick 2014, S. 6 ff.).

[36]Ustaša – Hrvatska revolucionarna organizacija (Der Aufständische – Kroatische revolu-
tionäre Organisation).

Eine weitere erdrückende Parallele zum NS-Regime fällt in dem Fakt auf, dass die Ustaša sofort nach der Ergreifung der Macht alle Teile der Bevölkerung, die einem NDH-Staat aus ihrer Sicht potenziell entgegenstanden, kollektiv gewaltsam verfolgte (insbesondere Personen, die als Jugoslawen, Serben, Juden, Kommunisten oder Freimaurer identifiziert wurden). Bereits im April 1941 brach eine Gewaltwelle gegen vermeintliche oder tatsächliche Angehörige dieser Gruppen los; im Mai erfolgten erste Internierungswellen von Serben und Juden im NDH-Staat, in dem äußerste Brutalität Alltag war (McCormick 2014, S. 75). Der ethno-nationalistischen Ausrichtung des Staates widersprachen die Gegebenheiten auf dem regierten, multiethnischem Territorium, da hier im Jahr 1941 etwa 50 % Kroaten, 30 % Serben, 12 % Muslime und 8 % andere Ethnien lebten (Džaja 2002, S. 30). Zwar suchte die Ustaša stets engen Kontakt zu Muslimen und eine kollektive Anbindung der Gruppe unter Betonung der gemeinsamen Antipathie gegenüber den orthodoxen Serben. Auch wurden den Muslimen Sicherheitsgarantien gegeben und kooperationswillige Personen aus diesem Kreis formal in Institutionen des Staates eingebunden, wie die Ernennung von Osman Kulenović (1889–1947) (JMO) zum stellvertretenden Ministerpräsidenten im November 1941 zeigte (Cetin 2010, S. 75). Die Kooperation kann jedoch in der Rückschau als oberflächlich gelten und verdeckt eher Differenzen innerhalb der Gruppe der Muslime in Bosnien (nähere Angaben unter Punkt 4.3): 1) Trotz anfänglicher Akzeptanz wuchs in der muslimischen Bevölkerung das Misstrauen; auch die JMO stand dem neuen Staat erst wohlgesonnen gegenüber, mit den Faktoren der zunehmenden Gewalt, der Verschlechterung der Sicherheitslage und der nicht gewährten Autonomie durch das NDH-Regime wendeten sich immer mehr Angehörige der Gruppe von diesem ab. Selbst vormals NDH-freundlich eingestellte islamisch-konservative Vereine wie El-Hidaje verfassten bereits ab September 1941 Veröffentlichungen mit der Verurteilung von Gewalt durch Autoritäten des NDH-Staats (Cetin 2010, S. 78). 2) Weiterhin nahmen bedeutende Vertreter der JMO am kommunistischen 1. AVNOJ[37]-Treffen im Sommer 1942 teil (Pavlowitch 2008, S. 131). 3) Die Bevölkerung Nordbosniens lief ab Ende 1942 vermehrt zu den kommunistischen Partisanen über, die in diesem Gebiet faktisch herrschte (ebd., S. 138). Fraktionen der JMO und allgemein der bosnischen Muslime ließen sich demnach in der Wahl der Partner alle Optionen offen und paktierten mit allen wichtigen Gruppen während des Zweiten Weltkrieges in Jugoslawien (ebd.). Dies kann wohl auch für den religiösen Bereich

---

[37]AVNOJ – Antifašističko vijeće narodnog oslobođenja Jugoslavije (Antifaschistischer Rat der Nationalen Befreiung Jugoslawiens).

gelten und steht generalisierenden Aussagen entgegen, die Muslime oder islamischen Würdenträger in Bosnien hätten durchweg eine positive Einstellung zum
Terrorregime der Ustaša gehabt (Bernwald 2012, S. 286).

Mit den Veröffentlichungen hoher islamischer Würdenträger gegen Gewalt
im September und Oktober 1941 wurden auch die Autonomiebestrebungen der
Muslime in Bosnien-Herzegowina erneut lauter (Hoare 2013, S. 27). Diese sollten durch den Anschluss an verschiedene Konfliktparteien erreicht werden; häufige Wechsel in der Wahl der Kooperationspartner zeigten jedoch nicht nur die
Bedeutung der Zwangslage der Muslime und alltägliche, praktische Erwägungen
des Überlebens in den Erwägungen, sondern auch die fehlenden (nachhaltigen)
ideologischen Schnittmengen gegenüber anderen Interessengruppen (ebd., S. 7).
Aufgrund der in einigen Regionen nicht kontrollierbaren Verhältnissen verhielten sich die deutschen Besatzer ebenfalls nach einem flexiblen und pragmatischen Muster (Motadel 2013, S. 1010); der Alltag der zivilen Bevölkerung
in Bosnien-Herzegowina verlief seit dem Frühjahr 1941 weiterhin vor dem
Hintergrund zahlreicher Massaker aller Kriegsparteien. Die bosnischen Muslime beklagten insbesondere Angriffe durch serbische Tschetnikgruppen ohne
den Schutz des NDH-Staates, weshalb sie nach geeigneten Wegen suchten, sich
zu verteidigen. Demnach kam hier das Ziel auf, eine eigene militärische Einheit
aufzustellen. Hier sympathisierten einige Wortführer der bosnischen Muslime
mit dem NS-Regime und wandten sich in einem Brief an Adolf Hitler, in dem sie
um Schutz und Unterstützung baten und erklärten, ihn als absoluten Führer anzu-
erkennen (Hoare 2013, S. 51).

Es bliebt dieser Stelle festzuhalten, dass die Interessen der im NDH-Staat
lebenden Muslime keines Falls homogen waren (ebd., S. 103) und zahlreiche verschiedene sowie sich ändernde Motivlagen innerhalb dieser Gruppe existierten.
Zwei pragmatisch gelegene Gemeinsamkeiten waren das Interesse an einer Verbesserung der schlechten Sicherheitslage und die generelle Unzufriedenheit mit
ihrer politischen Position im Vergleich zu ihrem Status im Osmanischen Reich
und in Österreich-Ungarn (Motadel 2013, S. 1011), die auf verschiedenen Wegen
einer Lösung zugeführten werden sollten.

3.2 Ideologische Grundlagen

Zum verbesserten Verständnis des ideologischen Standpunkts Amin al-Husseinis
und den Grundlagen der Kooperation mit dem NS-Regime aus seiner Perspektive sind neben den faktischen politischen und gesellschaftlichen Bedingungen

auch jene ideologischen Orientierungen[38] relevant, welche bis zum Beginn des Zweiten Weltkrieges Wirkungen auf ihn entfalten konnten. Erst die Kombination von Pfadabhängigkeiten aus beiden Dimensionen ergaben die Grundlagen jener Zusammenarbeit, die als ausgeführte Projekte im vierten Kapitel dargelegt werden. Nach der Thematisierung der ideologischen Strömungen im arabischen Raum werden im zweiten Teil dieses Abschnitts grundlegende Texte der NS-Ideologie der 1920er und 1930er Jahre auf ihre Stellungnahmen zum Islam oder Muslimen überprüft, um auch von dieser Seite etwaig vorhandene Schnittmengen aufzeigen zu können.

3.2.1   Islam und Moderne im arabischen Raum bis 1940

In der Entstehungszeit der Religionsbewegung des Islam waren etablierte Glaubenssysteme auf der arabischen Halbinsel Ausgangspunkt der Kritik sowie Alteritätspartner, von denen sich die ersten Muslime abgrenzten, mit denen sie jedoch immer in Kontakt standen. Der Koran als grundlegende Schrift wurde vom Religionsgründer Mohammed (570/573–632) in den 620er Jahren begonnen und nicht abgeschlossen (Welch et al. 2012); weitere Basisrichtlinien im Glaubenssystem des Islam, wie Biografien des Gründers, seine Weisungen und Handlungen (,hadithe') wurden in der überwiegenden Mehrheit nach seiner Lebenszeit niedergeschrieben (Rippin 1993, S. 48) und können wie weitere Quellen der Religion als Interpretation seiner (auch ideologischen) Standpunkte verstanden werden. In diesen Quellen finden Individuen und Kollektive anderen Glaubens, auch des jüdischen, aufgrund der konfliktreichen und multireligiösen Situation in der Region zu Beginn des 7. Jahrhunderts häufig Erwähnung: Auf der einen Seite in Form zynischer Zerrbilder einer (oft negativ besetzten) Andersheit, auf der anderen Seite jedoch in vielen Fällen auch als Angehörige von Vorläuferreligionen (Busse 2006, S. 120), deren Mythen, Doktrinen und Riten sich im Koran modifiziert wiederfinden und demnach eine hohe Anerkennung erfahren (Khoury 2003, S. 62). Zudem setzte Mohammed im Jahr 622 in Medina einen Kooperationsvertrag auf, der zwischen den Emigranten aus Mekka, die ihm hierher gefolgt waren, und seinen Helfern in der Stadt Medina selbst vermitteln sollte – unter letztere Gruppe fielen auch jüdische Stämme (Welch et al. 2012).

---

[38]Wir nehmen Abstand vom Begriff der Ideologien, da nicht davon ausgegangen werden kann, dass die hier dargestellten Ansätze umfassende und abgeschlossene Modelle darstellen (siehe dazu Shepard 1987, S. 307).

Demnach leitet sich im ersten Fall der Rolle als Alteritätspartner legitime Gewalt-anwendung aus den Zielen der Erhaltung des Glaubenssystems sowie, damit eng verbunden, der (Stammes-) Gemeinschaft ab (Khoury 2003, S. 46). Neben den angesprochenen Fällen der Kooperation kann daraus folgend der generelle Bezug des Korans zur Gewaltanwendung gegen andere Gruppen im Überblick in zwei Kategorien erfasst werden: Erstens betont er den Vorrang der Schaffung von Frieden (ebd., S. 52 ff.), und legitimiert Gewalt nur, um sich den Angriffen sog. ‚Ungläubiger' zu erwehren (ebd., S. 46). Über die nachfolgenden Jahrhunderte war die Entscheidung, welcher Fall als Angriff auf die Religion Islam zu werten war, aufgrund der engen Verflechtung von Religion und Politik stets mit politi-schen Definitionen und Überlegungen verbunden.

Die Auseinandersetzung mit anderen bestehenden ideologischen Orientierun-gen oder Weltanschauungen, religiöser oder politischer Natur, ist folglich seit dem Beginn ein kontinuierlicher Bestandteil der sich im Laufe der Zeit in viel-fältige Strömungen aufgegliederten Religion Islam (Jung 2005, S. 40). Eine Kern-funktion kam dabei insbesondere den religiösen Würdenträgern in ihrer Aufgabe als Interpreten zu, da sie die dem Glaubenssystem zugrunde liegenden Doktrinen immer wieder in Einklang mit sich ändernden externen und internen gesellschaft-lichen Entwicklungen bringen mussten (Khan 1972, S. 6). Dies wurde mit der geografischen Expansion des Islam zusätzlich erschwert; es galt, den Quellen der Religion in der jeweiligen Region mit ihrer spezifischen Umwelt Erklärungskraft und damit Legitimation zu verleihen. Der Islam entwickelte sich in der Folge rasch von einem allumfassend verstandenen, engen Gemeinschaftssystem kleiner, tribaler Stämme auf der arabischen Halbinsel zu einer Weltanschauung und zu einem Glauben, die/der sich in vielfältiger Weise auch Gesellschaftssystemen mit differenter Historie als der arabischen des Nahen Ostens anpassen konnte[39]. Oft kam es im weiteren Verlauf der Geschichte zu einem Bündnis, ja zu einer Sym-biose mit dem politischen Bereich (ebd.), die bis Ende des 19. Jahrhunderts in globaler Perspektive, und so auch in der islamisch geprägten Welt, weitgehend autoritär ausgestaltet war. Diese allgemein starke Verflechtung, aber auch Vielfalt in den Beziehungen von Religion und Politik unterschied die kulturell gefasste Region demnach nicht von Gesellschaften christlich-europäischer Prägung (Krämer 2011, S. 92, 93), die bis dahin jeweils eine Konfession des Christentums

---

[39]Siehe als späteres regionales Kontrastbeispiel zu arabisch-puristischen Auslegungen die liberale Müsavat Party (Gleichheitspartei) und ihre Rolle beim Aufbau der Aserbaidscha-nischen Demokratischen Republik zwischen 1918 und 1920 (Mostashari 2006, S. 129 ff.).

eng mit weltlicher Herrschaft verbanden (siehe bzw. den Augsburger Reichs- und Religionsfrieden 1555).

Die Feststellung einer Diversifizierung galt für einen langen Zeitraum, in dem sich der Islam über zahlreiche (ethnische) Gemeinschaften auf einem großen geografischen Gebiet in Nordafrika, Asien und Südosteuropa verbreitete und damit in Doktrin, Interpretation und Praxis deutlich an Vielfalt zunahm. So entstand eine Hauptkonfliktlinie im Diskurs um die Auslegung des Glaubenssystems um die Frage, inwiefern Varianz und (vermeintlich) originale Glaubens- Tradition, entlehnt aus der Interpretation des Wirkens des Religionsgründers Mohammed und seiner arabisch-tribalen Umweltbedingungen, ausbalanciert werden sollten. Als bekannteste Verfechter einer orthodoxen Position, die jegliche Varianz von ihrer stammesinspiriert-puristischen, als traditionell ausgelegten Interpretation der Schriften ablehnten, können in der historischen Sicht bis zur Mitte des 19. Jahrhunderts die arabischen Theologen Ahmad ibn Hanbal (780–855), Taqī ad-Dīn Ahmad ibn Taimīya (1263–1328) und Muhammad ibn Abd al-Wahhab (1703–1792) gelten (Mernissi 1998, S. 114; Qaradawi 1998, S. 197).

Auf der anderen Seite der Varianz im islamischen (politischen) Denken sind im Hinblick auf die Fragestellung nun jene Reformbemühungen und Protagonisten interessant, welche in einem späteren historischen Stadium die ambivalenten Beziehungen der muslimisch-arabischen Welt mit den verschiedenen Facetten der Moderne westeuropäischer Prägung offen ansprachen und bewusst verarbeiteten. An diesen Stellen wurde der beschriebene Diskurs um Tradition und Modifikation der Religion weitergeführt: In der Auseinandersetzung muslimischer Intellektueller im arabischen Raum mit aus Westeuropa kommenden Entwicklungen, welche mit dem Beginn des 19. Jahrhunderts immer größere Veränderungen in die Region brachten (Rippin 1993, S. 27). Demnach können die Konsequenzen der Französischen Revolution (Einführung Konstitutionalismus mit Verdrängung von Kollektiv- und Hinwendung zu Menschen- und Bürgerrechten in Mitteleuropa) sowie der von Westeuropa ausgehende Kolonialisierungsprozess und damit verbunden der Niedergang des Osmanischen Reiches als zentrale Punkte interpretiert werden, mit denen sich im östlichen Mittelmeerraum die Hauptvertreter des oben erwähnten radikal-puristischen Standpunktes, intensiver jedoch jene der modernistischen[40] Strömungen im sunnitischen Islam auseinandersetzten (Kurzman 2002, S. 6; Masud 2009, S. 237).

---

[40]Kurzman (2002, S. 4) sieht die Bewegung nicht nur als Bestandteil der Moderne, sondern als Befürworter sowie bewusster Akteur dieser Entwicklung und fasst sie daraus ableitend begrifflich ‚modernistisch' (‚modernist').

Diese zweite Strömung einer reformorientierten Interpretation des Glaubens forderte, Inhalte des sunnitischen Islam und als modern definierte Werte unter Dominanz des Glaubens integrativ in Einklang zu bringen. Sie befand sich damit in Auseinandersetzung mit drei Formen religiöser Autorität, die der von dieser Seite postulierten Vereinbarkeit zunächst entgegenstanden: Mit den traditionellen Schriften (die durch das beschriebene Umfeld im 7.–9. Jahrhundert geprägt waren), mit angesprochenen radikal-puristischen Gruppen, sowie mit der Mehrheit der etablierten muslimischen Theologen (Rippin 1993, S. 28). Der dritten Gruppe war es möglich, aufgrund ihrer Stellung ihre auch politisch beeinflusste Interpretation des Glaubens bei der Mehrheit der Bevölkerung regelmäßig zu verlautbaren (Kurzman 2002, S. 9); deshalb stand sie generell inhaltlich bei gesellschaftlichen sowie politischen Themen für Kontinuität, letztlich aber auch für einen hohen Grad an Verkrustung und Lähmung.

Auf der Seite der ‚modernistischen‘ Reformer wurde in einem ersten Schritt zu Beginn des 19. Jahrhunderts der Imperialismus der westeuropäischen Kolonialmächte verurteilt[41] (Abd al-Rahman al-Jabarti, 1753–1825), um anschließend die technischen (Ishak Efendi, 1774–1835) als auch politischen (Khayr al-Din, 1820–1890) und kulturellen (Rifa'a al-Tahtawi, 1801–1873) Innovationen als vereinbar mit dem Islam zu postulieren und eine Adaption anzustreben (ebd., S. 6, 31 ff.). Diese Vertreter sahen die Entwicklung der Gesellschaften Westeuropas in Kontrast zur (oft idealisierten) Vergangenheit der Expansion des Islam (ca. 700–1500) und zur Position des Sultan und Kalifen im Osmanischen Reich, dessen weltliche und religiöse Reputation sich zu dieser Zeit in der muslimischen Welt im Abschwung befanden und welcher trotz umfangreicher Reformen (Stichwort ‚Tanzimat‘) ab 1839/1840 für seine Starrheit in vielen gesellschaftlichen Bereichen kritisiert wurde. So kam nach der Meinung der Reformer auch der Islam als Glaubenssystem selbst in Gefahr und sollte auf der Basis rationaler Erwägungen modernisiert werden (Rippin 1993, S. 87). Die Mehrheit der nachstehend erwähnten, arabisch-muslimischen Intellektuellen sammelte persönlich Erfahrungen in Großstädten Westeuropas (meist in Paris) und war somit in der Lage, aus mindestens zwei Perspektiven die Vielfalt der Konsequenzen der Moderne abzuschätzen; sie selbst konnten jedoch in ihren Herkunftsländern wenig politischen Einfluss ausüben, da sie nur einen sehr kleinen Teil der Elite darstellten und zusätzlich oft ins Exil gedrängt wurden.

---

[41]Hier sind u. a. die Ägyptische Expedition Napoleons 1798–1801, die französische Kolonialisierung Algeriens ab 1830 und die britische Herrschaft in Ägypten ab 1882 zu nennen.

In der Fachliteratur werden die Hauptprotagonisten der reformorientierten Bewegung ab den späten 1870er Jahren mit den drei zentralen Personen Jamal al-Din al-Afghani, Mohammad 'Abduh und Rashid Rida verbunden (u. a. Jung 2005, S. 46; Kurzman 2002, S. 5). Sie suchten im Glaubenssystem des Islam eine Antwort auf die Wertebasis und die materiellen Konsequenzen der Moderne, insbesondere in Verbindung mit vernunftbasierter Wissenschaft (Rippin 1993, S. 87), mit dem Ziel, die islamische Welt von der Kolonialisierung durch England und Frankreich zu befreien und dadurch den Glauben insgesamt von den vermeintlichen Bedrohungen durch die Moderne (Kurzman 2002, S. 6) zu retten. Die drei genannten Akteure besaßen einen engen Bezug zueinander und kannten sich (mit Ausnahme der Verbindung zwischen Jamal al-Afghani und Rashid Rida) persönlich. Den Bezug Amin al-Husseinis zum geistigen Vermächtnis der Reformer stellte Rashid Rida her, der ab 1912 für kurze Zeit sein Dozent an der Al-Azhar-Universität in Kairo war (Fischer Weth 1943, S. 48), ihn in einer frühen Phase seines Lebens im Sinne des Pan-Islamismus nachhaltig prägte (Achcar 2012, S. 104) und mit dem er bis mindestens 1935 in Verbindung stand (ebd., S. 128).

Jamal al-Din al-Afghani (1838–1897) wird als islamischer Reformer und politischer Aktivist beschrieben, der aus dem Iran stammte und zunächst in Indien verschiedene Religionen studierte. Im Jahr 1871 zog er nach Kairo und entwickelte seine Ideen zur politischen, pan-islamisch geprägten Reform im Nahen Osten (Tripp 2015) als Antwort auf den Niedergang des Osmanischen Reiches und auf die Kolonialisierung muslimisch geprägter Territorien der Region durch nicht-muslimische Staaten. Diese Überlegungen trafen auch auf persönliche Erfahrungen, da das Land seines Aufenthaltes ab 1882 von Großbritannien besetzt wurde. Er wandte sich generell gegen einen sog. ‚gottlosen Materialismus‘, den er im Kapitalismus als auch im Sozialismus verkörpert sah und identifizierte die Verschlossenheit der islamischen Gelehrten und der Muslime allgemein (Khan 1972, S. 5) als weitere entscheidende Schwachstelle zur Bedrohung des damaligen Islam. Demnach sollten mit einer (von ihm interpretierten) Erneuerung des Islam und der Vereinigung ‚der Muslime‘ unter diesem Dach als politisches Gegenprogramm die genannten Entwicklungen überwunden werden (Kedourie 1966, S. 4). Relevant in unserem Zusammenhang sind zudem die Erkenntnisse, dass er diese ideologische Orientierung mit aktiven Mitgliedschaften in mehreren Freimaurer-Vereinen in Kairo verband, politisch jedoch insgesamt wenig Einfluss ausüben konnte und u. a. wegen seines Eintretens für eine Verfassung von den Autoritäten des ägyptischen Vizekönigs bereits im Jahr 1879 die Ausweisung aus Ägypten (ebd., S. 4, 5) erfuhr. Dennoch gelang es ihm mithilfe seines einflussreichen Assistenten und Partners Mohammad 'Abduh mit seiner ideologischen Orientierung in zwei Richtungen zu wirken: Zunächst auf zahlreiche Studenten der Al-Azhar-Universität (Kurzman 2002, S. 12), und später durch die Herausgabe von Publikationen, die für damaligen Verhältnisse in Ägypten weite Verbreitung fanden (ebd., S. 15, 26). Weiterhin gründet er mit seinem früheren Assistenten 'Abduh im Jahr 1884 in Paris eine geheime Verbindung für Reformen zur Forcierung der pan-islamischen Idee (Jung 2005, S. 47) und beginnt mit ihm dort auch die Arbeit an der einflussreichen Zeitschrift „al-'Urwa al-Wuthqā" (‚das stärkste Band'). Diese wird in den Folgejahren, wenn auch in begrenztem Rahmen, eine der einflussreichsten Publikationen für diese Strömung. So nutzt er die neuen Medien seiner Generation, um hauptsächlich eine kleine, junge und gebildete Schicht arabischer Muslime anzusprechen[42]. Die faktische Kolonialherrschaft Großbritanniens über Ägypten zwischen 1882 und 1922 drängte ihn jedoch ins Exil nach Paris (Rippin 1993, S. 87) und verhinderte mit ihrer Zensur eine weite Verbreitung seiner Thesen in der Bevölkerung des Landes und in der weiteren arabischen Welt, die erst zwei Generationen später durch Vertreter radikaler Ansichten (Hasan al-Bannā [1906–1949], Sayyid Qutb [1906–1966]) erreicht werden konnte.

Der islamische Reformer Mohammad 'Abduh (1849–1905) wurde in Ägypten geboren und kam zu hohem Ansehen, da er zwischen 1899 und 1905 das Amt des Großmuftis des Landes bekleiden konnte. Er war zuvor religiöser Gelehrter, Journalist, Herausgeber mehrerer Zeitungen, Universitätsdozent und Richter, und bezeichnete Jamal al-Din al-Afghani als seinen Mentor, mit dem er die Mitgliedschaft in mehreren politisch und säkular ausgerichteten Vereinigungen teilte. In der ersten Phase vertrat auch 'Abduh eine pan-islamische Ausrichtung, welche nationale und ethnische Grenzen hinter sich lassen sollte und eher integrativ ausgelegt war (Kügelgen 2007). So brachte er mit al-Afghani mehrere Zeitschriften mit diesem Charakter heraus, auch aus dem französischen Exil, in das er seinen Mentor aufgrund der britischen Kolonialherrschaft in Ägypten ab 1882 folgte (Rippin 1993, S. 87). Mit den realen Entwicklungen der absehbaren Gründung von Einzelstaaten im arabischen Raum wendete er sich dem nationalen Rahmen zu und forderte politische Reformen im Sinne eines islamisch geprägten Konstitutionalismus (Kurzman 2002, S. 20), die sich z. B. mit den Themen der religiösen Reform in Verbindung mit Frauenbildung und Demokratie befassten (ebd., S. 3). In der Folge erlangte er die Begnadigung durch die britischen Besatzer und konnte im Jahr 1888 nach Ägypten zurückkehren, wo er Richter in religiösen

---

[42]Siehe dazu auch die Quote der Analphabeten im Osmanischen Reich, die 1894/1895 bei 46 % der Gesamtbevölkerung lag (Karpat 1986, S. 221) und nur den Grad des primären Analphabetismus berücksichtigte.

Angelegenheiten mit moderner Ausrichtung (Rippin 1993, S. 87) wurde. Gefördert durch die Faktoren der religiösen Gelehrsamkeit, der Aufgeschlossenheit gegenüber modernen Entwicklungen und den guten Verbindungen zur Kolonialmacht (Kedourie 1966, S. 5) gelang Mohammad 'Abduh im Jahr 1899 die Ernennung zum Großmufti von Ägypten. Mit diesen Entwicklungen hatte er innerhalb der Bewegung des modernistischen Islams formal die höchste religiöse Autorität und erweiterte diese aufgrund seiner Auffassungen der engen Verbindung von Religion und Politik mit genannten und weiteren Aktivitäten auch in den politischen Raum.

Sein Student Rashid Rida (1865–1935) war ein früher islamischer Reformer, der auf dem Gebiet des heutigen Libanons geboren wurde, dort eine moderne Schulbildung genoss und zunächst Anhänger einer Strömung des islamischen Sufismus war. Er wurde durch die Publikationen al-Afghanis und 'Abduhs auf die islamisch-modernistische Bewegung aufmerksam und wandte sich ihr rasch zu: Demnach gelangte er 1897 nach Ägypten und gab bereits im Jahr darauf, 1898, in Kairo die in reformorientierten, alphabetisierten Kreisen einflussreiche Zeitschrift „al-Manar" („der Leuchtturm') heraus (Kurzman 2002, S. 5). Inhaltlich war er an dieser Stelle zunächst wie seine Lehrer an einer inklusiven pan-islamischen Idee mit Anpassung der Religion an Entwicklungen der Moderne orientiert: Die grundlegendste Reform sollte die Etablierung einer mit modernen Werten vereinbarten Interpretation der Scharia als allgemein gültiges Gesetz bilden; eine neu interpretierte Symbiose zwischen Politik und Religion. Seine zu diesem Zeitpunkt noch moderate ideologische Orientierung wird am Thema Antisemitismus deutlich, der sich am Ende des 19. und zu Beginn des 20. Jahrhunderts in vielen europäischen, traditionell christlich geprägten Nationalstaaten zunehmend gewalttätig äußerte[43]. In der dortigen Verfolgung der jüdischen Bevölkerung sah Rashid Rida (wie auch seine Mitstreiter) zu diesem Zeitpunkt einen Indikator für den sukzessiven moralischen Verfall der in diesen Ländern herrschenden, modernen Gesellschaftskonzepte. Auch wandte er sich bis zum Ersten Weltkrieg nicht gegen die jüdische Einwanderung in Palästina (Schulze 1994, S. 128), sondern gegen den Zionismus als exklusiv-ethnisches Kolonialisierungsprojekt (Beška 2007, S. 37), was er in etlichen Denkschriften seit dem Jahr 1898 (auch in seiner eigenen Publikation) zum Ausdruck brachte. Während der Zeit des Osmanischen Reiches gründete er zusätzlich mehrere

---

[43]Es fanden in diesem Zeitrahmen erneut Pogrome gegen die jüdische Bevölkerung in mehreren europäischen Staaten statt (Russland, Polen; 1894 beginnt die europaweit beachtete Dreyfus-Affäre in Frankreich).

politische Parteien[44] und geheime Verbände, die offiziell Reformen des Imperiums unter den Vorzeichen des Islam forderten, jedoch zunehmend auf Autonomie der arabischen Gebiete hinarbeiteten (Schulze 1994, S. 79). Nach 1913 wurde durch die Politik der dominanten arabischen Eliten und der Kolonialmächte allen Beobachtern, auch Rashid Rida und weiteren bedeutenden Reformern, klar, dass nach einem Zusammenbruch des Osmanischen Reiches in der Zukunft muslimisch-arabische Regionen einzelne Staaten bilden würden (ebd.). Rida avancierte nach dem Tod Mohammad ʿAbduhs im Jahr 1905 zur Hauptperson der Bewegung eines modernistischen Islam, die sich spätestens seitdem in eine Vielzahl von Strömungen aufspaltete. Mit der weiteren Entwicklung nach dem Ersten Weltkrieg politisierte und radikalisierte er einen Teil der Reformbewegung, welches sich in den Auseinandersetzungen mit laizistisch eingestellten Muslimen oder in der Zusammenarbeit mit der Dynastie der al-Saʾud auf der Arabischen Halbinsel ab 1918 (Achcar 2012, S. 104) äußerte. Demnach gilt er aus heutiger Sicht als ein bedeutender Wegbereiter des islamischen politischen Salafismus im frühen 20. Jahrhundert und wirkte in der Gesamtbetrachtung mit seinen Handlungen noch weniger als seine Vorgänger im spirituellen als im politischen Bereich.

Mit dem Beginn des Ersten Weltkrieges am 28. Juli 1914 und der Kriegserklärung Österreich-Ungarns an das Königreich Serbien trat das Osmanische Reich am 29. Oktober 1914 aufseiten der Mittelmächte in den Krieg ein. Weniger Tage später rief der Osmanische Sultan-Kalif Mehmed V. (1844–1918), auch auf Drängen des deutschen Kaiserreiches, die Muslime in- und außerhalb seines Machtgebietes am 14. November 1914 zum Heiligen Krieg gegen die Kolonialmächte Frankreich und Großbritannien auf. Dieser Aufruf verpuffte neben der allgemeinen Mobilmachung im Imperium und einte die Muslime auch innerhalb seiner Grenzen nicht, sondern forcierte die Spaltung im kleineren Rahmen der arabischen Welt in der Folgezeit. Ab der Mitte des Jahres 1916 war Hussein ibn Ali (1853–1931), Emir von Mekka, bereit, für das Versprechen einer Unabhängigkeit seines Gebietes von der Seite Großbritanniens (McMahon 1939) ebenfalls den Heiligen Krieg auszurufen (Kahleyss 2014, S. 31), und wendete sich mit dieser Geste gegen den osmanischen Sultan. Zu diesem Zeitpunkt entfaltete sich ein Aufstand arabischer Stämme, der als ein bedeutender Faktor für die Einleitung des endgültigen Zusammenbruchs des

---

[44]1910 die „Gesellschaft der Arabischen Liga" und 1912 die „Osmanische Partei für Dezentralisierung".

Osmanischen Reiches gilt. Anschließend beriet Rashid Rida 1919 für kurze Zeit die unabhängige arabische Regierung in Damaskus unter König Faisal I. (1883–1933), welche im Juli 1920 von der französischen Besatzung mit Gewalt vertrieben wurde (Schulze 1994, S. 81).

Wie im Fall Europa waren auch auf der arabischen Halbinsel territoriale Veränderungen und Unruhen nach der Beendigung des Ersten Weltkriegs nicht abgeschlossen. Der Clan der Hāschimiden von Hussein ibn Ali (1853–1931) wurde vom benachbarten Emir Abd al-Aziz II. ibn Saud (1876–1953), Führer der gleichnamigen Stammesdynastie und Anhänger des (stammes-inspiriert-puristischen) wahhabistischen Fundamentalismus, in Mekka bedrängt und 1925 aus seinem traditionellen Herrschaftsgebiet des Hedschas vertrieben. So standen ab diesem Zeitpunkt die heiligen Städten des Islam, Mekka und Medina, nach 900 Jahren hāschimidischer Aufsicht nun unter Kontrolle der saudischen Dynastie. Dieser schloss sich Rashid Rida schon Mitte der 1920er Jahre an (Achcar 2012, S. 104) und erlebte die Ausrufung ‚ihres' Staates Saudi-Arabien am 23. September 1932 (Schulze 1994, S. 94 ff.). Mit dem Schritt der Zuwendung zum saudischen Partner war sein pan-islamisches Projekt, wie die Organisation mehrerer Kongresse in den 1920er und 1930er Jahren zeigte, zum Scheitern ver-urteilt, da es als (religiös und politisch) einseitig und expansiv wahrgenommen wurde und vermehrt Divergenzen zwischen den ideologischen Orientierungen in der Bevölkerung und unter den Eliten in arabisch-muslimisch bewohnten Gebieten des Nahen Ostens offenbarte.

Inhaltlich vertrat Rashid Rida nach den Erfahrungen des Ersten Weltkriegs im arabischen Raum und nach der Abschaffung des Kalifats der Osmanen 1922 im Lauf der 1920er Jahre zunehmend einen arabischen Nationalismus, der mit der Forderung der Errichtung eines ethnisch-religiös ausrichteten Kalifats (nach Vorbild des Staates der Saud) sukzessive eindimensional und radikal wurde – er kann somit als ein geistiger Vater eines islamistischen Staates mit der Ver-einigung von Religion und Politik unter puristisch-traditionellen Vorzeichen angesehen werden (Jung 2005, S. 49)[45]. Nachdem er sich ab 1898 zuerst allein

---

[45]Zu dieser Zeit existierten auf der anderen Seite des Spektrums des modernistischen Islam auch reformorientierte, liberal-islamische Strömungen, die in Richtung einer inklusiven Verbindung der Religion mit modernen Werten arbeiteten. Als prominente Beispiele gel-ten der ägyptische islamische Vordenker ‚Ali ‚Abd al-Raziq (1888–1966), der in sei-nen Publikationen die Trennung zwischen Religion und Politik proklamierte und der die Muslime zur Bildung demokratischer Strukturen aufrief (und dafür von Rashid Rida hef-tig kritisiert wurde) (Raziq 1998, S. 29), sowie die Etablierung der Aserbaidschanischen Demokratischen Republik ADR zwischen 1918 und 1920 mit einem damals hohen Grad an demokratischen Elementen im politischen System (siehe dazu Mostashari 2006, S. 129 ff.).

gegen den Zionismus gewandt hatte, äußerte er sich nach dem Ersten Weltkrieg verstärkt antisemitisch. Um das zweite Ziel der Befreiung der arabischen Gebiete von den Kolonialmächten zu erreichen, forderte Rashid Rida jetzt nicht nur eine Besinnung auf einen reformierten, orthodoxen, und gewaltfreien Islam, sondern innerhalb seines Gesamtkonzeptes auch den äußeren ,jihad' (neben der inneren, spirituellen Dimension) als gewaltsamen Kampf gegen ,Ungläubige', der jedoch weiterhin nur im Angriffsfall zu gebrauchen sei (ebd., S. 55). Schon nach 1905 führte Rida die Reformvorhaben seines Lehrers 'Abduh in eine „(...) *fundamentalistische Gegenreform* (...)" (Achcar 2012, S. 105), die erwähnte puristische und radikal-islamistische Positionen einnahm. Indem er sich spätestens im Jahr 1926 offiziell der saudisch-wahhabitischen Strömung anschloss, bezog er auch eine klare politische Position. Die Radikalisierung wurde weiterhin bekräftigt mit der Veröffentlichung der arabischen Übersetzung der sog. „*Protokolle der Weisen von Zion*" (vgl. Benz 2007) in seiner Publikation „*al-Manar*" 1929. Damit sorgte er für eine weitere Verbreitung dieses seit 1921 im arabisch-muslimischen Raum zirkulierenden[46] Propagandapamphlets (ebd., S. 113).

Die seit längerem in der historischen Forschung vertretene These, die Reformer Jamal al-Afghani und Mohammad 'Abduh seien mehr politische Aktivisten als spirituell wirkende Muslime gewesen (Kedourie 1966, S. 63), kann mit Blick auf den Fokus seiner Handlungen auch auf Rashid Rida ausgedehnt werden. Die ideologischen Orientierungen der drei Reformer Jamal al-Din al-Afghani, Mohammad 'Abduh und Rashid Rida besitzen, auch unter Aspekten des Wandels, im Konzept von Shepard (1987) in der Dimension „Islamic totalism" eine sehr starke Ausprägung, da Religion als ein geschlossenes System für alle Lebensbereiche, insbesondere für die Politik und den Alltag, Anwendung finden sollte (Jung 2005, S. 52). Da auch eine Vielzahl von Indikatoren auf einen hohen Grad in der Dimension ,Moderne' hinweisen, scheint im Konzept von Shepard (1987) eine Zuordnung zu Formen des Islamismus unausweichlich. Bei den drei aufgeführten Hauptprotagonisten war dabei im Verlauf zwischen 1879 und 1926 eine Entwicklung von moderaten bis zu radikalen Einstellungen zu beobachten. Als Rashid Rida 1935 starb, wurden einflussreiche Protagonisten dieser radikal-islamistischen Strömung eines reformorientierten Islam der ägyptischen Gründer der Muslimbruderschaft (1928), Hasan al-Bannā (1906–1949), und Sayyid Qutb

---

[46]„*Damit war das wohl zählebigste Dokument des modernen Antisemitismus, eine Fiktion der zaristischen Geheimpolizei von 1903, die die jüdische Weltverschwörung belegen sollte, auch in Palästina diskursfähig geworden, wo es spätestens seit 1921 kursierte.*" (Mallmann und Cüppers 2011, S. 20).

(1906–1966), die durch die Betonung eines radikalen, anti-israelischen Antisemitismus diesen Strang der Bewegung in der Region etablieren konnten (Jones
2012; Jansen 2012).

Amin al-Husseini traf kurz vor dem Ersten Weltkrieg zwischen 1912 und
1914[47] auf Rashid Rida, als er mit ca. 17 Jahren zur Aufnahme seines Theologie-
studiums an der Al-Azhar-Universität nach Kairo kam[48]. Wie beschrieben ent-
stammte er einer sehr wohlhabenden und einflussreichen arabischen Großfamilie
in Palästina (siehe Abschn. 3.1.1), die spätestens seit Beginn des 19. Jahrhunderts
in Jerusalem wichtige politische und religiöse Positionen einnahm (Beška 2007,
S. 27) und war deshalb mit der ‚Politik des lokalen Adels‘ sehr gut vertraut. In
Kairo nahm er die Gedanken einer pan-islamischen Orientierung, die sich seit
1905 zunehmend islamistisch-radikal äußerte, von Rashid Rida auf. Als der
Erste Weltkrieg begann, verließ er die Stadt nach zwei Jahren ohne Abschluss,
da er vom Osmanischen Reich zum Wehrdienst einberufen wurde (Pappe 2010,
S. 214). Er verbrachte die ersten Monate des Krieges im osmanischen Kernland,
wurde Mitglied von arabischen Offiziersvereinigungen und kam Mitte 1916 nach
einer Krankmeldung zurück nach Jerusalem (ebd.), wo er möglicherweise den
britischen Einzug im November 1917 miterlebte. Aufgrund der Absprachen mit
Großbritannien während des Ersten Weltkrieges, welche eine Unabhängigkeit
arabischer Gebiete nach dem Krieg gegen das Osmanische Reich vorsahen (so
die sog. McMahon-Hussein-Korrespondenz[49]), begrüßte die mehrheitlich ara-
bisch-muslimische lokale Bevölkerung den Einmarsch. Sie sah sich in den Jahr-
zehnten zuvor zurückgesetzt und in Auseinandersetzungen mit den osmanischen
Besatzern (Pappe 2000, S. 36), wobei die Familie al-Husseini keine homogene
Einheit bildete und eher moderierend und flexibel auftrat.

Mit dem Bekanntwerden der Balfourt-Deklaration (britische Unterstützung
der Etablierung eines jüdischen Staates in Palästina) im November 1917 und den
Handlungen Großbritanniens nach dem Ende des Ersten Weltkrieges betätigte

---

[47]Andere Quellen sprechen vom Beginn des Studiums in Kairo im Jahr 1911 (siehe
Fischer-Weth 1943, S. 55).

[48]Nach Amin al-Husseini studierte später auch Hasan al-Bannā, 1928 Gründer der Muslimbruderschaft in Ägypten, bei Rashid Rida. Unter ihm betonte die Muslimbruderschaft den
Jihad als sechste Säule des Islam, Antisemitismus als Pflicht, den Zusammenhalt der islamischen Staaten und eine generelle Reformation des islamischen Glaubens (Jung 2005,
S. 51, 52).

[49]Siehe McMahon, Arthur H. (1939): Correspondence between Sir Henry MacMahon, His
Majesty's high commissioner at Cairo, and the Sherif Hussein of Mecca, July 1915-March
1916. London.

sich auch Amin al-Husseini verstärkt im politischen Bereich und wendete sich gegen die Großmacht: Er wurde 1919 Vorsitzender der bedeutenden Arabischen Gesellschaft und war 1920 maßgeblich an den Unruhen gegen die neue Kolonialherrschaft in Palästina (sog. ‚Nebi Musa Unruhen') beteiligt. Die Briten verurteilten ihn daraufhin zu einer Gefängnisstrafe von zehn Jahren; er floh im Anschluss in das heutige Syrien (USHMM 2017a), wurde daraufhin jedoch zügig begnadigt und im Jahr 1921 von der Kolonialmacht zum Großmufti von Jerusalem ernannt (Achcar 2012, S. 129). Dieses Amt wurde von Großbritannien geschaffen und sollte nach dem Muster des Vorgehens in Ägypten die islamisch-religiöse Autorität der höchsten klerikalen Position in Jerusalem über ganz Palästina ausdehnen (ebd.). Es war offensichtlich, dass Großbritannien in der Situation der schwindenden Kontrolle Anfang der 1920er Jahre mit der paritätischen Verteilung von öffentlichen Ämtern unter wichtigen arabischen Familien Jerusalems und Palästinas eine Beruhigung der Lage im Land erreichen wollte.

Zwar hatten in der Vergangenheit Clan und Familie Amin al-Husseinis durch Landverkauf und durch Aufwertung von Grundbesitz von der Zuwanderung finanziell profitiert; zusätzlich durch die Neustrukturierungen der Landverfügungen in Palästina am Beginn des 19. Jahrhunderts im Osmanischen Reich zählten sie zu diesem Zeitpunkt zu den reichsten Immobilienbesitzern in Jerusalem und im Umland der Stadt (Pappe 2000, S. 37). Im weiteren Verlauf der 1920er Jahre wandte sich Amin al-Husseini mit seinem zentralen Anliegen dennoch gegen die jüdische Einwanderung. Seine ideologische Orientierung wurde zunehmend ethnisch-exklusiver und verband sich mit radikal-islamistischen Elementen. Im Jahr 1922 wurde er Präsident des Obersten Muslimrats und der Verwalter des Vakuf (‚waqf' – finanzieller Fonds zum Erhalt der religiösen Stätten und Institutionen) in Jerusalem (USHMM 2017a), welches eine weitere Ausdehnung seiner Macht in den politischen und wirtschaftlichen Raum darstellte. In Palästina blieb es in der Folgezeit weiterhin sehr unruhig. Die erneuten gewalttätigen Auseinandersetzungen zwischen jüdischen und arabischen Gruppen im Jahr 1929 brachten ein hartes Vorgehen des britischen Militärs gegen arabische Siedlungen mit sich. Amin al-Husseini wurde von der Kolonialmacht als Organisator benannt und konnte sich mit dieser Rolle vor der muslimischen Welt als Verteidiger der heiligen Stätten des Islam in Jerusalem darstellen (ebd.). Dennoch wurde es ihm erlaubt, 1931 in Jerusalem den Zweiten Islamischen Weltkongress zu veranstalten, an der führende Persönlichkeiten des arabischen Raumes teilnahmen. Auch innenpolitisch blieb es bei aktiven Tätigkeiten mit der Einnahme des Vorsitzes der Palästinensischen Unabhängigkeitspartei im Jahr 1936. Demnach engagierte er sich in den 1920er und 1930er Jahren intensiv im politischen Bereich; sein religiöses Amt verhalf ihm in dieser Situation zu hohem Ansehen in der palästinensischen Gesellschaft und in der muslimischen Welt. Mithilfe der Reputation seiner Ämter versuchte er, dass regionale politische Problem in Palästina mit einer vordringlich religiösen Dimension zu versehen. Vom Zweiten Islamischen Weltkongress 1931 war sein teilnehmender Mentor Rashid Rida jedoch enttäuscht, da die Teilnehmer, bedeutende Anführer arabisch-muslimischer Bewegungen einer Vielzahl von Ländern der Region, zu keiner Einigung unter der Interessenlage und ideologischen Orientierung des Organisators Amin al-Husseini gelangen konnten (Achcar 2012, S. 130). Weiterhin spaltete Amin al-Husseini auf dem Kongress selbst die palästinensisch-arabischen Muslime, da er die Familien Khalidi und al-Nashashibi hier wiederholt öffentlich dafür verantwortlich machte, mit jüdischen Einwanderern zusammenzuarbeiten und behauptete, sie würden verdeckt mit der zionistischen Bewegung kooperieren (ebd.).

Zu diesen Anlässen offenbarte er eine weite Distanzierung von pan-islamischen Orientierungen und insgesamt von religiös-inklusiven, d. h. auch traditionell islamischen Werten und wird gänzlich zur politischen Person (Freas 2012, S. 23), die oberflächlich nationalistisch argumentiert, jedoch in der Logik von Feudalregimen eher dem Modell des Caesaropapismus folgt (Fokus eigener Clan). Als nach einem Jahr Aufstand in Palästina am 26. September 1937 arabische Aufständische den britischen Bezirkskommissar von Galiläa ermordeten, entzogen die britischen Kolonialbehörden Amin al-Husseini alle offiziellen Ämter (Großmufti, Präsident Oberster Muslimrat, Administrator *Waqf*) und er sah sich gezwungen, im Oktober 1937 in den Libanon zu fliehen (USHMM 2017a).

Ziel dieses Abschnittes sollte eine Darstellung der Pfadabhängigkeiten sein, die Wirkungen auf die ideologische Orientierung Amin al-Husseinis vermuten lassen. Festgehalten werden kann, dass er aus einer äußerst einflussreichen Familie (mit der Verbindung von ökonomischer Bedeutung, politischem Netzwerk und religiöser Autorität[50]) kam, wie auch seine Mentoren ein weitgehend politisches Programm verfolgte, nach außen wenig theologisch wirkte (siehe Ausbildung, hinterlassene Schriften[51], Ausrichtung) und seine islamisch-spirituelle Autorität letztendlich von den britischen Kolonialmächten erhielt. So kannte er die Vielfalt der Konzepte zur ideologischen Orientierung in der (arabischen,) islamischen

---

[50]Die Familie al-Husseini sieht sich in einer Abstammungslinie mit Religionsgründer Mohammed.

[51]So überwiegt in seiner Biografie ('Umar 1999) die Würdigung der politischen Propagandawerke, theologische Abhandlungen sind nicht darin enthalten. Zur Lücke zwischen religiöser Autorität und theologischem Wirken bei Amin al-Husseini siehe auch Achcar (2012, S. 128).

Welt und stellte selbst eine Option unter dieser Vielzahl dar, die selbst in seiner eigenen religiösen und ethnischen Gruppe vorhanden war[52]. Insgesamt postulierte er die Besinnung auf einen Islam, der hochgradig selektiv zur Etablierung der eigenen politischen Macht ausgelegt wurde und innerhalb dessen er sich selektiv gegen die Vereinbarkeit mit modernen Werten aussprach. Dies kann als Versuch gewertet werden, lokale politische Differenzen zu globalen Themen zu erhöhen, indem die Perspektive verbreitet wurde, die Moderne an sich richte sich gegen die arabische Welt und bedrohe das gesamte Glaubenssystem des Islam in der Region (Küntzel 2007a, S. 154), deren Verkörperung er darstelle. Aufgrund der politischen Umstände in Palästina erfuhr die jüdische Einwanderung bei Amin al-Husseini besondere Aufmerksamkeit. Hier mischten sich auf Basis eines religiösen Überhöhungsmechanismus' politische und ökonomische Motive mit religiöser Argumentation, wenn er nach außen eine Ausbeutung des palästinensischen Gebietes durch jüdische Gruppen befürchtete (Zankel 2006, S. 45 ff.) und dies als religiöser Führer begründete. So berief er sich bei seiner antijüdischen Propaganda auf Textzeilen aus Koran und Hadith, um der gesteigerten Abneigung gegen diese Gruppe eine religiöse Rechtfertigung zu verleihen (Mallmann und Cüppers 2011, S. 17); hinzu kamen Behauptungen aus neueren Mythen zur jüdischen Weltverschwörung, sodass eine *„Essenzialisierung des Feindes"* (Achcar 2012, S. 109) stattfand, aus der ein zentrales und kohärentes Topos konstruiert wurde[53].

Mit und ohne den Hintergrund der Bekleidung religiöser Ämter stellte dies eine ganz individuelle Interpretation des Islam dar, in deren Form das Glaubenssystem so politisiert und modifiziert wurde, dass die Ausgestaltung der ideologischen Orientierung deutlich erkennbar ist. Wird das Konzept von Amin al-Husseini nach diesen Erläuterungen mit der Klassifikation von Linz abgeglichen, ist es nicht wie vermutet als Theokratie, sondern zunächst eher als angestrebter Caesaropapismus, der sich bis Ende der 1930er Jahre in Richtung einer politischen Religion entwickelte, zu charakterisieren. Politik und Religion bildeten bei ihm eine Symbiose, in welcher der zweite Bereich als Werkzeug dienen konnte, um Entscheidungen des ersten (oberflächlich und selektiv) zu begründen oder im Anschluss zu legitimieren. Inhaltlich wurden der Glauben

---

[52]Ein weiteres Beispiel auf lokaler Ebene war die Politik der rivalisierenden Familie al-Nashashibi, deren Politik im Hinblick auf die jüdische Einwanderung als mit Blick auf die britische Kolonialmacht moderater und auf Verständigung angelegt war (Achcar 2012, S. 130).

[53]So wurde nach den Worten von Zankel (2006, S. 41) *„der Jude"* zum *„Anti-Muslim"*.

und seine Anwendung durch die jeweilige spezifische (hier hierarchisch, feudal geprägte und mit Antisemitismus versetzte) Politik eng definiert; politischen Entscheidungen lagen auf der anderen Seite kaum religiöse Überlegungen als Motive zugrunde. So kommt Freas (2012, S. 48) zu dem Schluss, dass mit Amin al-Husseini eine Islamisierung des palästinensischen Problems auftrat.

Somit kann letztendlich auch anhand der Person Amin al-Husseini die Feststellung von Kurzman (2002, S. 26) nachgezeichnet werden, der die Bewegung des modernistischen, inklusiven Islam ab 1925 in einem ernsthaften Niedergang sieht. Ab diesem Zeitpunkt verteilten sich deren Energien auf die Vielfalt der neuen politischen Strömungen: Zwischen Nationalismus, Sozialismus, Faschismus auf der radikalen modernistischen Seite bis hin zu neuen, radikal-islamistischen Bewegungen auf der anderen. Trotz des hohen islamisch-spirituellen Amtes, welches Amin al-Husseini zwischen 1921 und 1937 bekleidete, kann er nach den eben dargelegten Ausführungen der arabisch-palästinensischen, nationalistischen Gruppe zugerechnet werden. So wird der vor der Jahrhundertwende verfolgte Pan-Islamismus seiner geistigen Mentoren vor und innerhalb des Ersten Weltkriegs – auch durch die Entwicklungen im Nahen Osten – immer mehr zu einem Pan-Arabismus, der sich bei ihm im zentralen Thema der Auseinandersetzung mit der jüdischen Immigration nach Palästina verengt und in einen radikalen, ethnisch ausgerichteten, palästinensisch-arabischen Nationalismus mündet. Mit der Attacke auf andere palästinensische Vertreter, die ebenfalls auf eine Unabhängigkeit Palästinas zuarbeiteten, vertrat er selbst auf lokaler Ebene eine Partikularposition, von der sich ab Mitte der 1930er Jahre gar führende Vertreter seines Clans distanzierten. Demnach stand Amin al-Husseini bis 1937 für einen spezifischen ‚Religio-Nationalismus' (Freas 2012, S. 23), in dem Religion und Politik eine Symbiose bildeten, in dem der politische Faktor eindeutig dominierte, der die Religion äußerst verzerrt wiedergab und der letztendlich keine weitreichende Verankerung in der arabisch-muslimischen Bevölkerung Palästinas genoss (Wildangel 2007, S. 77 ff., 220).

3.2.2 NS-Ideologie und Islam

Der deutsche Nationalsozialismus (NS) als ideologische Orientierung kann als Reaktion auf pluralistische, individualistisch ausgerichtete Gesellschaftsmodelle in der Moderne gesehen werden. Mit den Krisen traditioneller (Monarchie) und weiterer moderner sozialer Organisation (sich entwickelnder demokratischer

Kapitalismus) zu Beginn des 20. Jahrhunderts[54] kamen Gegenmodelle zu diesen Formen auf (Linz 1996, S. 137 ff.). Der spezifische deutsche Nationalsozialismus als kollektivistisch und ethnisch-kulturalistisch angelegte Doktrin konstruierte die Auffassung von homogenen und hierarchisch angelegten Rassen (Rosenberg 1934, S. 47), die um das Überleben auf der Erde konkurrieren würden[55]. Innerhalb der Zentralperspektive der Ideologie, der ethnisch-biologisch definierten Rasse, wurde die ‚Gemeinschaft des deutschen Volkes‘ dem *„nordischen"* (ebd., S. 50) Typus zugerechnet und als homogene, höherwertige Einheit eingestuft. Daraus ableitend kategorisierte die NS-Ideologie auch ihre Umwelt: Individuen und Gruppen in Europa, insbesondere im eigenen Einflussbereich, bekamen spätestens ab 1933 eine kollektive Identität zugeschrieben, die eine bestimmte normative Positionierung im holistisch dargestellten, ideologischen System des Regimes beinhaltete – dies galt insbesondere für die jüdische und muslimische Bevölkerung. In beiden Fällen kam ein Hauptelement der Doktrin, der Antisemitismus, zu tragen: Die NS-Ideologen konnten diesbezüglich auf weit verbreitete Einstellungen in der deutschen Bevölkerung zurückgreifen, die christliche und/oder nationalistisch-völkische Quellen hatten (Wippermann 2013, S. 22), zu diesem Zeitpunkt schon als traditionell gelten können sowie organisatorisch ausgereift waren (siehe Abschn. 3.1.2 *Muslime und Juden im Kaiserreich und der Weimarer Republik*). Zudem kam die Mehrheit der NS-Ideologen selbst aus diesem Milieu.

Der Begriff ‚Antisemitismus‘ wurde im politischen und breiten öffentlichen Raum nach dem derzeitigen Stand der Forschung von dem oben erwähnten Journalisten Wilhelm Marr im Jahr 1878 als *„anti-Semitentum"* in Umlauf gebracht (ebd., S. 21). Die sogenannten ‚Semiten‘ als gemeinschaftliche Gruppe waren und sind auf der anderen Seite historisch als soziale Einheit nicht nachzuweisen: So bestand zu keinem Zeitpunkt eine soziale Gemeinschaft, die sich selbst intern so aufgefasst hätte oder extern unter dieser Bezeichnung als sozial zusammengehörig gesehen wurde. Der Begriff entwickelte sich in der zweiten Hälfte des 19. Jahrhunderts in der Linguistik und fasste (benannt nach dem Sohn des biblischen Noach, Sem[56]) eine Sprachgruppe zusammen, die sehr vielfältig war und

---

[54]Sowie vermeintlichen oder tatsächlichen Rationalisierungen im politischen Bereich.

[55]*„Geschichte und Zukunftsaufgabe bedeuten nicht mehr Kampf von Klasse gegen Klasse, nicht mehr Ringen zwischen Kirchendogma und Dogma, sondern die Auseinandersetzung zwischen Blut und Blut, Rasse und Rasse, Volk und Volk."* (Rosenberg 1934, S. 23, 24).

[56]Bibel (EUE), 1. Mose 6, 10 und 1. Mose 7, 13 (Katholische Bibelanstalt 2018)

ist[57] und deren Sprecher dementsprechend eine Vielzahl religiöser, kultureller und ethnischer Differenzen aufwiesen und -weisen. Zudem wurde die Kategorie in der Sprachforschung am Ende des 19. Jahrhunderts ausschließlich aufgrund der inneren Struktur der von ihr zusammengefassten Sprachen, die „(...) *einige Gemeinsamkeiten (...)*" (ebd.) zeigen, gebildet und folgte demnach der Logik einer weiten, offenen Definition. Der Begriff ‚Anti-Semitisch' und das Handeln in diesem Sinne wurde in der Folgezeit von der deutsch-völkischen Bewegung, innerhalb der sich Wilhelm Marr betätigte, politisiert und auf einen reinen ethnisch-rassistischen Anti-Judaismus verkürzt (ebd., S. 22). Somit kann die Verwendung des Begriffs in der Interpretation der deutsch-völkischen Ideologie des beginnenden 20. Jahrhunderts als (wenig haltbares) Konstrukt gelten, welches in der der Ideologie zugrunde liegenden Überlebenslogik letztlich die jüdische Gruppe als zentralen Gegner der eigenen aufbauen und positionieren sollte.

Ideologisch beruhte diese zweite Hauptströmung des Antisemitismus' zu Beginn des 20. Jahrhunderts, der europaweit viele Ausprägungen zeigte, neben dem christlich-traditionellem, auf einem neuen, politisierten Glauben an eine jüdische Weltverschwörung. Diese wies eine inhaltliche Quellenbasis auf, die substanziell von Mythen und gefälschten Dokumenten[58] dominiert war. Die als homogen konstruierte Gruppe ‚der Juden' diente dabei erneut als Kristallisationspunkt für vermeintliche (politische, gesellschaftliche) Fehlentwicklungen, welche es zu bekämpfen galt, weshalb dieser Antisemitismus europaweit auch als staatliches Instrument zur Interessenwahrung der Monarchen, z. B. des russischen Zaren, eingesetzt wurde (Bergmann 2002, S. 65). Während der politischen Verfolgungen wurden auch religiöse (christliche) Motive vorgebracht; der Hass gegen die jüdische Gruppe wurde jedoch im deutschsprachigen Raum besonders aggressiv, als sich dieser Glaube an eine Weltverschwörung mit der Rassenideologie der deutschvölkischen Bewegung vermengte. Sie sprach zunächst im deutschen Kaiserreich

---

[57]Sie beinhaltet u. a. die Sprachen Arabisch, Aramäisch, Akkadisch, Äthiopisch, Hebräisch, Phönizisch-Punisch.

[58]So dienten die sog. „*Protokolle der Weisen von Zion*", deren Bekanntheit im deutschsprachigen Raum durch die Publikation des NS-Ideologen Alfred Rosenberg (1924) vorangetrieben wurde, als faktische Grundlage für die Ausarbeitung der Grundlinien der ideologischen Orientierung des NS-Regimes (vgl. Benz 2007). Führende Eliten wie Reichspropagandaminister Joseph Goebbels (1897–1945) waren offiziell von der Authentizität der Protokolle überzeugt. Wie heute ging die seriöse Forschung schon damals davon aus, dass sie eine Fälschung der zaristischen Polizei in Russland aus dem Jahr 1903 waren (Mallmann und Cüppers 2011, S. 20).

immer breitere Bevölkerungsschichten an und bildete später in der Weimarer Republik die Rekrutierungsbasis führenden Nationalsozialisten (siehe auch Küntzel 2007b, S. 151). Weiterhin zeigen sich im Vergleich der Formen von Antisemitismus, ihrer vorgebrachten Motive und Konsequenzen, nicht nur Ähnlichkeiten und Verschränkungen, sondern auch Unterschiede: Zuvor stattgefundene, christlich begründete Judenverfolgungen in Europa versuchten offiziell, die Gruppe zu vertreiben oder zu bekehren (Angenendt 2007, S. 486–533); dagegen war die Basisausrichtung der NS-Ideologie in letzter Konsequenz deren Vernichtung innerhalb einer ‚Überlebenslogik' im Kampf ethnisch-biologisch definierter Kollektive. Die jüdische Bevölkerung, im Deutschen Reich ab 1871 religiöse Minderheit mit deutscher Staatsbürgerschaft, wurde zu einer ethnischen Kategorie deklariert, deren Mitglieder nach dieser sozialdarwinistischen Weltanschauung eine nicht zu ändernde Bedrohung darstellten, da sich religiöse Einstellungen zwar ändern ließen, Eigenschaften einer Rasse – ihrer Zentralkategorie – jedoch nicht (zur Argumentation siehe Benz 2002, S. 42 f.).

Die der letztgenannten Form des Antisemitismus zugrunde liegende deutsch-völkische Ideologie trat erstmals im deutschsprachigen Raum mit der Gründung des Kaiserreiches im Jahr 1871 organisiert auf (Schnurbein 1996, S. 172). Führende Vertreter sympathisierten mit der naturspirituellen/neupaganen Bewegung, die sich bereits seit Mitte des 19. Jahrhunderts aus kleineren Gruppen zusammensetzte. Die deutsch-völkische Ideologie verfolgte offiziell als zentralen inhaltlichen Programmpunkt eine sog. ‚Reinheit des eigenen Volkes/der Rasse' aus biologisch-rassistischer Perspektive (Puschner 2002, S. 28), mit der vermeintliche gesellschaftliche Fehlentwicklungen beseitigt und somit das Überleben des eigenen Kollektivs gesichert werden könnten. Dieses Theoriekonstrukt basierte primär auf Schlussfolgerungen, die sich auf den Sozialdarwinismus beriefen und wie oben erwähnt dahin gehend lauteten, dass die nordische Rasse die höchstgestellte sei und stets um Vormachtstellung mit den niederen ringen müsse, die versuchen würden, erstere zu vernichten (Benz 2002, S. 44). In einem apokalyptischen Zeitenlauf (Bärsch 2002, S. 322) wurden die damaligen gesellschaftlichen Krisen generell auf eine jüdische Weltverschwörung sowie auf die Vermischung der ‚nordischen Rasse' mit anderen ‚Völkern' zurückgeführt; ein Diskurs, der auch die Anfänge des Antislawismus markiert (Puschner 2002, S. 30 f.). Der Antisemitismus wurde so zu einer wichtigen Säule innerhalb des deutsch-völkischen Denkens; die oben angedeutete, neue politisch-ideologische Form wurde dadurch bekräftigt, dass selbst das gegenwärtige Christentum und insbesondere die katholische Kirche aus diesem Grund als „(…) *das jüdisch entstellte Christentum römischer Regie* (…)" (Hasenfratz 1989, S. 120) abgelehnt wurden (siehe auch Rosenberg 1934, S. 31). Die Vertreter der völkischen

Ideologie waren sich einig, dass ein sog. ‚nordisch-deutscher Rassetypus' auch eine eigene Religion benötigen würde; über deren Ausgestaltung herrschte jedoch innerhalb der Bewegung Dissens. Hier reichten die Vorstellungen von einer dem Christentum ähnlichen Religion bis hin zu einer vollständigen Neugestaltung (in Anlehnung an neopagane und/oder vermeintlich germanische Riten), innerhalb derer sich die Mehrheit der Anhänger für ein ethnisch ausgerichtetes, anti-jüdisches und anti-katholisches Christentum[59] aussprachen (Puschner 2002, S. 36 f.). Führende deutsch-völkische Ideologen der 1930er Jahre favorisierten einen Prozess, an dessen Ende die Einführung eines naturnah ausgegebenen, die biologische Kategorie ‚Rasse' ins Zentrum rückenden (*„Religion des Blutes";* Rosenberg 1934, S. 47) Glaubens stehen sollte. Hier hatten die christlichen Kirchen nur eine temporäre Übergangsrolle einzunehmen; auf der Basis von konstruierten Mythen und okkulten[60] Praktiken (siehe Heinrich Himmler [1900–1945], Joseph Goebbels [1897–1945]; Bärsch 2002, S. 323) stand im faktischen Zentrum ein Führer- und Massenkult mit weltlicher Ausrichtung. Da die im Folgenden angesprochenen NS-Ideologen in ihren Schriften und Äußerungen selbst oft einen monotheistischen Gottesbezug einnahmen, der sich jedoch von christlichen Verständnissen grundlegend[61] unterschied (Hasenfratz 1989, S. 116), kann von der Konstruktion einer modernen politischen Religion mit synkretistischen Merkmalen gesprochen werden.

Eine einflussreiche und für diesen Kontext der entstehenden NS-Ideologie organisatorisch wichtige Gruppierung stellte die Thule-Gesellschaft[62] dar. Sie trat nach dem Ersten Weltkrieg 1918/1919 zum ersten Mal in München in

---

[59]Auch einzeln bilden die drei Adjektive in Zusammensetzung mit dem Begriff Christentum Oxymora; Indikator für Einordnung als politische Ersatzreligion.

[60]Obwohl im Dritten Reich Okkultismus offiziell verboten wurde (Kurlander 2017, S. 99 ff.), blieb der Bereich für führende Personen des NS-Regimes weiterhin ein Betätigungsfeld, um nicht nur persönliche spirituelle Belange zu befriedigen, sondern auch, um Außenpolitik, Propaganda und die Ausführung von Militäroperationen zu bestimmen (ebd., S. 197).

[61]Die Kategorie ‚Seele', auf Mikroebene als Ursprungs- und zentrales Bezugssubjekt in der NS-Ideologie gesetzt, schaffe sich in der Interpretation Alfred Rosenberg seinen eigenen Gott: *„So ist die Seele zugleich ‚gottgleich' und von Gott frei: ein mystisches Paradox unter vielen bei Rosenberg."* (Hasenfratz 1989, S. 116).

[62]Der Begriff ‚Thule' wurde einer Sage entnommen, nach der eine Stadt mit diesem Namen existierte, die von Menschen mit besonderen Fähigkeiten bewohnt wurde. Thule sei kurz vor dem Ende existenziell bedroht worden und einige Bewohner flüchteten daraufhin nach Tibet. In der Vorstellung der Thule-Gesellschaft stellte jene Gruppe die Vorfahren der ‚Arier' (Orzechowski 1988, S. 37).

Erscheinung (Bärsch 2002, S. 60), hatte ihre Anfänge jedoch bereits zu Beginn des 20. Jahrhunderts (Kurländer 2017, S. 35). Ihre ideologische Orientierung zeigte völkisch-okkulte Charakterzüge, da ihre Vertreter versuchten, das völkische Element mit naturromantischen Mythen (anhand vermeintlich ‚germanischer' Sagen), Praktiken und Riten in Verbindung zu stellen: Exemplarisch kann hier die Publikation „*Die Religion der Ario-Germanen in ihrer Esoterik und Exoterik*" des österreichischen Kaufmanns Guido List (1848–1919) aus dem Jahr 1910 dienen. List war Gründer einer eigenen ‚religiösen Lehre', des sog. ‚Wuotanismus', und fungierte als ein geistiger Inspirator der völkischen Bewegung, da er innerhalb seiner Weltanschauung eine offen rassistisch-völkische Politik vertrat (Zander 1996, S. 234). In der Thule-Gesellschaft einflussreich wirkte zudem der Ideologe und Organisator Dietrich Eckart (1868–1923) (Bärsch 2002, S. 62), mit dessen Hilfe bereits kurz nach dem Ersten Weltkrieg später hochrangige Nationalsozialisten wie Rudolf Hess und Alfred Rosenberg (ebd., S. 60, 61) auf den Verein stießen.

Dieser Personenkreis war gleichermaßen in der im Januar 1919 neu formierten Deutschen Arbeiterpartei (DAP) (Shirer 1960, S. 36) organisiert, die sich im April 1920 in NSDAP (ebd., S. 41) umbenannte, und wirkten an entscheidenden Stellen an der Ausarbeitung der ideologischen Orientierung der Partei mit – sie fußte demnach auf vielen bedeutenden Elementen aus der deutsch-völkischen Bewegung. Die Überschneidungen wurden durch damals aktuelle Entwicklungen angereichert, da die beiden stark miteinander verschränkten Kreise auch die Niederlage des Deutschen Reiches im Ersten Weltkrieg nicht akzeptierten (Puschner 2002, S. 24 f.). Insgesamt lag die gemeinsame Schnittmenge jetzt in der Symbiose der Ablehnung jeglicher internationaler Vereinbarungen und in der rassistischen Politik (ebd., S. 27), die sich durch den Überbau einer angeblichen jüdischen Weltverschwörung in einem völkischen Antisemitismus kristallisierte.

Mit den Pfadabhängigkeiten aus dem deutschen Kaiserreich und Entwicklungen kurz nach dem Ersten Weltkrieg zeigte sich, dass antisemitische Einstellungen auch zunehmend von den Mittel- und Unterschichten getragen wurden; möglicherweise, weil diese sich mit der Krise nach dem Ersten Weltkrieg und der Weltwirtschaftskrise in einem starken sozio-ökonomischen Abwärtstrend befanden und Angehörige der Gruppen sich in ihrem Status am meisten bedroht fühlten (Bergmann 2002, S. 71). Der Antisemitismus diente der NSDAP bei ihrem Aufstieg in den 1920er Jahren als Instrument der Propaganda, um den Unmut der Bevölkerung gezielt anzusprechen und zu lenken. Auf der Basis rassistischer Argumentation stellte sie jüdische Menschen als Feinde dar, die auch auf alltäglicher Ebene Missstände zu verantworten hätten und zu bekämpfen seien (ebd., S. 75). Die fanatische Überzeugung entwickelte sich zu einer Logik des ‚Überlebenskampfes', welche durchaus selbst religiöse[63] Züge enthielt (Punscher 2002, S. 29). Die instrumentelle Seite zeigte sich, als die NSDAP in den Jahren vor 1933 den Antisemitismus dazu einsetzte, um bei der Landbevölkerung und im Mittelstand Zustimmung zu gewinnen (Bergmann 2002, S. 92), denn mit diesem Begriff, nun gänzlich in politisch-ideologischer Form, wurde gleichermaßen ein Bündel von politischen radikalen Positionen (Antikommunismus, Republikfeindschaft, rassistisches Denken, Judenhass und Nationalismus [ebd., S. 91]) von der Partei zusammengeführt. Persönlich profitierten zudem nicht wenige NS-Anhänger nach 1933 materiell von der Enteignung der jüdischen Bevölkerung.

Eine wichtige Position in der Konstruktion und Entwicklung der ideologischen Orientierung der nationalsozialistischen Doktrin in Zeiten der Weimarer Republik kam Alfred Rosenberg (1892–1946) zu, der nach Überzeugung der internationalen Forschung einflussreichste Ideologe (Shirer 1960, S. 832) des späteren NS-Regimes. Rosenberg stammte aus einer baltischen Familie mit teilweise jüdischen Wurzeln, verbrachte den Ersten Weltkrieg abseits der militärischen Ereignisse aufgrund eines Studiums in Russland und erlebte dort die Oktoberrevolution 1917, die er ablehnte. Er probierte sich nach seiner Rückkehr in das Deutsche Reich im Dezember des Jahres 1918 (Cecil 1972, S. 7) in einer Vielzahl von Berufen aus, konnte jedoch bis 1920/1921 in keinem Bereich Fuß fassen (ebd., S. 5, 6). Mit diesen biografischen Voraussetzungen war die Aufnahme in die völkische Bewegung eher unwahrscheinlich; aufgrund seiner scharfen anti-jüdischen und anti-kommunistischen Einstellung, seiner schnell erlangten Kontakte zu Dietrich Eckart, der Zugehörigkeit völkischen Vereinen in München und dem Bayreuther Kreis von „*intellektuellen*"[64] Rassisten (Whisker 1982, S. 33), seiner Loyalität, sowie der frühen Mitgliedschaft in der NSDAP brachte er es dennoch in die Rolle als früher Mentor der ideologischen Zentralfigur Adolf Hitler (Shirer 1960, S. 832). In der Ausarbeitung der Parteigrundsätze zu Beginn der 1920er Jahre konnte sich Rosenberg bei der Gestaltung außenpolitischer Themen zentral positionieren und erlangte so 1933 die Stellung als Leiter des Außenpolitischen Amtes der NSDAP.

---

[63]„*Rassengeschichte ist deshalb Naturgeschichte und Seelenmystik zugleich; die Geschichte der Religion des Blutes aber ist, umgekehrt, die große Welterzählung vom Aufstieg und Untergang der Völker, ihrer Helden und Denker, ihrer Erfinder und Künstler.*" (Rosenberg 1934, S. 47)

[64]Dieser Kreis hatte eine eingeschränkte Mitgliedschaft auf Personen mit einem angeblich höherem Intellekt („[...] *highly restricted membership of superior intellectual ability* [...]"; Whisker 1982, S. 33).

Rosenbergs anti-jüdische Ansichten speisten sich aus einer später (1930) präzisierten spezifischen Interpretation und Symbiose a) der Hinterlassenschaften von Eckehart von Hochheim (1260–1328), der als Gründer der deutschen Mystik und Inspirator einer deutschen Religion von Rosenberg verehrte wurde (Whisker 1982, S. 55), b) den politisch umgedeuteten, philosophischen Ausführungen Friedrich Nietzsches (1844–1900), c) dem „wissenschaftlichen" Rassismus' Houston Stewart Chamberlains (1855–1927) und d) dem als authentisch dargestellten Basisdokument der *„Protokolle der Weisen von Zion"* (vgl. Benz 2007), welches er möglicherweise bereits aus seiner Zeit in Russland kannte (ebd., S. 33). Ab spätestens 1921 wurde er Autor bei der Parteizeitung der NSDAP, dem *„Völkischen Beobachter"* (Cecil 1972, S. 7), und kam dort in den Folgejahren in die Rolle des Herausgebers. Hier gab er erstmalig im Jahr 1923 einen Kommentar mit Übersetzung der *„Protokolle der Weisen von Zion"* heraus (Rosenberg 1924). Die zentralen Themen seiner Publikationen blieben die anti-jüdische und die anti-bolschewistische Propaganda, weshalb er Zeit seines Wirkens versuchte, seine Herkunft aus der russisch regierten, baltischen Region nicht zu thematisieren. Auch sah er dadurch seine Familie dort gefährdet (Cecil 1972, S. 7).

Alfred Rosenberg war von der Wichtigkeit der Religion für die menschliche Identität überzeugt (Bärsch 2002, S. 224) und steht für jenen Strang der NS-Ideologen, welche das Christentum in wenigen Teilen in eine neue Religion integrieren wollten, die christlichen Kirche jedoch durch die Bildung einer neuen, völkisch-germanischen (ebd., S. 223) Kirche ersetzen wollten. Mit dieser ethnisch definierten Version, die Führerkult und rassistischen Nationalzentrismus beinhaltete, distanzierte er sich jedoch so weit von den christlichen Dogmen (ebd., S. 224), dass dies mit der Neugründung einer Religion (mit biografisch begründeten christlichen Referenzen) gleichzusetzen ist[65].

Auf die sog. *„Protokolle der Weisen von Zion"* bezog sich anschließend auch das zentrale ideologische Werk der NS-Bewegung, Adolf Hitlers *„Mein Kampf"*, welches in zwei Büchern in den Jahren 1925/1926 erschien. Hier spiegelten sich die grundlegenden Überzeugungen der Verbindung von Antisemitismus und rassistisch begründeter Überlegenheit wider. Der Autor propagierte darin eine Form des Antisemitismus', die sich in völkischer Definition zentral gegen die Gruppe der Juden richtete, erfasste mit dieser ‚Rassentheorie' jedoch

---

[65]Dieser Punkt ist bedeutend in der Beurteilung der Zuordnung in das Kategoriensystem von Linz (1996).

auch muslimische Araber (Mallmann und Cüppers 2011, S. 43). Nach einer Analyse des Textes hinsichtlich dieser Gruppe fällt zunächst auf, dass sie nur in äußerst wenigen Abschnitten behandelt wurde. Sie fielen durch die in Hitlers Logik politisierte Verkürzung des Begriffs Antisemitismus zwar nicht mehr in diese Kategorie, befänden sich jedoch auf der anderen Seite auch nicht auf gleichen zivilisatorischem Niveau wie die eigene Gruppe, wie nachstehende Zitate belegen. So wurden muslimische Araber in den hinteren Abschnitten des Buches in Betracht gezogen, wenn internationale Kooperationen, im vorliegenden Duktus ‚verschiedener Völker', thematisiert werden. Eine Zusammenarbeit wurde in diesem Fall insgesamt ausschließlich kurzfristig und instrumentell begründet und liege „(…) *niemals in einer gegenseitigen Hochachtung oder gar Zuneigung begründet, sondern in der Voraussicht einer Zweckmäßigkeit für beide Kontrahenten. (…) allein die Kunst eines leitenden Staatsmannes zeigt sich eben gerade darin, für die Durchführung eigener Notwendigkeiten in bestimmten Zeiträumen immer diejenigen Partner zu finden, die für die Vertretung ihrer Interessen den gleichen Weg gehen müssen.*" (Hitler 1943, S. 698).

Anhand des Beispiels Indien äußerte sich Hitler pessimistisch, dass auch muslimische Araber in ihrer Region gegen das britische Kolonialreich, einem Konkurrenten in den Weltmachtsfantasien der NS-Ideologen, vorgehen würden:

Genau so kümmerlich sind die Hoffnungen auf den sagenhaften Aufstand im Ägypten. Der ‚Heilige Krieg' kann unseren deutschen Schafkopfspielern das angenehme Gruseln beibringen, daß jetzt andere für uns zu verbluten bereit sind (…). Es ist eben eine Unmöglichkeit, einen machtvollen Staat (…) durch eine Koalition von Krüppeln zu berennen. Als völkischer Mann, der den Wert des Menschentums nach rassischen Grundlagen abschätzt, darf ich schon aus der Erkenntnis der rassischen Minderwertigkeit dieser sogenannten ‚unterdrückten Nationen' nicht das Schicksal des eigenen Volkes mit dem ihren verketten (ebd., S. 747).

Es bleibt festzuhalten, dass muslimische Araber in den ideologischen Ausführungen Adolf Hitlers äußerst wenig Beachtung erfuhren. Der umfänglichen Widmung um Verschwörungsmythen mit jüdischem Bezug stehen in der gesamten Publikation mit 782 Seiten nur diese wenigen Textzeilen gegenüber, die sich auf die Zielgruppe unserer Untersuchung beziehen. Folglich konnte vom Standpunkt des zentralen Werks der NS-Doktrin eine Kooperation mit muslimischen Arabern nur auf instrumenteller Basis vollzogen werden, wenn sie überhaupt innerhalb dieser Erwägungen eine Rolle spielte.

Jenen Kapiteln weit nachgelagert, welche die zentralen Elemente seiner ideologischen Orientierung, *„Volk und Rasse"* (ebd., S. 311) sowie einen daraus definierten Staat[66] beschreiben, äußert er sich auch hinsichtlich traditioneller christlicher Kirchen im Deutschen Reich. Zunächst ging es Hitler darum, aufgrund der sozialen Verankerung der Kirchen diese nicht offen zu attackieren, ihre Anhänger als Wähler der NSDAP zu umwerben und keine konfessionellen Streitigkeiten zuzulassen – es galt in einem ersten Schritt, eine Linie der Neutralität zu wahren: *„Denn jüdisches Interesse ist es heute, die völkische Bewegung in dem Augenblick in einem religiösen Kampf verbluten zu lassen. (…) Es konnte in den Reihen unserer Bewegung der gläubigste Protestant neben dem gläubigsten Katholiken sitzen, ohne je in den geringsten Gewissenskonflikt geraten zu müssen."* (ebd., S. 632). Im Text des Buches finden sich eine Vielzahl von Stellen mit Gottesbezug (so z. B. *„Gott sei Lob und Dank"*; ebd., S. 537), sodass dieses Merkmal der traditionellen Religiosität bei ihm persönlich neben einer neuen, öffentlich proklamierten völkisch-rassistischen Doktrin in den frühen Jahren seiner politischen Tätigkeit dennoch ausgeprägt erschien.

In der Doktrin weiterhin ausgeführt, strebte Adolf Hitler in einem zweiten Schritt die Etablierung einer *„(…) völkischen Weltanschauung (…)"* (Bärsch 2002, S. 271) innerhalb der Bevölkerung eines ethnisch-homogenen deutschen Staates an, die sich über das evangelische und katholische Christentum in der Identitätsstiftung legen und diese in einem dritten Schritt ablösen sollte: *„Für die Zukunft der Erde liegt aber die Bedeutung nicht darin, ob die Protestanten die Katholiken oder die Katholiken die Protestanten besiegen, sondern darin, ob der arische Mensch ihr erhalten bleibt oder ausstirbt."* (Hitler 1943, S. 630). Insgesamt beschäftigte sich Hitler nicht intensiv oder gesondert mit dem traditionellen Christentum und seinen Dogmen, sondern brachte Gedanken über die Katholische und Evangelische Kirche als Organisationen an jenen Stellen selektiv in die Erzählung seines Textes ein, an denen er sich mit strategischen Zielsetzungen der nationalsozialistischen Partei befasst.

Eine weitere zentrale Publikation, welche die Festigung und Steigerung der Kohärenz der NS-Ideologie zum Ziel hatte, gab im Jahr 1930 der oben vorgestellte Alfred Rosenberg heraus. Das in drei Bücher geteilte Werk *„Der Mythus des 20. Jahrhunderts"* verfolgte wie Adolf Hitlers *„Mein Kampf"* und in Ergänzung zu diesem in deutsch-völkischer Tradition das Ziel, die NS-Ideologie als kohärente, umfassende *„Weltanschauung"* (Rosenberg 1934, S. 45) zu präsentieren. Hier legte der Autor einen mühevoll zu lesenden – da auf Sagen (so z. B. ebd., S. 220) und äußerst selektiver Geschichtsdeutung basierenden – Text vor, der

---

[66]Der Staat habe *„(…) die Rasse in den Mittelpunkt des allgemeinen Lebens zu setzen."* (Hitler 1943, S. 446).

in quasi-wissenschaftlicher, historisierender Form auf die zentralen Kategorien ‚Rasse' und ‚Volk', sowie ‚Reich' und ‚Führer' (Bärsch 2002, S. 53) zuführt. So mündete sein oben erläuterter, biografischer Hintergrund im völkischen Milieu in dieser schriftlichen Zusammenstellung in einer ideologischen Orientierung, in der die Kategorien *„Volk und Rasse höher als den jeweiligen Staat und seine Formen"* (Rosenberg 1934, S. 594) positioniert wurden. Dem Staat obliege dabei die „(…) *rücksichtsloseste Durchführung des Volks- und Rassenschutzes."* (ebd., S. 629).

Alle drei Bücher fokussieren in der Folge stark auf selektive Interpretationen der Geschichte und vermeintliche Bedürfnisse der eigenen Gruppe in den Themenbereichen *„Volk und Staat"* (ebd., S. 574 ff.) sowie Neukonstruktion einer ‚nordisch-christlichen Kirche' aus einer Symbiose germanischer Mythen (ebd., S. 252 ff.) und umgedeuteter Dogmen des Christentums (ebd., S. 187 ff.) innerhalb des Überbaus der Zentralperspektive der *„Rasse"* (ebd., S. 45 ff., 315 ff.). Dies geschieht in ständiger Auseinandersetzung mit den traditionellen christlichen Kirchen, die unter Angabe vieler Gründe in ihrer zu dieser Zeit bestehenden Form abgelehnt werden: Im Mittelalter hätte die Katholische Kirche im deutschen Kaiserreich ihre Blütezeit erlebt, als weltliche Herrscher unter einer „(…) *Sammlung der Deutschen* (…)" (ebd., S. 226) diese anführten. Die Evangelische und die Katholische Kirche im Deutschen Reich hätten sich als Aufgabe für die Zukunft nun wieder mit der Bildung einer *„deutschen Volkskirche"* (ebd., S. 654 ff.) zu vereinigen und sollten dem „(…) *arischen Gedanken der Gottgleichheit der Seele* (…)" (ebd., S. 11) dienlich sein; d. h. sich in Dogma und Organisation grundsätzlich zu wandeln und ausschließlich der rassistisch-völkischen Ideologie der Nationalsozialisten zu folgen.

Dem antisemitischen Weltbild der völkischen Bewegung folgend erhielt auch die jüdische Gruppe in den ideologischen Darlegungen Rosenbergs zentralen Charakter, wurde als eines „(…) *uns stetig feindlichen Parasitenvolkes."* (ebd., S. 34) verunglimpft und zur zentralen Gegenfigur der eigenen Gemeinschaft aufgebaut. So erfolgte im Text oft der Rückgriff auf bekannte Verschwörungstheorien, wenn die „(…) *Börsen- und Finanzwissenschaft* (…)" als „(…) *Zahlenzauberei* (…)" zur „(…) *systematisch durchgeführten Störung* (…)" erklärt wurde, die „(…) *rein jüdisch* (…)" (ebd., S. 153) dominiert sei. Die Konstruktion eines apokalyptischen Konfliktszenarios auf globaler Ebene mit dieser Gruppe wurde von Rosenberg mit der Verbindung der Erzählung vom „(…) *Weltmachttraum des Judentums* (…)" (ebd., S. 504) und Zuschreibungen von negativen Charaktereigenschaften einer „(…) *jüdischen Gegenrasse* (…), *die parasitäre Lebensbetätigung* (…)" (Rosenberg 1934, S. 510) praktiziere, angelegt. Diese negativen Zuschreibungen bündelten sich letztendlich in einer Darstellung, die essenziell auf eine Charakterisierung als *„Satan-Natur"* (Bärsch 2002, S. 267) zulief.

Die ausführlichen Darlegungen und die Zentralität der Kategorien Rasse, Volk, Reich und Führer sowie das Einweben des deutsch-völkischen Antisemitismus' ließen anderen Themen und Gemeinschaften jenseits dieses Horizonts im Text sehr wenig Raum. So sind auch, trotz Umfang und Anlage als Weltsystemtheorie, Äußerungen zum Islam, zum Nahen Osten oder zu muslimischen Arabern äußerst rar. Muslimische Araber bekamen von Rosenberg insgesamt nur an drei wesentlichen Stellen Aufmerksamkeit, die jedoch seine Einstellungen hinsichtlich ihrer Religion und ihrer Kultur recht eindeutig aufhellen: Die erste Erwähnung findet unter dem Thema Kunst und Architektur statt, wenn im Vergleich zur jüdischen festgestellt wird, dass die Gesamtheit der islamischen Bauwerke wie Moscheen *„(...) über die innere seelische Armut nicht hinwegtäuschen."* (ebd., S. 408) könnten. Er fährt fort, dass *„Das meiste Große aber welches der Islam auf seinem Gang durch die Welt uns hinterlassen hat (...) erkennen wir heute als Entlehnung aus fremdem Geiste, er stamme nun aus Griechenland, Iran oder Indien."* (ebd.). So sei der Islam ein System und weniger Religion, dessen Wirken *„(...) nicht wirklich schöpferisch (...)"* (ebd.) genannt werden könne – und nach Rosenbergs Weltanschauung damit große Parallelen mit ‚der jüdischen Religion und Kultur' aufzeige. Der Autor spricht dem Islam weiterhin ein eigenes Epos, eine eigene Musik oder eine bestimmte Architektur ab – bemerkt jedoch das *„Arabeske"* (ebd., S. 410) daran – und charakterisiert in der NS-eigenen Kollektivlogik ‚den Araber' einheitlich und speziell als *„(...) eigenartigen Charakter, (...) nur nicht als schöpferischen Menschen."* (ebd., S. 408).

Die zweite Erwähnung der muslimischen Araber findet innerhalb der Bewunderung für ihren vermeintlich religiös bedingten, konflikthaften Charakter statt, der mit der übergeordneten historischen Erzählung des Überlebenskampfes von Rassen verbunden wird. Der Islam ist in dieser Denkweise *„(...) fanatisch bis zur Selbsthingabe (...)"* (ebd., S. 721), und habe sich *„(...) fremde Unterrassen (...)"*[67] (ebd.) des Vorderen Orients zum Werkzeug gemacht, um Indien zu erobern. Als dritter Punkt wird aber auch festgestellt, dass die islamische und insbesondere arabische Welt zersplittert sei; *„(...) in Arabien toben erbitterte religiöse Fehden zwischen verschiedenen Sekten (...)"* (ebd., S. 722), in den religiösen Zentren wie Kairo regiere eine radikale *„(...) heftige geistige Angriffsstimmung (...)"* (ebd., S. 723), die von der Jugend getragen würde, moderne Züge trage

---

[67]Rosenberg geht auf die zentrale Paradoxie des Topos der Gegenüberstellung von Islam und sog. ‚fremden Unterrassen' nicht weiter ein.

sowie „(…) *antieuropäisch, antichristlich* (…)" (ebd.) sei. Insgesamt betrachtet Alfred Rosenberg den Islam als Bedrohung für den Kolonialismus der europäischen Imperien, da er die unterdrückten Menschen – in seiner Sicht ‚rassisch minderwertig' – in den Kolonien an sich binde und sie im „(…) *fanatischen Geiste Mohammeds* (…)" (ebd., S. 724) gegen die Kolonialmächte aufbringe. England als Vertreter der „(…) *weißen Rassen* (…)" solle auch im Nahen Osten „(…) *Schützer des nordischen Europas vor dem Einbruch Vorderasiens* (…)" (ebd.) sein und die „(…) *islamische Kraft* (…)" (ebd.) einhegen und zurückdrängen.

Zusammengefasst setzen sich im zentralen ideologischen Dokument von Rosenberg nur neun von 702 Textseiten teilweise mit dem Islam und/oder mit arabischen Muslimen auseinander. Zu diesen wenigen Textstellen ist zu konstatieren, dass sich der Autor zudem in sehr erniedrigender Weise über die Gruppe äußert. So kam sie aus ideologischer Perspektive für eine Kooperation nicht infrage; eher stellte sie eine Bedrohung für die eigene Gemeinschaft dar. Anhand der Ausführungen wurde verdeutlicht, dass auch Rosenberg die instrumentelle Seite des Islams ins Zentrum seiner Überlegungen rückte und ideologisch eine Distanzierung von Muslimen und Arabern des Nahen Ostens vornahm.

In der Zusammenfassung kann aus der Perspektive der ideologischen Orientierung grundlegender Schriften der NS-Doktrin demnach eine Zusammenarbeit mit Amin al-Husseini, der sich als führenden muslimischen Araber Palästinas darstellte, eher ausgeschlossen werden, zumindest in ihrer Interpretation bis zum Jahr 1933. An dieser Stelle ist zudem zu beachten, dass auch Alfred Rosenbergs zentrales Buch „Der Mythus des 20. Jahrhunderts" dahin gehend eingeordnet werden muss, dass es zwar „*Die umfänglichste Vereinigung völkischer, antisemitischer und rassistischer Ideologeme zu einer quasireligiösen Weltanschauung* (…)" darstellt, jedoch „(…) *weder vom ‚Führer', noch von seiner Anhängerschaft, noch gar vom Publikum ernstgenommen.*" (Hartung 1996, S. 41) wurde. Die angesprochenen Verwerfungen in Bezug auf die Ausführungen Rosenbergs zeigen zusätzlich einmal mehr die grundlegenden Ambivalenzen in den Beziehungen unter den Führungspersönlichkeiten des NS-Systems, die sich letztendlich bis in den Bereich der Ideologie zogen.

Mit der Machtergreifung der NSDAP und dem Beginn des Terrorregimes ab Ende Januar 1933 identifizieren wir nach der Ausbildung (bis 1918) und Festigung (1918–1933) die dritte Phase (der Realisierung) in der Entwicklung der NS-Ideologie[68]. Nun konnte sich die ideologische Orientierung der Partei – auch

---

[68]Siehe zur Periodisierung auch Hartung (1996, S. 28).

mit den in diesem Kontext wichtigen Elementen der *„Funktionalisierung des Islam"* (Höpp 1994, S. 437) und dem sukzessiven Ersatz der traditionellen christlichen Kirchen – in der Realität entfalten.

Betrachtet man zunächst die Seite der Innenpolitik hinsichtlich der Muslime im Deutschen Reich, so entsprachen die tatsächlichen Entwicklungen den Darlegungen in den erörterten ideologischen Schriften: Aufgrund der verbalen und schriftlichen Äußerungen, der alltäglichen realen harten Ausgrenzungen von Ausländern, jedoch insbesondere durch die öffentliche Judenverfolgung ab 1933 befürchtete auch die muslimische, insbesondere die allochthone Gruppe ähnliche Maßnahmen gegen sie. So verließen Personen, die zu diesem Kreis gehörten, mit der Machtergreifung der NSDAP mehrheitlich das Land (Steinke 2015, S. 57) und der islamische Faktor in der Bevölkerung war in der Folgezeit in statistischen Erhebungen wie der Volkzählung vom Mai 1939 kaum messbar (Junginger 2012, S. 99). So kann die instrumentelle Außenpolitik des NS-Regimes mit beginnender Kooperation mit nationalistischen Regierungen im Nahen Osten den ideologischen Vorbedingungen und innenpolitischen Entwicklungen gegenübergestellt werden – generell entfernte sich Hitler jedoch von jenen politischen Sympathien, die es noch am Ende des Kaiserreiches gegeben hatte (Breidecker 2015, S. 13; Oppenheim 1914).

Die Durchsetzung der ideologischen Orientierung war auch an der Politik des NS-Regimes gegenüber den traditionellen christlichen Kirchen im Deutschen Reich abzulesen: Sie selbst sollten als Werkzeug in einer Übergangsperiode verstanden werden (Shirer 1960, S. 280). Ein großer Teil der führenden Schicht der NS-Ideologen und des engsten Kreises um Adolf Hitler, wie Alfred Rosenberg, aber auch Martin Bormann, Joseph Goebbels und Heinrich Himmler, waren zwar gottgläubig, jedoch davon überzeugt, dass die christliche Ethik der ideologischen Orientierung des NS-Regimes fundamental widerspreche (Cecil 1972, S. 84). Sie trieben letztendlich den Plan voran, das katholische und protestantische Christentum in ihrem Machtbereich zu instrumentalisieren, zu zersetzen (May 1991, S. 614) und als erwünschten Endpunkt schließlich durch die NS-Doktrin mit irdischem Führerkult zu ersetzen (Herbert 1985, S. 233, 234). Demnach begann in der dritten Phase der Entwicklung der NS-Ideologie, der Realisierung, der sogenannte ‚Kirchenkampf' (ebd., S. 50). Dieser hatte die Ziele, die Kirchen gleichzuschalten, dem ideologischen Gebäude der NSDAP anzupassen und als (Manipulations-) Organ bei der Beeinflussung der Bevölkerung behilflich zu sein[69].

---

[69]Der hohe Grad der Instrumentalisierung dieser Institutionen zeigt auch der Umgang mit der Katholischen Kirche im besetzten Polen ab September 1939. Heinrich Himmler äußerte in diesem Zusammenhang, die katholischen polnischen Priester hätten ausschließlich die Funktion, die Bevölkerung des Landes unwissend und ruhig zu halten (Shirer 1960, S. 938).

Auf der Seite der Beziehung zur Katholischen Kirche war neben Versuchen der ‚Inklusion' von Mitgliedern und der repressiven Verständigung mit Strukturen der Katholischen Kirche (Abschluss Reichskonkordat am 20.07.1933[70]) die generelle Leitlinie zu beobachten, große Teile als bedrohlichen Akteur aufzufassen, der an den Rand der Gesellschaft gedrängt und überwacht wurde. Die Evangelische Kirche sah sich ebenfalls diesen repressiven Maßnahmen ausgesetzt, aufgrund von Überschneidungen eines Teils ihrer Angehörigen mit der völkischen Bewegung aus dem Kaiserreich (Lächele 1996, S. 149) kam sie jedoch für die NS-Ideologen als Keimzelle einer anvisierten ‚nordischen Kirche' in Betracht. Bis 1933 gab es zunächst erhebliche Differenzen zwischen den Strukturen der Evangelischen Kirche im Deutschen Reich und der völkischen Bewegung, die eine neue Religion begründen wollte. Auf der anderen Seite existierten bereits vor der Machtergreifung nationalistische Tendenzen innerhalb beider Kirchen, die eine Position der Symbiose ergaben, welche unter dem Begriff ‚Deutsches Christentum' alle erfassen sollte, „(…) *die aus einem „römisch verfälschten" Christentum ein germanisches Christentum entwickeln oder einen germanischen Kern wiederentdecken wollen.*" (Lächele 1996, S. 152)[71]. Die NSDAP versuchte, sich an diese Tendenzen in der Evangelischen Kirche anzuschließen und stieß auf hier auf große Aufnahmebereitschaft. Bereits in den Jahren 1927 wurde von evangelischen Pfarrern die *„Thüringer Kirchenbewegung Deutsche Christen"* gegründet (Herbert 1985, S. 32), die dem rassistischen Gedankengut der NSDAP nahe stand und den Kontakt zur Partei suchte. Aus weiteren regio-

---

[70]Welches unter den Bedingungen von Repressionen gegen die Katholische Kirche im Deutschen Reich und der schwankenden Haltung von Papst Pius XI. (1857–1939) zum deutschen NS-Regime zustande kam.

[71]Siehe die frühen Hauptvertreter der Idee einer ‚Germanisierung des Christentums' wie den evangelischen Pfarrer Arthur Bonus (1864–1941) oder den Katholiken Max Bewer (1861–1921), der in seiner 1907 veröffentlichten Schrift behauptete, Jesus wäre Deutscher mit arischer Abstammung sowie Antisemit gewesen: *„Wie Christus zu seinem deutschen Blute zurückgekehrt ist, hat das Christentum den Weg zu seiner deutschen Heimat gefunden."* (Bewer 1907, S. 31). *„Christus hat also eine Degradation des jüdischen Volkes (…) vorausgesagt (…). Luther selbst (…) hat dem antisemitischen Sinn dieser Worte gewiß nicht fern gestanden (…)"* (ebd., S. 32). Im Rahmen der hier dargelegten Konstruktion bescheinigte er Jesus Christus gar ‚idealtypische deutsche Wesenszüge': *„Er ist deutsch, wenn man über sein Wesen volle Rechnung macht. Ja, das deutsche Doppelblut bewirkte in Christus (…) eine Potenzierung der seelischen Kräfte, die weit über das gewöhnliche Maß des Deutschtums hinausreicht."* (ebd., S. 37). Beide Akteure waren in ihren Kirchen vor dem Ersten Weltkrieg in einer Außenseiterposition, da sie offiziellen Stellungnahmen der Kirchen widersprachen.

nalen Vereinigungen gründete sich auf nationaler Ebene 1931 der Zusammen-schluss ‚Deutsche Christen' (DC); durch den Übertritt immer weiterer Teile der Anhängerschaft wurde die DC die stärkste politisierte Bewegung innerhalb der Evangelischen Kirche im Deutschen Reich (ebd, S. 72) und profitierte vom Auf-schwung der NSDAP. In Reaktion darauf kam es im September 1933 in Berlin zum Zusammenschluss oppositioneller evangelischer Geistlicher zum *„Pfarrer-notbund"* und im Frühjahr 1934 zur Bildung der *„Bekennenden Kirche"* (ebd., S. 97) auf nationaler Ebene, dessen Vertreter sich öffentlich gegen die NS-Ideo-logie aussprachen. In der Folge wurden aktive Mitglieder dieser kirchlichen Oppositionsgruppen von den NS-Sicherheitsbehörden großen Repressalien aus-gesetzt und konnten somit keine große Reichweite entfalten (ebd., S. 135). Ins-gesamt kann die Beziehung zwischen dem nationalsozialistischen Regime und den beiden traditionellen christlichen Kirchen im Deutschen Reich zwischen 1933 und 1945 mit den Merkmalen der einseitigen Manipulation und Unter-drückung umrissen werden, denen sich der Großteil der Angehörigen der Evange-lischen Kirche nicht widersetzte, sondern als aktives Element involviert war.

Ein erster Versuch, in der Phase der Realisierung der Ideologie eine Ersatz-religion zu begründen, wurde zunächst sechs Monate nach der Machtergreifung im Juli 1933 unternommen. Zur Etablierung der völkischen Doktrin als Konkurrenz-Symbolsystem zu den christlichen Kirchen gründete sich die staat-lich unterstützte *„Deutsche Glaubensgemeinschaft"* mit antiklerikal-aggressivem Auftreten (Junginger 2012, S. 67 ff.). Sie war ein Sammelbecken zur Gleich-schaltung vorher einzeln agierender, sektenähnlicher Organisationen, die sich vor- und antichristlich geprägten Abstammungsideologien verschrieben (Nanko 1993, S. 178) und das gemeinsame Ziel verfolgten, eine neugestaltete ‚arisch-nordische Religion' zu begründen – in der überwiegenden Mehrheit in radikaler Abgrenzung zu den traditionellen christlichen Kirchen. In den Folge-jahren schaffte es die *„Deutsche Glaubensgemeinschaft"* jedoch nicht, ein Konkurrenzsystem zu diesen zu etablieren, da ihre Mitgliederzahl zu gering und die Interessen zu divers waren, um eine erfolgreiche neue religiöse Bewegung zu begründen: Sie „(...) *war im Mai 1939 auf eine Größe bar jeder statistischen Relevanz geschrumpft."* (Junginger 2012, S. 99).

Weitere bedeutende Elemente des kollektivistischen ideologischen Modells der NSDAP, die hier in Bezug zur Religion allgemein und insbesondere zum Islam als wichtig erscheinen, waren neben dem Antisemitismus und der Ersetzung (der Organisation und universalen Werte) der christlichen Kirchen a) der religionsähnliche Führerkult, b) die Zentralisierung und Sakralisierung der (handwerklichen) Arbeit als Dienst an der Gemeinschaft (mit der Konsequenz der Einordnung des Arbeitnehmers in die Kategorie des Leibeigenen) (Shirer 1960,

S. 263) und c) ein gewisser Grad an Okkultismus in ideologischen und weltlichen Belangen[72], der von 1933 bis 1945 nicht abnahm, sondern Kontinuität in vielen Bereichen erhielt (Kurlander 2017, S. 263). Insbesondere Heinrich Himmler sah okkulte Betätigungen als einen Beitrag an, die den Krieg beeinflussen könnten, und sammelte unzählige, aus seiner Sicht sakrale, Gegenstände mit diesem Bezug. In dieser Entwicklung ließ er am 01.07.1935 die *„Forschungsgemeinschaft Deutsches Ahnenerbe"* als privates, pseudo-wissenschaftliches Institut mit dem Ziel gründen, die rassistischen Überlegenheitstheorien des NS-Regimes mit vermeintlich ‚objektiven Beweisen' zu unterlegen (Bundesarchiv 2013). Dort folgte man jedoch zunehmend Mythologien (Puschner 2002, S. 29) in der individuellen Auslegung Himmlers sowie weiterer pseudo-wissenschaftlichen, obskuren Praktiken; demnach galt die Organisation fortan hauptsächlich als persönliches Machtinstrument des obersten Kommandeurs der SS. Dieser Institution kommt später eine wichtige Rolle bei der ethnischen Zuordnung der Muslime Jugoslawiens aus Sicht des NS-Regimes zu, welches ab 1943 mit der Gründung von SS-Divisionen mit muslimischen Rekruten in Bosnien-Herzegowina und Albanien die angesprochene Gruppe in ihre militärischen Projekte einbeziehen wollte und deshalb innerhalb der Rassenideologie mit einer neuen Kategorisierung versah.

Ein weiteres bedeutendes innenpolitisches Datum für die Beziehung zwischen dem NS-Regime und arabischen Muslimen waren die Nürnberger Gesetze vom 15.09.1935, mit denen es zunächst Juden verboten wurde, Deutsche im Sinne der völkischen Ideologie zu heiraten. Damit fand der Versuch einer Selektion der jüdischen Bevölkerung und einer endgültigen Separation der Gruppe aus der Gesellschaft statt. Zwei Monate später wurden diese Gesetze mit zwei Folgeverordnungen auch auf nicht-jüdische Gruppe ausgedehnt, indem es Deutschen nun auch verboten wurde, *„(...) Personen ‚fremden Blutes', welche keine Juden waren, zu heiraten oder sexuelle Beziehungen zu ihnen zu unterhalten."* (Friedländer 2000, S. 170). So wurden nicht-deutsche, auch arabische Muslime, den sog. ‚rassisch minderwertigen' Gruppen zugeordnet und sahen sich auch im Alltag spätestens ab 1935 ähnlichen Ausgrenzungen und Verfolgungen ausgesetzt, so denn sie keine Sondergenehmigungen vorweisen konnten. Die Nürnberger

---

[72]So kann die ideologische Orientierung der NSDAP und des NS-Regimes neben der politischen und religiösen Einordnung (Linz 1996; Bärsch 2002) auch durch die Perspektive des Okkulten analysiert werden, nach der übernatürliches Denken, okkulte Riten und esoterische Wissenschaft nicht vom NS-Projekt zu trennen sind (Kurlander 2017: Hitler's Monsters. A Supernatural History of the Third Reich, S. 131 ff., 298).

Gesetze hatten demnach zwei wichtige Konsequenzen, die den Zielen der arabischen Muslime, insbesondere jenen der nationalistisch eingestellten in Palästina,
zu dieser Zeit in ihren Kernthemen fundamental widersprachen: Erstens förder-
ten sie die jüdische Migration aus Mitteleuropa nach Palästina mit der Wirkung,
dass ihre Siedlungen dort gestärkt wurden, da das Netzwerk professioneller
Berufe unter der jüdischen Bevölkerung stieg (Gilbert 1998, S. 78, 79). Zweitens
wurden durch die Gesetze erneut die Identitäten[73] der arabischen Muslime des
Nahen Ostens diskreditiert, da die Gruppe generalisierend die Bezeichnung und
Einstufung als *„fremdrassig"* oder *„minderwertig"* (Friedländer 2000, S. 170)
erhielt.

Zusammenfassend ließen sich in der Doktrin und im Handeln des deutschen
nationalsozialistischen Regimes keine substanziellen (und ausschließlich par-
tikulare strategisch-instrumentelle) Gründe finden, die eine Kooperation mit
Anhängern anderer Weltanschauungen oder Angehörigen anderer Gruppen (‚Rassen'), einschließlich der muslimischen Araber, rechtfertigten würden. Weiterhin
sind neben der innen- und außenpolitischen Implementierung des völkischen
Antisemitismus zwischen 1933 und 1941 die Strukturen der Beziehungen zu
den Großmächten Großbritannien und Italien essenziell, um die Nahostpolitik
des NS-Regimes und die weitgehende Ignoranz für Interessen der muslimischen
Araber zu verstehen[74]. Nach dem Beginn des Zweiten Weltkriegs im September
1939 hielt dieser Zustand an, obwohl nun vereinzelt und in geringem Umfang
mit arabisch-nationalistischen Muslimen im Nahen Osten kooperiert wurde. In
der NS-Doktrin fanden vorerst keine Änderungen statt und so wurde der Versuch
der Einbeziehung von Angehörigen islamischer Gruppen in den Krieg oder eine
religiöse Einflussnahme im Nahen Osten noch am 25. Juli 1940 in der Korrespondenz zwischen Max von Oppenheim und dem Auswärtigen Amt von beiden
Seiten abgelehnt (Höpp 1994, S. 438).

Diese Haltung wurde bis zur Wendung im Weltkriegsverlauf zuungunsten
des NS-Regimes in den Jahren 1941/1942 aufrechterhalten, die zu einer letzten,
vierten Phase der offiziellen Relativierung der eigenen ideologischen Orientierung durch einen Wechsel in den praktischen Handlungen zwang (siehe zur Einordnung auch Gensicke 1988, S. 131). Ab 1940/1941 übernahm die SS unter
Heinrich Himmler die sog ‚Islampolitik' vom Auswärtigen Amt (Höpp 1994,

---

[73]Mit Verweis auf die Vielfalt der existenten Formen der Selbstzuschreibung politischer,
kollektiver und individueller Identität vor Ort.

[74]Siehe auch Abschn 3.1.2 *Muslime und Juden im Kaiserreich und der Weimarer Republik.*

S. 439) und begann den Versuch, islamische Glaubenslehre und NS-Doktrin in Verbindung zu bringen. Im weiteren Verlauf bemühte sich die Seite der NS-Ideologen mit der Ankunft Mohammed Amin al-Husseins in Berlin am 06.11.1941 (ebd., S. 278) und der offiziell propagierten Zusammenarbeit am 10.12.1941 in der deutschen Wochenschau verstärkt darum, eine Annäherung der Ideologie an die Islamauslegung des Muftis zu erreichen. Amin al-Husseini persönlich wurde von führenden NS-Eliten mit der Ausnahme Heinrich Himmlers bis 1945 gemieden[75], die Kooperation sollte jedoch nun auch auf ideologisch-religiöser Ebene propagandistisch eine Rechtfertigung und Verarbeitung erfahren, mit dem Ziel, muslimische Gruppen in umkämpften Regionen anzusprechen.

3.3   Voraussetzungen der Zusammenarbeit

Die politischen und gesellschaftlichen Bedingungen für eine Kooperation zwischen dem NS-Regime und der politischen und religiösen Führungsfigur Mohammed Amin al-Husseini aus Palästina deuten bis zu den Anfängen der Kontakte 1933 und sogar bis zum Beginn der engeren Kooperation 1941 auf nur wenige feststellbare historische Pfadabhängigkeiten als Basis.

Aus der Sicht der arabisch-palästinensischen Muslime und ihrer Eliten gab es, von wenigen Ausnahmen abgesehen[76], in früherer Zeit aufgrund der Herrschaft durch die Osmanen und ab 1917/1918 durch Großbritannien nur sehr wenige direkte und indirekte traditionelle Kontakte mit bedeutenden Akteuren im Deutschen Reich. Im politischen und außerpolitischen Bereich dominierten im Nahen Osten in ideologischer Hinsicht in den 1920er und 1930er Jahren die Diskurse um Kolonialismus sowie Islam und Moderne, die sich in vielfältigen Formen von Pan-Arabismus und Pan-Islamismus bis hin zu nationalistischen Einstellungen äußerten. Hier war das Deutsche Reich nur bedingt involviert; zudem erwiesen sich die Interessen bedeutender Gruppen im Nahen Osten in sehr wenigen Teilen anschlussfähig an die deutsche nationalsozialistische Ideologie und die Handlungsweise ihrer Protagonisten. Aufgrund seiner Handlungen in Palästina und im Irak sowie seiner Positionierung in der Nähe des NS-Regimes wurde

---

[75]Es wurde kein weiteres Treffen veröffentlicht als die Begrüßungsszene Adolf Hitlers mit Amin al-Husseini

[76]So sind hier der Besuch des deutschen Kaisers in Palästina 1898, der Bau der Bagdad-Bahn ab 1903 oder die deutschen christlichen Siedlungen in Palästina zu nennen (siehe auch Abschn. 3.1.2 oder Wildangel 2007, S. 217 ff.).

Mohammed Amin al-Husseini ab den frühen 1930er Jahren auch im arabischen Raum mehr als Politiker denn religiöse Autorität wahrgenommen (Achcar 2012, S. 130), dessen ideologische nationalistische Orientierung und Huldigungen des deutschen Nationalsozialismus von der Mehrheit der arabischen Palästinenser wie von seinem eigenen Clan abgelehnt wurden (ebd.). An diesen Punkten ist seine praktische politische Isolation in den Heimatgebieten in den späten 1930er Jahren abzulesen.

Aus Sicht des NS-Regimes existierten als historische Basis zwar generelle politische und einige prestigeträchtige ökonomische Verbindungen des deutschen Kaiserreiches mit dem Osmanischen Reich, die jedoch aufgrund des Zusammenbruchs beider Staaten nach dem Ersten Weltkrieg in großen Teilen nicht fortgeführt wurden. Daran anschließend entwickelten führende NS-Ideologen und Politiker vor und nach 1933 keine spezifische Islam-Politik (Höpp 1994, S. 437), die innenpolitisch integrativ angelegt war oder außenpolitische und außenwirtschaftliche Kooperationen begründen konnte. Was später in beide Richtungen, innerhalb der Gesellschaft als auch außenpolitisch, in eine *„Funktionalisierung des Islam für die Politik"* (ebd.) münden sollte, war essenziell bis 1945 innenpolitisch eine reine Überwachung und Unterdrückung von ethnischen (und religiösen) Minderheiten, die sich aus der NS-Ideologie ableiteten. Im Deutschen Reich sahen sich arabische Muslime des Nahen Ostens, jenseits ihrer Loyalität zum NS-Regime, nach dem Januar 1933 scharfer Beobachtung ausgesetzt (siehe Abschn. 4.1) und wurden aus der Gesellschaft ausgeschlossen, wenn sie den rassistisch-phänomenologischen Vorgaben nicht entsprachen. So wanderten sie zum großen Teil aus (Steincke 1025, S. 57).

Ein Blick zu den außenpolitischen Handlungen des NS-Regimes erweitert das Bild, denn hier wird ein Vorrang kurzfristiger, weltlicher Machtinteressen vor monolithisch dargestellten ideologischen Erwägungen ersichtlich. Mit der Machtergreifung der NSDAP im Januar 1933 begannen Terror und Verfolgung für die jüdischen Bevölkerung im Land, sodass (zusammen mit Pogromen in Osteuropa, Einreisebeschränkungen in Staaten Westeuropas und Nordamerikas, jüdischen Siedlungsbewegungen im Nahen Osten und den Nürnberger Gesetzen von 1935) für einen großen Teil der Betroffenen nur die reale Option blieb, in Richtung Palästina auszuwandern. Diese Entwicklung entsprach bis 1940/1941 auch dem Willen der NS-Elite[77] (Achcar 2012, S. 19). Die absoluten Immigrations-

---

[77]Siehe in diesem Zusammenhang die Aufstellung einer Zentralstelle für jüdische Auswanderung in Wien 1938 zur erzwungenen Ausreise der jüdischen Bevölkerung aus Österreich oder die Errichtung einer gleichen Behörde in Prag im März 1939.

zahlen der Gruppe in den Küstenstreifen des östlichen Mittelmeeres erhöhten sich zusätzlich (Gensicke 1988, S. 44) und standen damit offensichtlich nicht in Einklang mit den politischen Vorstellungen Mohammed Amin al-Husseinis.

Ab diesem Zeitpunkt achteten die Außenpolitiker des NS-Regimes mit Blick auf die Region Naher Osten zudem stark auf die Interessen des Bündnispartners Italien unter Mussolini, der muslimische Araber als Gegner und zu unterdrückende Kolonialvölker einstufte (Gensicke 1988, S. 292). Weiterhin wurden Anstrengungen unternommen, um eine Kooperation mit der dort sehr aktiven Kolonialmacht Großbritannien zu initiieren, die am 18. Juni 1935 in ein Flottenabkommen mündeten (Mallmann und Cüppers 2011, S. 61). Auch diese Punkte sprechen gegen eine vorhandene Basis im praktisch-politischen Bereich. Den ersten Punkt einer Wende hin zu einer eigenständigeren NS-Politik im Nahen Osten brachten die verheerenden Unruhen in Palästina ab 1936 zwischen muslimischen und jüdischen Gruppen, die konkrete Handlungen zur Gründung eines jüdischen Staates mit sich brachten (ebd., S. 57). Damit verbunden markiert der zweite Wendepunkt die Entwicklung hin zu einem endgültigen Abwenden von Großbritannien; nun zeigten sich erste Anzeichen einer offiziellen außenpolitischen Annäherung an die muslimischen Araber. Ab Juli 1937 wurden mit Amin al-Husseini Kontaktpersonen ausgetauscht (Achcar 2012, S. 137) und aus den Jahren 1938/1939 sind Treffen der NS-Elite mit den Führern Saudi-Arabiens überliefert (ebd., S. 125). In diesem Sinne unternahm Adolf Eichmann (1906–1962) im Oktober 1937 eine Palästinareise, auf der er zwar (erfolglos) mit Amin al-Husseini zusammentreffen wollte (Gensicke 1988, S. 52), sich jedoch auf der anderen Seite auch mit Vertretern jüdischer Gruppen über eine verstärke Migration der jüdischen Bevölkerung aus dem deutschen Machtbereich nach Palästina austauschte (Wildangel 2007, S. 103). Weiterhin ist an dieser Stelle das Ha'avara-Abkommen vom August 1933 (Gensicke 1988, S. 43) zu nennen, welches innerhalb einer Kooperation zwischen NS-Ministerien und internationalen jüdischen Gruppen einer Zahl von 50.000 bis 60.000 Juden ermöglichte, auszuwandern. Dieses wurde von anderen jüdischen Gruppen heftig kritisiert und im Zuge des Aufstands in Palästina 1936/1937 von den Briten unterbunden. So arbeitete die Geheime Staatspolizei (Gestapo) des NS-Regimes bis in die Jahre 1938/1939 mit zionistischen Untergrundorganisationen bei der Migration von jüdischen Gruppen nach Palästina weiterhin zusammen, um die britische Blockade des Territoriums zu umgehen und dem Ziel der Auswanderung dieser aus dem Deutschen Reich näher zu kommen (Achcar 2012, S. 19). Auch aufgrund dieser Situation im internationalen Kontext fand eine praktische materielle oder auch politisch-ideologische Zusammenarbeit mit muslimischen Arabern bis dahin nicht oder nur sehr verhalten statt.

Im Dezember 1940 sendete die deutsche Regierung, unter nur kurzfristiger Information Italiens, eine erste Radio-Deklaration in den Nahen Osten, in der sie ihre Unterstützung für die Unabhängigkeit arabischer Staaten proklamierte (Mallmann und Cüppers 2011, S. 73). In diesem Sinne wurde in der NS-Propaganda der nationalistische Militärputsch unter Rashid Ali al-Gaylani (1892–1965) im Irak Ende März 1941 gefeiert, der die von den Briten eingesetzte Monarchie stürzte und an dem auch Amin al-Husseini persönlich beteiligt war (Achcar 2012, S. 140). Der Putsch erhielt trotz der Propaganda vom deutschen NS-Regime materiell jedoch wenig Unterstützung und wurde bereits nach nicht mal zwei Monaten von Großbritannien wieder rückgängig gemacht (ebd.). Amin al-Husseini floh anschließend aus dem Irak über die Türkei und Italien in das Herrschaftsgebiet des NS-Regimes.

Für die Anwendung von instrumentell-kurzfristigen Interessenmotiven des NS-Regimes bei der Wahl der Kooperationen steht exemplarisch auch der außenwirtschaftliche Bereich. Hier lassen sich der rege Handel mit dem Iran, einem nationalistisch-säkularem Gegenakteur zur Politik Amin al-Husseinis, bis ins Jahr 1940[78] oder der kriegswichtige Austausch von Gütern und Rohstoffen mit der Sowjetunion bis in den Mai 1941 (!) (Shirer 1960, S. 841) anführen. Wenn in diesen Fällen von nationalsozialistischer Seite ideologisch argumentiert wurde, kamen fallspezifisch der Mechanismus des Vorbringens der gleichen Feinde (wahlweise die Kolonialmächte Großbritannien und Frankreich, mit ihnen das kapitalistische Gesellschaftsmodell, sowie der sog. ‚Bolschewismus' in der Sowjetunion) oder die Darstellung einer beiderseitig ähnlich gearteten ‚nationalen Kohärenz' zur Anwendung, um von den Rohstoffen der jeweiligen Kooperationspartner zu profitierten (Küntzel 2010, S. 147).

Auch wenn sich die NS-Doktrin und die praktische Politik weitgehend gegen seine Interessen richteten, wurde aus der Perspektive von Amin al-Husseini versucht, Konvergenzen in beiden Dimensionen herzustellen. Die von ihm vorgebrachten ideologischen Parallelen hatten ihre Ursachen im politischen und ökonomischen Kontext; zentral sind hier die Stichworte der Gegnerschaft zur britischen Kolonialisierung des Nahen Ostens und zur jüdischen Immigration nach Palästina. Jedoch berief er sich bei seiner antijüdischen Propaganda auf Textzeilen aus islamischen religiösen Schriften (meist Koran und Hadith), um dem Hass gegen Andersgläubige eine religiöse Rechtfertigung zu verleihen (siehe z. B. eine Sammlung der Briefe, Reden, Aufrufe in Höpp 2001). Hier

---

[78] *„1940 gingen 47,1 Prozent aller iranischen Exporte nach Nazideutschland, während die iranischen Einfuhren aus Deutschland einen Anteil von 42,9 Prozent erreichten. Damals kamen 80 Prozent aller von Iran importierten Maschinen aus Deutschland (…)"* (Küntzel 2010, S. 148).

kann ein generelles, wiederkehrendes Muster der Ursprünge von Antisemitismus erkannt werden: Wie bei Amin al-Husseini wurde dieser in der Geschichte oft religiös begründet und konnte im Islam (wie im Christentum) auf eine bestimmte Tradition zurückblicken; ging jedoch im historischen Verlauf oft von politischen (und ökonomischen) Akteuren als vermeintliche Verfechter dieser Religionen aus. Seine als religiös-traditionell dargestellte Feindschaft spiegelte zudem nicht die realen Entwicklungen in der Region Jerusalem im Osmanischen Reich des 19. Jahrhunderts wider, in der die autochthonen Mitglieder der drei Weltreligionen innerhalb dieses feudal-islamischen Caesaropapismus zwar in Parallelgesellschaften (Zaffi 2006, S. 152), jedoch mehrheitlich kooperativ zusammenlebten.

Heute wird interpretiert, Amin al-Husseini hätte gefürchtet, dass der traditionelle Islam durch die Annäherung an die westliche Welt verloren gegangen wäre und er das Ziel verfolgte, durch einen eigenen muslimischen Staat auch den Islam wieder in traditionellere Bahnen zu lenken (Küntzel 2007a, S. 154). Unter Verweis auf die oben ausgeführten Handlungen (Verfolgung modernistisches, radikales Islambild; als überzeugter arabischer Nationalist mehr politisch denn spirituell-religiös[79] wirkend; Repräsentation eines höchst individuellen Gesellschaftsmodells)[80] kann hier festgehalten werden, dass Amin al-Husseini keine als traditionell geltende Form des Glaubens proklamierte und diese Einschätzung nicht geteilt werden kann.

Das Verhalten Amin al-Husseinis gegen die jüdische Bevölkerung in Palästina gründete auf materiellen Ängsten; er befürchtete eine Ausbeutung des Gebietes und unterstellte ihnen, Geldgeber Großbritanniens zu sein (Zankel 2006, S. 45 ff.). Wirkliche ideologische Anknüpfungspunkte zwischen dem NS-Regime und den arabischen Muslimen ergaben sich somit aus der Sympathie, dass das Deutsche Reich keine Kolonialgebiete im Nahen Osten besaß, dem Antijudaismus, der als Antizionismus präsentiert wurde, und aus den ästhetischen Bewunderungen für die NSDAP und das Charisma ihres sog. ‚Führers‘, Adolf Hitler. Personelle Verbindungen gab es bis zu den Nahostreisen führender NS-Eliten Ende der 1930er Jahre nicht; Amin al-Husseini begrüßte in einem Brief

---

[79]So hinterließ er auch keine bedeutenden theologischen Schriften (siehe ‚Umar 1999).

[80]Die Bandbreite der Reaktionen arabischer Muslime auf die NS-Ideologie zeigt der Fall Hassan al-Banna, Gründer der Muslimbruderschaft in Kairo, der zwar das Vorgehen gegen Juden begrüßte, es aber ablehnte, einem nicht-muslimischen Führer Folge zu leisten.

zwar die Machtergreifung der NSDAP im Januar 1933, diesem Schreiben wird
auf der Gegenseite offiziell jedoch wenig Beachtung geschenkt. Ohnehin war der
ideologische Kontext im muslimisch-arabischen Raum und in Palästina sehr plu-
ralistisch (Wildangel 2012, S. 543). Als Adolf Hitler wird im Jahr 1938 in arabischen Zeitungen sogar mit Mohammed verglichen (Höpp 1994, S. 444) wurde,
war dies eine Position, die aufgrund der starken Verzerrung des Islam wenig weitere Resonanz fand und trotz Verbreitung von der Zielgruppe mehrheitlich als
„bizarre ideologische Konstruktion" (Wildangel 2012, S. 543) wahrgenommen
wurde. Es finden sich zudem zu diesem Zeitpunkt Versuche der Übersetzung von
„Mein Kampf" ins Arabische, denen Hitler sehr kritisch gegenüberstand, da er
sich wie oben erwähnt negativ über arabische Muslime äußerte. Später waren im
Nahen Osten Teilübersetzungen im Umlauf, welche diese kritischen Zeilen außen
vor ließen[81]. So konnte aufgrund eines flexiblen ideologischen Vorgehens der
NS-Propaganda, auch des Radios, zwar unter Teilen der muslimisch-arabischen
Bevölkerung ein gewisser Grad an Sympathie für das NS-Regime erreicht werden
(Küntzel 2005; siehe Abschn. 4.2 *Propaganda aus Zeesen in den Nahen Osten*),
der jedoch oft übertrieben dargestellt wird, da die Vorstellungen insgesamt nur
eine Minderheit unter den Arabern in Palästina und in den weiteren Ländern des
Nahen Ostens ansprach (Wildangel 2012, S. 543).

Aus der ideologischen Sicht des NS-Regimes konnten nur die Punkte des Anti-
judaismus/Antisemitismus sowie die kurzfristige Zusammenarbeit zum Zweck
der Bekämpfung der Kriegsgegner Hauptgrundlagen der Kooperation bilden. Die
Ideologen des Regimes agierten vor dem Hintergrund einer langen Tradition von
Antisemitismus, völkischer Ideologie und Rassentheorie, die sie mit dem sog.
‚Kampf um Lebensraum' verbanden – und ‚legitimierten' so die Vertreibung großer Bevölkerungsteile aus dem Deutschen Reich sowie eine gewaltsame Außenpolitik (Puschner 2002, S. 35). Das NS-Regime setzte die mitgliederstarken,
traditionellen (christlichen) Religionen in ihrem Machtbereich unter Druck
und führte mit ihrer ‚Gleichschaltung' eine Politik aus, an dessen Ende sie als
Manipulationsinstrument in einem neuen Konzept von Kirche inhaltlich neu definieren waren. Diese Politik wurde auch innerhalb der muslimischen Organisationen im Deutschen Reich spürbar. Außenpolitisch war das NS-Regime ab 1940 auf

---

[81]Mit Rücksicht auf die muslimischen Araber und Muslime allgemein versuchten die
NS-Ideologen ab 1939 nach Weisung von Joseph Goebbels, in der Propaganda nicht mehr
den Begriff „antisemitisch" zu verwenden, sondern von „antijüdisch" zu sprechen (Steinke
2016, S. 57). Deutsche Medien sollten ab jetzt Araber und Juden mehr nicht gleichstellen
und sich ausschließlich gegen die zweite Gruppe richten (Zankel 2006, S. 43 f.).

der Suche nach Bündnispartnern und es setzte ab dem Militärputsch im Irak im April 1941 verstärkt auf sympathisierende Akteure wie Mohammed Amin-al-Husseini, einer als *religiös präsentierten* Autorität mit *politischem* Einfluss in Palästina. Diese, dem deutschen Nationalsozialismus nahe, Akteure waren jedoch in der arabischen Welt weit in der Minderheit (Wildangel 2007, S. 132–138), sodass auch dem NS-Regime letztendlich wenig Wahlmöglichkeiten verblieben. So wird der instrumentelle Charakter der Beziehung zu al-Husseini aus NS-Perspektive deutlich: *„Um die Masse der analphabetisierten Araber von der ‚jüdischen Weltverschwörung' zu überzeugen, brauchte es einen anderen Text. Das einzige Medium, das damals die Muslime erreichen konnte, war aber die Religion. An die religiösen Traditionen knüpfte der Mufti folgerichtig an.“* (Küntzel 2007a, S. 152).

Beginnend mit der Weisung von Goebbels zur Propaganda 1939 fand im Jahr 1941 schließlich eine grundlegende Wende in der ideologischen Ausrichtung des NS-Regimes in Bezug zu arabischen Muslimen statt, indem neben der offiziellen Annäherung an islamische Akteure im Herbst auch ein Auswanderungsverbot für Juden erlassen wurde. In der Gesamtschau ist die ideologische sowie materielle Basis der Zusammenarbeit zwischen Amin al-Husseini und dem NS-Regime im Herbst 1941 als eher gering einzuschätzen, um von diesen Gesichtspunkten aus eine Kontinuität der Kooperation zu begründen. Die Grundlagen konnten sich demnach eher aus dem spezifischen Verlauf im politischen Bereich und aus der militärischen Entwicklung ergeben als aus den umfassenden, holistischen Ausarbeitungen, die zwar vorlagen, jedoch keine Berührungspunkte aufwiesen. Dies lässt auch der inhaltliche Mechanismus der Interpretation der ideologischen Gemeinsamkeiten erkennen, welchem ein destruktives Moment, dass sich über Gegnerschaft definiert[82], inhärent ist: Antisemitismus, Opposition gegen Großbritannien und dessen Kolonialreich im Nahen Osten sowie gegen ‚den Bolschewismus' als religionsfeindliches, kollektivistisches Regime kamen als kollektive ‚Gegenakteure' beider – eher zufällig – zusammen.

Wiederholt wurde auch von der Seite Amin al-Husseinis der instrumentelle Charakter der Zusammenarbeit betont, so in einer Rede vor Imamen der bosnischen SS-Division Handschar im Oktober 1944, aus der trotz religiöser Symbo-

---

[82]Als einziger annähernd konstruktiver Punkt wurde angegeben, das Deutsche Reich hätte im Gegensatz zu anderen europäischen Mächten nie Kolonien im arabischen Raum angestrebt. Diese Position wurde von den NS-Akteuren aktiv für ihre eigenen Propagandazwecke genutzt; *„Nationalsozialistischer Antisemitismus ließ sich so in die Geschichte zurückverlängern, religiös legitimieren und handlungsorientiert für die Gegenwart nutzen.“* (Mallmann und Cüppers 2011, S. 43).

lik auch persönliche (politische und materielle) Interessen in Palästina abgelesen werden können: *„Deutschland hat niemals in seiner Geschichte ein islamisches Land überfallen, (…) bekämpft das Weltjudentum, (…) England und seine Verbündeten, (…) den Bolschewismus, der 40 Millionen Muslime tyrannisiert (…)"* (zitiert nach Höpp 2001, S. 219). Nach einigen Passagen zu vermeintlichen ideologischen Parallelen zwischen Islam und Nationalsozialismus[83] schloss er: *„Der Kampf gegen die gemeinsamen Feinde ist ein wichtiges Argument, was uns den Deutschen näher bringt."* (ebd., S. 222). Wenige Monate vor dem Ende des Zweiten Weltkriegs sei er *„(…) voller Zuversicht (…)"* und wünschte den Angehörigen der Division zynisch *„(…) viel Erfolg in Eurem heiligen Unternehmen."* (ebd.).

---

[83]Auf die ideologischen Ausführungen wird unter Punkt 4.3 (SS-Division Handschar in Bosnien) eingegangen.

Die Zeit der Kooperation in Berlin 1941–1945

Nachdem Amin al-Husseini die Machtergreifung der NSDAP im Frühjahr 1933 in einem Schreiben an Adolf Hitler begrüßt hatte, versuchte er durch wiederholte Anfragen bis Januar 1941, eine offizielle politische und substanzielle materielle Kooperation zu begründen. Die Reaktionen darauf fielen wie beschrieben von der anderen Seite sehr verhalten aus; trotz der (geringfügigen) finanziellen Unterstützung durch Mussolinis Italien und das deutsche NS-Regime ab 1937. Demnach kann der Zeitpunkt des Beginns der engeren Kooperation mit Amin al-Husseini auf die Jahreswende 1940/1941 angesetzt werden, als dieser trotz eines gewissen Grades noch vorhandener Reputation in Palästina in der arabischen Welt bereits weitgehend isoliert war[1]. Zunächst sendete die deutsche Regierung erstmals am 4. Dezember 1940 eine Erklärung über ihre Sympathie zur Unabhängigkeit arabischer Länder über Radiowellen in den Nahen Osten (Mallmann und Cüppers 2011, S. 73). Es bleibt an dieser Stelle dahingestellt, welche Wirkungen dieser Propagandaschritt auf die Zielgruppe tatsächlich entfaltete[2] – in vorangegangen Treffen von Eliten des NS-Regimes mit nationalistischen Vertretern des arabischen Raumes äußerten erstgenannte Akteure oft nur vage Zusagen über mögliche Unterstützungen materieller Art. Folglich wurde

---

[1]Neben der politischen Isolation Amin al-Husseinis in Palästina ist ein weiterer Grund seines abnehmenden Einfluss' auf die dortige arabische Bevölkerung, auf deren Legitimation er sich berief, dass er seit der Flucht aus seiner Heimat im Oktober 1937 (Libanon, anschließend 1939–1941 Irak) nicht mehr persönlich vor Ort wirkten konnte (siehe auch Tab. 4.1 zu den Aufenthaltsorten Amin al-Husseinis im Exil 1937–1945).

[2]Näheres zum technischen und gesellschaftlichen Kontext des Themas deutsche Radiopropaganda und Naher Osten zwischen 1940 und 1945 in Abschn. 4.2 (*Radiopropaganda aus Zeesen*).

© Springer Fachmedien Wiesbaden GmbH, ein Teil von Springer Nature 2019
J. Töpfer und M. F. Bergmann, *Jerusalem – Berlin – Sarajevo*,
https://doi.org/10.1007/978-3-658-24633-4_4

der erste offizielle Pakt mit Amin al-Husseini zu einem recht späten Zeitpunkt im März 1941 beschlossen. Das nationalsozialistische Regime sicherte ihm darin erstmals die erhoffte materielle Basis für Aufstände gegen die britische Mandatsmacht im Nahen Osten, insbesondere in seinem Aufenthaltsort Irak, zu. Innerhalb der kommenden Wochen übersandten ihm deutsche Stellen wie das Auswärtige Amt etliche Waffenlieferungen und unterstützen ihn auch finanziell zur Organisation möglicher Erhebungen (ebd., S. 79 f.). Diese Maßnahmen fielen jedoch wiederholt zu gering aus, um signifikante Auswirkungen gegen die britischen und mit ihnen verbündeten Streitkräfte entfalten zu können. Zudem führte die deutsche Wehrmacht Angriffe auf gegnerische Stützpunkte im Nahen Osten durch, die erneut relativ geringen Erfolg hatten, da sie zum Großteil nicht für einen solchen Kriegsschauplatz vorbereitet war (siehe in diesem Zusammenhang den sog. ‚Afrikafeldzug' der deutschen Wehrmacht ab 11. Februar 1941).

Das NS-Regime investierte nur einen geringen Teil ihrer militärischen Kapazitäten in diese Unternehmungen, da bereits der für wichtiger – in der Perspektive der NS-Rassenideologie des ‚Überlebenskampfes ethnischer Kollektive und Ideologien' als entscheidend – erachtete Krieg gegen die Sowjetunion geplant wurde (ebd., S. 83 ff.). So war auch der Putsch im Irak im April 1941 nicht erfolgreich und Großbritannien, welches dieses Gebiet als Einflusssphäre für sich beanspruchte, konnte im darauffolgenden Mai den nationalistisch-militärischen Staatsstreich schnell beenden. Amin al-Husseini floh aufgrund seiner Beteiligung nach Europa, da er in vielen arabischen Ländern der Region von den Kolonialmächten Frankreich und Großbritannien an der Einreise gehindert wurde (Billstein 2015). Nach einem Aufenthalt in Italien im Spätsommer und Herbst 1941 gelangte er im November ins Deutsche Reich, innerhalb dessen Einflussgebietes er fortan bis zum Endes des Krieges im Exil lebte. Nach diesem ersten Punkt der konkreten materiellen Kooperation im Irak unterstützte er von dort aus, hauptsächlich im Bereich Propaganda, nun das NS-Regime. Das Jahr seiner Ankunft in Berlin war gekennzeichnet vom Höhepunkt der territorialen Ausdehnung des Machtbereichs des Regimes in Europa und markierte aufgrund der Entwicklung auch den Zenit des Grades der Euphorie unter führenden NS-Eliten hinsichtlich ihrer expansionistischen Ziele. Nur wenige Monate nach seiner Ankunft wendete sich jedoch die militärische Lage und der Niedergang wurde aufgrund von objektiven Verfallserscheinungen der Diktatur ab 1942 immer offensichtlicher. Der angesprochene Verlauf hielt ihn jedoch nicht davon ab, bis zum März 1945 für die deutschen Nationalsozialisten in der Propaganda tätig zu sein.

Die deutschen NS-Ideologen waren mit dem Beginn des Exils Mohammed Amin al-Husseinis in Berlin am 06. November 1941 (Gensicke 1988, S. 278) und der offiziell verlautbarten Zusammenarbeit in der Wochenschau am 10. Dezember 1941 bemüht, ebenso eine Annäherung der NS-Doktrin an seine Auslegung des Islam zu erreichen. Faktisch begegneten ihm die höchsten Repräsentanten des NS-Regimes zögerlich[3], unter Aufsicht der SS und Heinrich Himmler (Höpp 1994, S. 439) sollte die Kooperation jedoch nun mit Fokus auf die Propaganda-wirkung zusätzlich auf ideologischer Ebene eine Rechtfertigung und Verarbeitung erfahren. Das vordringliche Ziel der Einbindung Amin al-Husseins war, mus-limische Gruppen in umkämpften Regionen Europas (Krim, Kaukasus, Südost-europa) anzusprechen und so zu beeinflussen, dass diese sich für das NS-Regime engagieren; jene Gruppen wurden aufgrund des Kriegsverlaufs mit hohen eigenen Verlusten zunehmend militärisch benötigt. Hier waren die Erwartungen in den zuständigen deutschen Stellen breit gestreut und verliefen von geringen Hoffnun-gen (ebd., S. 437) bis zu unrealistischen Annahmen, dass Amin al-Husseini für das NS-Regime „(…) *eine ‚Massenleidenschaft' unter den Muslimen auslösen könne, durch welche ‚eine tiefe Bindung des Islam an Deutschland' hergestellt werden würde (…).*" (ebd., S. 440).

So beginnt mit der Ankunft Amin al-Husseinis in Berlin im November 1941 auch die vierte Phase in der Beziehung der nationalsozialistischen Weltan-schauung zu Teilen des Islam, innerhalb derer eine (außenpolitische) Annäherung an arabische Muslime verfolgt wurde und die damit als ideologische Wendung gelten kann. Nun sollte die Kooperation neben der erst kürzlich erfolgten, eher punktuellen materiellen Verbindung die von al-Husseini angestrebte Konvergenz auf ideologischer Ebene erhalten, die von nationalsozialistischer Seite aufgrund der Rassenideologie bis dahin gänzlich fehlte. Bevor wir zu den drei zentralen Projekten der Zusammenarbeit und ihren Wirkungen kommen, veranschaulichen wir kurz die ideologisch starke Veränderung der nationalsozialistischen Propa-ganda in ihrer Behandlung des Islam und der Muslime ab 1940/1941 anhand von vier inhaltlichen Punkten, die parallel zu den drei Vorhaben entwickelt wurden. Diese Beispiele sollen als Kontext dem Verständnis dienen, wie al-Husseini vom NS-Regime als propagandistisches Instrument innerhalb eines engen Korridors in eine relativ handlungs- und manipulationsfähige Lage versetzt werden sollte, innerhalb derer er bereitwillig handelte.

Als erster Punkt ist die Überhöhung der Bedeutung der Person Amin al-Husseini durch die NS-Propaganda zu nennen. Sie präsentierte ihn, so in der erwähnten

---

[3]Nach einem Treffen mit Außenminister Joachim Ribbentrop (1893–1946) am 20. Novem-ber 1941 wurde Amin al-Husseini nach wiederholter Anfrage von Adolf Hitler erst am 28. November 1941, drei Wochen nach seiner Ankunft, empfangen. Die NS-Wochenschau zeigte diese Bilder am 10. Dezember 1941, in der al-Husseini Hitler mit NS-Gruß gegen-übertrat.

NS-Wochenschau vom 10. Dezember 1941 (Treffen mit Adolf Hitler vom 28.11. in Berlin), überschwänglich als höchste religiöse Autorität und *„Großmufti von Palästina"* (auch in Gensicke 1988, S. 279; Fischer-Weth 1943), der Millionen von Arabern religiös beeinflussen könne. Diese Behauptungen standen den realen Entwicklungen entgegen, nach denen er den Entzug der religiösen Ämter im September 1937 durch die Mandatsmacht Großbritannien zu verkraften hatte[4], die arabische sowie palästinensische Bevölkerung hoch zerstritten war, und er politisch und religiös eine zunehmende Isolierung erfuhr. Nach vorheriger Ignoranz für seine Belange trat nun eine starke politische und religiöse Überhöhung Amin al-Husseinis in den nationalsozialistischen Medien auf. Die beschriebenen Übertreibungen gingen ebenso von seiner Seite aus, da er in Korrespondenzen mit NS-freundlichen Regierungsstellen in ganz Europa ab 1941 stetig auf die „(…) *400 Millionen Muslime* (…)" hinwies, auf die er Einfluss ausübe und deren stete Sympathie bald in einer engen Zusammenarbeit mit dem NS-Regime münden werde, welche letztendlich „(…) *zu einem siegreichen Ausgang des Krieges für die Achsenmächte führen wird*" (zitiert nach Höpp 2001, S. 122)[5]. So bestärkten sich beide Seiten in ihrer jeweiligen (tatsächlichen oder vermeintlichen) Interpretation der Realitäten beträchtlich.

Der zweite inhaltliche Punkt im Kontext waren die ideologischen Darstellungen und deren Wandlungen für die Gruppen der in Bosnien und in der Sowjetunion lebenden Muslime innerhalb der nationalsozialistischen Zentralkategorie ‚Rasse'. Sie erfuhren mit der verstärkten außenpolitischen Instrumentalisierung des Islam ab 1941 eine kollektive Ethnisierung und Neuzuordnung, indem sie in der Logik der NS-Ideologie ‚aufgewertet' wurden und ab dem Jahr 1942 zu den „(…) *rassisch wertvollen Völkern Europas* (…)" (Gensicke 1988, S. 289) zählten. Zur Veranschaulichung der Neuordnung kann beispielhaft ein kleiner, im Sommer 1942 im faschistischen kroatischen NDH-Staat erschienene, Propagandaband[6] dienen (Nezavisna Država Hrvatska 1942). Er ist auf serbo-kroatisch verfasst und beschreibt bildreich das angeblich angenehme und moderne Leben der Muslime im nationalsozialistisch regierten Deutschen Reich, die technisch-modernen Berufen in der Forschung und Industrie nachgehen könnten (ebd., S. 12)

---

[4]Durch deren Einfluss er das Amt 1921 erhielt.

[5]Zudem unterschreibt er während des Zweiten Weltkriegs seine Korrespondenz mit *„Grossmufti"* (siehe u. a. Höpp 2001, S. 123).

[6]Daneben existierten weitere Publikationen dieser Form wie die Truppenzeitung der SS-Division Handschar, die in deutscher und ‚bosnischer' Sprache verfasst war (Bernwald 2001a)

sowie in eigenen Moscheen beteten. Der Text verschwieg die Tatsachen der erfolgten, fast totalen Emigration der Gruppe aus dem Land sowie der beständigen misstrauischen Kontrolle der verbliebenen Muslime. Zusätzlich wurde ein Vergleich mit ihrer Situation in der Sowjetunion gezogen, in der eine starke Unterdrückung des Islam Alltag sei (ebd, S. 20). Der Bildband betonte in seiner ethnisch-rassistischen Herangehensweise die (plötzlich von nationalsozialistischen Ideologen und Propagandafachleuten identifizierten) phänomenologischen, körperlichen Parallelen zwischen den beiden Kollektivkategorien ,Muslim' und ,Deutsch', indem einige Fotos die für beide Gruppen als repräsentativ zu geltenden Körpermerkmale in heroischen Posen vergleichend abbildeten. Im Rahmen der Ethnisierung und Modifikation in der Zuordnung der Gruppe der Muslime wurde auch die Aufstellung einer muslimischen SS-Division in Bosnien ideologisch verarbeitet und gerechtfertigt, wenngleich mit ambivalentem Erfolg (siehe Abschn. 4.3).

Hier schließt sich der dritte inhaltliche Kontextpunkt an, die historisierende Hinwendung der NS-Ideologen zum Islam als Religion und damit verbunden zu den Anhängern des Glaubens. Es wurden angebliche gemeinsame historische Kulturlinien konstruiert, in denen „(...) *auch der arische Geist seinen charakteristischen Beitrag zur islamischen Kultur lieferte* (...)" (Fischer-Weth 1943, S. 17). Dies steht in Kontrast zu vorherigen Aussagen, nach denen der Islam zwar bewundert, jedoch eher als Gefahr für eigene Interessen und die eigene Gruppe schlechthin gesehen wurde. Zusätzlich hoben die NS-Ideologen – parallel zum arisch-völkischen Mythos – den Topos der Unterdrückung, der Zersplitterung und des derzeitigen ,Wiedererwachens' der muslimischen Gruppe als nun dominanten ,Kulturträger' hervor. Die zeitgenössische NS-Propaganda sah die zerstrittenen islamischen Bewegungen, die nun wieder zusammenkämen: „*Ihr Ergebnis ist die Wiedererstehung der arabisch-islamischen Kultur, die als eine vollgültige Macht neben die anderen großen Mächte zu treten vermag* (...)." (ebd., S. 41). Waren muslimische Araber bei Adolf Hitler (1943, S. 747) in der Logik eines einheitlichen, kollektiven Subjekts noch ,rassisch minderwertig', und bei Rosenberg (1934) weder kulturell eigenständig noch historisch als schöpferisch klassifiziert, so wurden sie nun mit dieser Publikation aus dem Jahr 1943 als gleichberechtigt dargestellt und erhielten in dieser Neueinordnung zudem den Charakterzug der „(...) *Bereicherung der modernen Kultur* (...)" (Fischer-Weth 1943, S. 41).

Der vierte inhaltliche Punkt markiert den Versuch der Identifikation von Kernmerkmalen des NS-Regimes in den historischen Schriften des Islam. Die nationalsozialistische Doktrin besaß neben den Hauptpfeilern der völkischen Ideologie und des Antisemitismus das Element des Führerkults, welches sich durch seine Exklusivität (Ausrichtung allein an Adolf Hitler) auf den ersten Blick nicht mit anderen religiösen Vorstellungen, die auf allwissende, ‚auserwählte‘, charismatische Gründer oder auch historische Propheten fußten, vereinen ließ. In der Logik einzelner Akteure im NS-Regime wie Heinrich Himmler, welche Erwartungen an eine Annäherung an ‚den Islam‘ hegten, wurde diese Unvereinbarkeit in ihr Gegenteil verkehrt, indem der eigene Führerkult innerhalb vermeintlicher islamischer Traditionslinien eine Interpretation erfuhr und damit eine vermeintliche Anschlussfähigkeit aufzeigen sollte. So erging am 14. Mai 1943 der Befehl von Heinrich Himmler an das Reichssicherheitshauptamt (RSHA), „(…) *einmal festzustellen, auf Grund welcher Koranstellen die Mohamedaner der Ansicht sind, daß der Führer im Koran bereits vorausgesagt und beauftragt sei, das Werk des Propheten zu vollenden.*" (zitiert nach Höpp 1994, S. 443). Diese Textstellen waren zur Unzufriedenheit der NS-Elite auch mithilfe der oben erwähnten „*Forschungsgemeinschaft Deutsches Ahnenerbe*" in den islamischen heiligen Schriften nicht (ebd., S. 444) oder nur in unglaubwürdigen Konstruktionen[7] (Bundesarchiv 2013) zu finden, sodass diese von Himmler in Auftrag gegebene Untersuchung im Februar 1945 erfolglos beendet wurde[8].

Alle vier Punkte, die religiöse und politische Überhöhung der Einzelperson Amin al-Husseini, die kollektive Ethnisierung und Neuzuordnung der Muslime, die (quasi-)historisierende Hinwendung zum Islam sowie der Versuch der Inkorporation von Merkmalen der eigenen Doktrin in Glaubenslehren des Islam, bilden den Kontext der in Kooperation ausgeführten Projekte und zeigen die Entwicklung einer großen Flexibilität der NS-Ideologie in diesem Bereich in der vierten, letzten Phase ihrer Beziehung zum Islam und arabischen Muslimen.

Wie beschrieben verbanden sich verschiedene Hoffnungen mit der Ankunft Mohammed Amin al-Husseins in Berlin am 06. November 1941. Es kristallisierte sich jedoch die generelle Linie heraus, dass er nicht für operative, sondern

---

[7]Allein der Brief des Kurators der „*Forschungsgemeinschaft Deutsches Ahnenerbe*" und Rektors der Universität München, SS-Oberführer Walther Wüst (1901–1993), an Rudolf Brandt (1909–1948) im persönlichen Stab von ‚Reichsführer-SS‘ Heinrich Himmler vom 31.01.1944 enthielt eine als positiv zu deutende Antwort. In ihm wies Wüst auf die Möglichkeit der Interpretation hin, dass das spirituelle Symbol ‚Licht‘ im Islam als „(…) *eine göttliche Substanz, als Charisma gedacht wird, dass besonders auserwählte Persönlichkeiten erfüllt.*" Demnach könne versucht werden, „(…) *den Führer als eine von dem Licht-Charisma durchdrungene Persönlichkeit darzustellen* (…)" (Bundesarchiv 2013). Diese Erwägungen stünden jedoch unter den Vorbehalt der Prüfung durch die islamische Theologie und der iranischen Herkunft dieser Überlieferung, sodass selbst Wüst Zweifel am propagandistischen Wert dieser Konstruktion äußerte (ebd.).

[8]Das Projekt zeigt einmal mehr die pseudowissenschaftlichen Fragestellungen und Methoden der Forschungsgemeinschaft auf.

ausschließlich für propagandistische Zwecke eingesetzt werden sollte. Das
NS-Regime sah für ihn keine Verwendbarkeit in militärischen Positionen vor und
misstraute Vertretern arabischer Muslime wie ihm weiterhin. So wurde es Amin
al-Husseini trotz mehrerer Bitten auch zu der späten Phase im September 1942
nicht genehmigt, im Nahen Osten eigene, ethnisch arabische Armeeeinheiten aufzustellen (USHMM 2017b). Persönlich wurde er jedoch äußerst gut versorgt und
erhielt für seine Tätigkeiten monatlich etwa 50.000 Reichsmark zur operationalen
Verwendung und 80.000 Reichsmark für Lebenshaltungskosten (Breitman und
Goda 1998, S. 19)[9]; zudem konnte er zur persönlichen Verbleib eine vorher ent-
eignete Villa in Berlin nutzen. Bei einem ersten persönlichen Zusammentreffen
von Adolf Hitler und Amin al-Husseini am 28. November 1941 in der Reichs-
kanzlei in Berlin sprachen beide gemeinsam über die Zukunft des arabischen
Raumes und über die Verfolgung der jüdische Gruppe in Europa, innerhalb dessen sich al-Husseini vehement gegen eine weitere jüdische Migration nach Palästina aussprach (Gensicke 1988, S. 137; Breitman und Goda 1998, S. 18). Auch
bei diesem Ereignis wurden ihm weiterhin nur vage Zusagen ausgesprochen. Für
das NS-Regime war er ein willkommener Kooperationspartner, da auf der einen
Seite Bündnisse und Absprachen zerfielen (Italien, Großbritannien) und auf der
anderen Seite durch die expansionistische Kriegspolitik mit zahlreichen Verlusten
in Nordafrika und Osteuropa dringend Entlastung und neue Soldaten benötigt
wurden. So war anvisiert, auch in besetzten aber unruhigen Regionen des ehemaligen Jugoslawiens wie in Bosnien zahlreichen Personalmangel zu kompensie-
ren (Mallmann und Cüppers 2011, S. 90 ff.) und zusätzlich der Abneigung und
politischen Zersplitterung innerhalb der Ethnien dort entgegenzuwirken. Demnach wurde Amin Al-Husseini in Teilen zur inhaltlichen Gestaltung der Radiopropaganda für den arabischen Raum eingesetzt, welche ab 1939 und somit zwei
Jahre vor seiner Ankunft aus Zeesen bei Berlin gesendet wurde, wobei ihm etwa
20–30 Angestellte zur Verfügung standen (Breitman und Goda 1998, S. 19). In
der Gesamtschau blieb es zwischen 1941 und 1945 seine Aufgabe, als Instrument
des NS-Regimes die Gruppen der arabischen, kaukasischen und bosnischen Muslime von der ideologischen Orientierung der Diktatur ausschließlich propagandistisch zu überzeugen und zur Zusammenarbeit im Krieg zu bewegen.

---

[9]Zum Vergleich bekam ein General der Wehrmacht ein Jahresbasisgehalt von
26.500 Reichsmark. Die ebenfalls in Berlin im Exil lebende irakische Putschist Rashid
Ali al-Gaylani (1892–1965) erhielt monatlich 65.000 Reichsmark zur operationalen Verwendung und 80.000 Reichsmark für Lebenshaltungskosten (Breitman und Goda 1998,
S. 19).

Aus der Sicht Amin al-Husseinis war die Kooperation zur Verwirklichung seiner eigenen Ziele fast essenziell geworden: Die Uneinigkeit der muslimischen Länder, der arabischen und palästinensischen Eliten, sowie die Dominanz der britischen Mandatsmacht in der Region machten die Gründung eines nach der eigenen ideologischen Orientierung organisierten, arabischen Staates von einem starken internationalen Partner abhängig, der auf ähnlichem Einflussniveau wie Großbritannien agierte (oder agieren wollte). Letztendlich zählten in ideologischer Hinsicht der Antisemitismus sowie die Ablehnung moderner Gesellschaftsmodelle, die in Konkurrenz zum eigenen nationalistischen standen, zu den Überschneidungen der beiden Parteien. Diese leiteten sich aus weltlichen Gegebenheiten, dem Agieren gegenüber den gemeinsam als Gegner identifizierten Akteuren Großbritannien, Frankreich und der Sowjetunion, ab (dies belegt auch der Aufbau der Propagandaschrift von Fischer-Weth (1943) über Amin al-Husseini). Die Gegnerschaft wurde auf beiden Seiten mit der Einbettung in einen verschwörungstheoretisch hergeleiteten Überlebenskampf der Gruppen und Staaten überhöht und damit Gewalt gegen jegliche Gruppen legitimiert.

Bevor wir darstellen, wie Amin al-Husseini aus seinem Exil in Berlin begann, mittels deutscher Radioinfrastruktur Propaganda in den Nahen Osten zu senden und Unterstützung zum Aufbau einer bosnisch-muslimischen SS-Division zu leisten, widmen wir uns dem kurzen Kapitel der Gleichschaltung und Zentralisierung des sich in der Weimarer Republik vielfältig entwickelten Bereichs des muslimischen Lebens im Deutschen Reich, an dessen Endpunkt al-Husseini mit der Eröffnung des Islamischen Zentralinstituts im Dezember 1942 stand. Mit seiner Einbindung verfolgte das NS-Regime an diesem Punkt das Ziel, die genannten politischen Maßnahmen religiös und ideologisch zu rechtfertigen. Sie hatte auf der anderen Seite jedoch auch die Aufgabe, seine vermeintliche religiöse Autorität zu festigen, um sie nach außen propagandistisch nutzen zu können.

4.1   Das Islamische Zentral-Institut in Berlin

Die Interessen der verschiedenen muslimisch-nationalistischen Gruppen der Araber im Nahen Osten wurden in der Außenpolitik des NS-Regimes ab dem Jahr 1933 wie erwähnt nur wenig bzw. nicht berücksichtigt, da die zentralen Ziele führender NS-Eliten zuerst in der Vermeidung von Auseinandersetzungen mit Großbritannien und Italien sowie in der erzwungenen Emigration der europäischen jüdischen Bevölkerung aus ihrem Einflussbereich lagen. Diese außenpolitische Situation änderte sich bis zum Ausbruch des Zweiten Weltkriegs nicht wesentlich; erst die allmähliche Intensivierung beidseitiger, vorher sporadisch geführter Kontakte ab 1937, die im April 1939 beginnende Radiopropaganda in den Nahen Osten mit politischem und religiösem Inhalt (siehe Abschn. 4.2) sowie die Unterstützung des Putsches im Irak im Frühjahr 1941 markierten eine sukzessive Änderung, waren jedoch noch immer mehr symbolische als nachhaltige Maßnahmen.

Auch innenpolitisch sprachen die objektiven Faktoren nicht für eine Verbindung: Zur Zeit der Weimarer Republik lebten ca. 15.000 mehrheitlich dem Islam zugehörige Araber im Deutschen Reich (Steinke 2015, S. 57). Die Angaben zu denen in der Hauptstadt Berlin lebenden Gesamtzahl der Muslime schwanken in dieser Periode zwischen 1000/1800 und bis zu 3000 Muslimen (Motadel 2009, S. 104), die aus über 40 verschiedenen Ländern kamen (Wokoeck 2009, S. 123). Die nationalsozialistischen Organisationen entfalteten nach der Machtergreifung im Januar 1933 ihren Terror gegen viele Personengruppen in ihrem Herrschaftsbereich. Daraufhin verließ auch die Mehrheit – bis auf ca. 300 Personen – der arabischen Muslime das Land (Steinke 2015, S. 57), in freiwilliger oder erzwungener Emigration aufgrund der offenen Verfolgung. In der Folge änderten sich auch in der Hauptstadt Berlin die Strukturen der Mitglieder in muslimischen Organisationen, die nun weiterhin Botschafterfamilien und Konvertiten, jedoch auch mehrheitlich am Islam (wissenschaftlich und kulturell) interessierte Deutsche umfassten. Neben der Religionszugehörigkeit bleiben jedoch weiterhin die Orientierung an bürgerlichen Verhaltensweisen und der akademische Kontext bestimmende Merkmale der im Deutschen Reich lebenden Muslime (Motadel 2009, S. 108).

Da die langfristigen Ziele des NS-Regimes keine nachhaltige Integration der Gruppe in ihrer Einflusssphäre vorsahen (ebd., S. 112), fokussierten sich die betreffenden staatlichen Akteure bei ihrer Neuordnung der Beziehung zwischen Religion und Politik in diesem Bereich auf strikte Überwachung, Eindämmung und Bereitstellung zu einer möglichen zukünftigen Instrumentalisierung. Aufgrund der in einem ersten Schritt im Jahr 1933 schlagartig abgenommen nominellen Zahl der Muslime sowie dem dementsprechenden (marginalen) gesellschaftlichen Einfluss waren sie innerhalb des Landes nicht wie andere ethnische oder religiöse Gemeinschaften oder politische Vereinigungen (Parteien und Gewerkschaften) als vordringliche Gegner definiert. So fielen die weiteren praktischen Maßnahmen des NS-Regimes hinsichtlich dieser Gruppe ambivalent aus: Sie mündeten, wie in fast allen weiteren gesellschaftlichen Sektoren, in einem zweiten Schritt in der Überwachung ihrer Organisationen und der sukzessiven Einschränkung ihrer Aktivitäten, um Angehörige des kleinen, heterogenen Bereichs der Muslime zu erfassen und in die Strukturen der Gleichschaltung einzugliedern. Die weiteren Ursachen für die ambivalente Haltung der sukzessiven

Eindämmung lagen in dem ideologisch begründeten, generellen Argwohn gegenüber Anhängern des Islam (Bauknecht 2001, S. 68, 69) sowie der Diversität (Wokoeck 2009, S. 133) und relativen kulturellen Offenheit der organisierten Muslime im Deutschen Reich selbst (Bauknecht 2001, S. 49), die vielfach in Opposition zu zentralen Punkten der NS-Doktrin standen. Dieser Punkt ist auch an den Äußerungen führender Vertreter der Gruppe abzulesen, die in den nachfolgenden Abschnitten folgen.

In einem anschließenden dritten Schritt der politischen Maßnahmen des NS-Regimes hinsichtlich der Muslime wurden die wenigen, weiterhin aktiven islamischen Vereinigungen wie andere religiöse Gemeinschaften punktuell für eine mögliche Instrumentalisierung vorbereitet. So ergaben sich nach der Überwachung ab 1933 die Ziele der ideologischen und organisatorischen Gleichschaltung und Kontrolle dieser Vereinigungen ab 1937, um den Bereich insgesamt und die zugehörigen Mitglieder (neben der umfassenden Unterdrückung und Verfolgung[10]) dahin gehend zu beeinflussen, zukünftig als ein mögliches Element unter vielen zur Legitimation von Machterhalt und -politik zur Verfügung zu stehen. Hier zeigen sich Parallelen hinsichtlich der Maßnahmen im Bereich der beiden traditionellen Kirchen. Die angesprochene Entwicklung wird beispielhaft aus den Veränderungen in der Organisationsstruktur und in der inhaltlichen Ausrichtung der islamischen Gemeinschaften in der Hauptstadt Berlin zwischen 1933 und 1945 deutlich, zu deren Situation einige wissenschaftliche Aufarbeitungen vorliegen.

Innerhalb des Deutschen Reiches kam während der Weimarer Republik und der Zeit des NS-Regimes hinsichtlich des muslimischen Lebens Berlin als bevölkerungsstärkste Stadt eine besondere Bedeutung zu. Hier lebte vor 1933 insgesamt die größte Zahl von (auswärtigen sowie konvertierten deutschen) Anhängern der Religion und es entstand mit der Vielfalt von Vereinen das kulturelle Zentrum dieser Glaubensrichtung (ebd., S. 41) im deutschsprachigen Raum zwischen den Weltkriegen[11]. Wie oben beschrieben, bildeten muslimische

---

[10]So ordnet Ursula Wokoeck die in der Übersicht doch eher spärlichen konstruktiven Momente der Zusammenarbeit zwischen NS-Regime und einzelnen Vertretern arabischer Muslime, die im vorliegenden Text herausgestellt werden, mit dem Hinweis auf „(…) *die Verfolgung und Ermordung von Roma, unter denen auch viele Muslime waren* (…)" (Wokoeck 2009, S. 130) in den Gesamtzusammenhang der mörderischen Politik der Nationalsozialisten ein.

[11]Zudem ist die Dokumentation der Lebenssituation und Organisation der Muslime im Deutschen Reich zwischen 1920 und 1945 nur im Fall Berlin relativ gut gegeben, obwohl auch in anderen Städten islamische Gemeinden bestanden (nach Bauknecht 2001, S. 81).

Geschäftsleute, Akademiker, Studenten und Diplomaten in Berlin ab 1922 Gesprächskreise und Treffen, die noch im selben Jahr in die Gründung der *„Islamischen Gemeinde zu Berlin e.V."* mündeten (Motadel 2009, S. 112). Diese wurde auf der einen Seite von gebildeten türkischen und arabischen Emigranten, insbesondere von ihrem Gründer Dr. Abdul Jabbar Kheiri (1880–1958), der 1919 aus Delhi (Indien) einwanderte, geprägt, aber auch deutsche Konvertiten mit fast ausschließlich akademischem Hintergrund besaßen Einfluss (ebd., S. 110). So führte die beim Amtsgericht Berlin eingereichte, offizielle Vereinsliste der Islamischen Gemeinde im Jahr 1928 insgesamt 176 Mitglieder, von denen 36 deutsche Konvertiten und 140 zugewanderte Muslime waren (Bauknecht 2001, S. 51)[12]. Mit ihrer generellen Offenheit sowie den selbst gesteckten Zweckorientierungen der Förderung des kulturellen Austauschs und der Verständigung zwischen dem Deutschen Reich und islamisch geprägten Ländern entwickelte sich die Gemeinde zu einem Hauptanziehungspunkt nicht nur für die Muslime der Stadt, sondern auch für akademisch und laienhaft Interessierte, sodass im deutschen bürgerlichen Milieu Berlins ein gewisser Wirkungskreis entstand, welcher der Religion gegenüber offen und positiv eingestellt war (Motadel 2009, S. 112).

Weiterhin etablierte sich eine Vielzahl von Vereinigungen, die in regem Kontakt zur Islamischen Gemeinde standen; in der Folgezeit wichtige Organisationen wurden die *„Gesellschaft für islamische Gottesverehrung"* des ehemaligen osmanischen Hauptmanns Zeki Kiram Bey[13] (1886–1946), der im Zuge des Ersten Weltkriegs 1917 nach Berlin kam (Bauknecht 2001, S. 44), und ab 1924 die *„Moslemgemeinde"* (Wokoeck 2009, S. 133)/*„Moslemische Gemeinschaft"* (Bauknecht 2001, S. 48), die sich im Jahr 1930 als Verein *„Deutsch-Moslemische Gesellschaft e.V."* (ebd., S. 51) eintragen ließ. Letztere war eine Gründung von kurz zuvor eingewanderten Angehörigen der Religionsgemeinschaft der

---

[12]Die in anderen Quellen angegebene Mitgliederzahl von 1500 Personen zu Beginn der 1930 Jahre (so u. a. in Ahmad 2006, S. 59) erscheint als zu hoch.

[13]Zeki Kiram war Syrer und Offizier in der Osmanischen Armee, der aufgrund einer Verletzung im Ersten Weltkrieg am 28.11.1917 nach Berlin zur Behandlung gesandt wurde (Ryad 2006, S. 239). Er wird als Schüler von Rashid Rida bezeichnet, mit dem er bis zu dessen Tod 1935 in Kontakt stand, und zählte im Deutschen Reich der Zwischenkriegszeit zur muslimischen Elite (ebd., S. 236). Später viel er durch publizistische Versuche auf, die NS-Ideologie und islamische Glaubenslehren in Einklang zu bringen, welche jedoch durch nationalsozialistische Stellen unterbunden wurden. Detailliertere Angaben unter Bauknecht (2001, S. 62) und insbesondere Ryad (2006): From an officer in the Ottoman army to a Muslim publicist and armament agent in Berlin: Zekî Hishmat-Bey Kirâm (1886–1946).

Ahmadiyya aus Lahore im heutigen Pakistan, die von den anderen islamischen Vereinigungen der Stadt anfangs aufgrund ihres Religionszweiges Ablehnung und Denunzierungen erfuhren; es existierten jedoch auch Doppelmitgliedschaften zwischen der Moslemischen und Islamischen Gemeinde in Berlin (ebd., S. 52).

Die Moslemische Gemeinschaft begann aufgrundlage der Finanzierung aus Indien schon im Jahr 1924, trotz der Inflation und der schweren Wirtschaftskrise im Deutschen Reich, mit dem Bau einer Moschee im Südwesten der Stadt (Motadel 2009, S. 112). Der Gebetsraum des Gebäudes konnte etwa 400 Personen fassen und erfuhr seine Einweihung mit der ersten Nutzung im Jahr darauf (1925); das gesamte Gebäude stand ab dem Jahreswechsel 1926/1927 zur Verfügung. In der Zeit der Weimarer Republik besuchte zu den religiös-islamischen Feierlichkeiten neben Akademikern und Studenten auch das Botschaftspersonal einer Vielzahl islamischer Staaten (Bauknecht 2001, S. 47) als Gäste diesen neuen Anziehungspunkt, was dem offenen Charakter des Trägervereins sowie seiner einzelnen (religiösen und administrativen) Vertreter entsprach. So sollte die Moschee im weiteren Verlauf bis 1937 der zentrale Treffpunkt für Muslime in Berlin bleiben, da sie bis über das Ende des Zweiten Weltkriegs hinaus die einzige islamische Gebetstätte in traditioneller Architektur in Berlin blieb und auch anderen Vereinen offenstand. Die öffentlichen Auftritte des Exilanten Amin al-Husseini fanden ab 1941 mehrheitlich nicht an diesem religiösen, sondern an anderen Orten der Stadt oder des Landes statt.

Einer der Hauptakteure der Moslemischen Gemeinschaft, der Akademiker[14] Maulana Sadr-ud-Din (†1981), verließ 1922 das damalige britische Kolonialgebiet Indien mit missionarisch-religiösem Auftrag der islamischen Religionsgruppe der Ahmadiyya Lahore und migrierte in das Deutsche Reich. Hier trieb er nach seiner Ankunft den Kauf eines Grundstücks in der Hauptstadt voran und initiierte damit maßgeblich den Bau der ersten Berliner Moschee (Ahmad 2006, S. 8). Sein akademischer Hintergrund, den er vorrangig für das Ziel des interkulturellen Austauschs einsetzte (siehe auch die Herausgabe der Zeitschrift ‚Moslemische Revue'), veranlasste Sadr-du-Din, sich in Zusammenarbeit mit deutschen Orientalisten zudem an der Ausarbeitung des Korans in deutscher Sprache zu versuchen. Dieses Vorhaben sollte ihm erst im Jahr 1939 gelingen, gilt jedoch heute als erste von einem Muslim angefertigte deutsche Koranübersetzung (siehe Sadr-ud-Din 1939). In seinen öffentlichen Reden vertrat er Positionen wie

---

[14]Sadr-du-Din war vor dem Wechsel nach Berlin Senator der zu dieser Zeit bestehenden Muslimischen Nationaluniversität in Lahore (Bauknecht 2001, S. 57).

„(…) *Toleranz im Islam* (…)" und „(…) *Hochachtung vor anderen Religionen.*"
(Bauknecht 2001, S. 48). Demnach interpretierte er die religiösen Traditionen in
einem kooperativen Charakter und als offen diskursfreudig im Umgang mit anderen Gruppen. Dies mündete – für die Zeit der Weimarer Republik als Kontext – in
inklusiv zu bezeichnende politische Standpunkte. Weiterhin verschrieb er sich der
Aufklärung sowie der Beseitigung von Vorurteilen zwischen den Kulturen (Bauknecht 2001, S. 47); die faktische politische Entwicklung und das Verhältnis von
Religion und Politik in Europa zum damaligen Zeitpunkt waren aus seiner Perspektive eher Punkte, die offen anzusprechen und zu kritisieren waren: *„Die Religionen setzten für Sadr-ud-Din einen Kontrapunkt zur politisch-gesellschaftlichen
Situation Europas.*" (ebd., S. 56). Ud-Din selbst spricht bereits in einem seiner
ersten Artikel in der Moslemischen Revue aus dem Jahr 1924 „(…) *von dem Flu-
che nationalen Hochmuts und Vorurteils* (…)" (ebd.).

Ein zweiter wichtiger Akteur in der Moslemischen Gemeinschaft in Berlin
stellte der 1928 in die Stadt gekommene Imam der Moschee, Dr. Muhammad
Abdullah (1898–1956), dar (ebd., S. 67). Er war Chemiker, promovierte 1932
in diesem Fach an der Technischen Universität Berlin (Ahmad 2006, S. 31) und
nahm in der Folgezeit auch die Position des Generalsekretärs der Gemeinschaft
ein, innerhalb dessen er ähnliche politische und kulturelle Standpunkte wie Sadr-
ud-Din vertrat (Bauknecht 2001, S. 67). Neben der Moschee konnte der Verein
die damals namhafte und noch heute viel beachtete Zeitschrift (Motadel 2009,
S. 115) ‚Moslemische Revue' vorweisen, die im Januar 1924 ihre Arbeit aufnahm (Ahmad 2006, S. 15), im folgenden April ein erstes gedrucktes Exemplar
herausbrachte (Bauknecht 2001, S. 46) und in der nun erstmals im Deutschen
Reich zahlreiche muslimische Akademiker zu philosophischen und politischen
Themen gebündelt veröffentlichten konnten. Der Hauptdiskurs der publizierten
Artikel galt der Beziehung von islamischer Lehre und Praxis mit europäischer
Philosophie sowie mit der modernen politischen Entwicklung auf dem Kontinent.
Die eher liberal gesinnte Autorenschaft bildeten neben den allochthonen Muslimen die Gruppe der deutschen Konvertiten mit akademischem Hintergrund sowie
deutsche Orientalisten (ebd., S. 55; Motadel 2009, S. 120). Die Moslemische
Gemeinschaft versuchte mit der Revue, sich zu einem Sprachrohr für alle Muslime in Berlin, jenseits der einzelnen Glaubensrichtungen und der Herkunft, zu
entwickeln. So kam eine breite Autorenschaft von Vertretern des Vereins sowie
von außerhalb zu Wort, und „(…) *auch inhaltlich waren die Aufsätze von hohem
intellektuellem Niveau und mitunter sogar um Wissenschaftlichkeit bemüht.*"
(ebd., S. 115); Punkte, die zur angesprochenen hohen Reputation der Publikation
einen großen Beitrag leisteten.

Am 4. November 1927 gründete sich aus Kreisen der Islamischen Gemeinde in Berlin zusätzlich das für diesen Text wichtige *„Islam-Institut e. V."* (Bauknecht 2001, S. 73), das nach außen hin als akademisch-islamische Institution vermittelt wurde und sich wie viele andere Gemeinschaften des Spektrums der Verständigung zwischen Deutschen und Muslimen verschrieb. Die Träger postulierten, „(…) *den im Reich lebenden muslimischen Studenten geistigen und sittlichen Halt* (…)" (Motadel 2009, S. 113) in der Kombination mit europäischer Bildung geben zu wollen; auch der Austausch zwischen den Kulturen war vorgesehen (Bauknecht 2001, S. 75). Die Gründung des Instituts ging neben diesen Anliegen jedoch auch auf Differenzen innerhalb der Islamischen Gemeinde zwischen konservativen Mitgliedern der älteren Generation um den Gründer Abdul Jabbar Kheiri und politisch nationalistisch orientierten, jungen Muslimen um den syrischen Studenten Muhammad Nafi Tschelebi (1901–1933) zurück. Der Syrer Tschelebi kam im Jahr 1923 in die Stadt, studierte seitdem Ingenieurwissenschaften an der Technischen Universität Berlin und war in der nationalen (Vorsitz der islamischen Studentenvereinigungen ‚Islamia' und ‚El-Arabyia') und internationalen Studentenbewegung aktiv (Ahmad 2006, S. 58). Er gründete mit weiteren zugewanderten Muslimen der jüngeren Generation und einflussreichen deutschen Orientalisten[15] im November 1927 zuerst das Islam-Institut in Berlin als Herausforderung an die Älteren, und setzte schließlich bald darauf am 31. Januar 1928 den Leiter der Islamischen Gemeinde selbst, Abdel Jabbar Kheiri, ab. Dieser wurde als autokratisch gebrandmarkt; Tschelebi übernahm dessen Posten kurzzeitig und blieb anschließend als Generalsekretär des Vereins aktiv (Bauknecht 2001, S. 75). Mit ihm an der Spitze war das Islam-Institut in der Folgezeit in Berlin mit Veranstaltungen öffentlich präsent, gründete mehrere Sektionen und konnte in seinem Stiftungsrat sowie in seinem Ehrenausschuss (Vorsitz Franz von Papen [1879–1969]) prominente Vertreter der deutsch-konservativen politischen Elite platzieren (ebd.). Nach der Machtergreifung der NSDAP im Januar 1933 und insbesondere nach dem Tod von Muhammad Nafi Tschelebi im Sommer des Jahres verfiel das Institut zunächst in Inaktivität.

Eine Änderung bedeutete der Wechsel in der Position des Generalsekretärs der Islamischen Gemeinde zu Berlin zum indischen Journalisten Habibur Rahman im Jahr 1936, der dem Institut neue Wirkung verleihen wollte (ebd., S. 76).

---

[15]Genannt werden Mohammed Hassan Hoffmann und Prof. Dr. Gustav Kampffmeyer von der Deutschen Gesellschaft für Islamkunde e. V. (siehe Bauknecht 2001, S. 75), die 1913 gegründet wurde und einen Zusammenschluss deutscher Orientinteressierter darstellte (ebd., S. 64).

Nach außen hin stand er in seiner ideologischen Orientierung dem NS-Regime äußerst nahe und setzte auf Loyalität, da er beispielsweise kurz nach seinem Amtsantritt für das Islam-Institut eine neue Satzung verfügte, die allein die Änderung enthielt, folgend den Nürnberger Gesetzen Mitgliedern der jüdischen Gruppe den Zugang zum Verein zu verweigern. Weiterhin konnte er durch seine eingehenden Kontakte zum Reichspropagandaministerium und zum Außenpolitischen Amt der NSDAP, sowie durch seine dem NS-Regime höchst angepasste Rhetorik (ebd.)[16] die Islamische Gemeinde und das Islam-Institut wiederholt von scharfen Verfolgungen, welche die anderen muslimischen Vereine und Einzelpersonen seit spätestens 1937 betrafen, ausnehmen. Die personellen Kontakte und die ideologische Nähe können zudem als gewichtige Gründe in der späteren Entscheidung von zuständigen Behörden des NS-Apparates gewertet werden, sich für das Islam-Institut als zentrale Sammlungsorganisation der zu ihrem System loyalen Muslime im Deutschen Reich zu entscheiden.

Die letzte islamische Vereinigung Berlins, die zur Zeit der Weimarer Republik gegründet wurde und die in diesem Kontext mit dem Fokus auf Amin al-Husseini wichtig zu erwähnen ist, war der *„Islamische Weltkongress, Zweigstelle Berlin e.V.“*. Die Gründung dieses Vereins geht auf ein Treffen von Rückkehrern und Sympathisanten des Islamischen Weltkongresses zurück, der in Jerusalem im Dezember 1931 abgehalten wurde und von Amin al-Husseini maßgebliche Initiierung erfuhr, um eine intensivere Pan-Islamische Solidarität zu entwickeln und Aufmerksamkeit in Richtung Palästina zu lenken (ebd., S. 69; al-Husseini hatte auch den Vorsitz der Konferenz inne). Nach der Maßgabe des Kongresses sollten in allen europäischen Städten mit nennenswerter Zahl von Muslimen Dachorganisationen entstehen, welche bestehende Strukturen bündeln, dem Islamischen Weltkongress in Jerusalem organisatorisch und ideologisch unterstehen sowie eine finanzielle Unterstützung dessen sichern sollten (ebd., S. 70). So ging in der Folgezeit der Ableger des Islamischen Weltkongresses in Berlin aus einer Zusammenkunft von 19 Muslimen aus acht Nationen hervor, welche am 31. Oktober 1932 im Gemeindehaus der Moschee der Deutsch-Moslemischen Gesellschaft stattfand. Der ‚Islamische Weltkongress, Zweigstelle Berlin e.V.‘ proklamierte mit seiner Eintragung in das entsprechende staatliche Register am 31. Mai 1933 noch einmal den Bezug zu den Statuten des Weltkongresses von 1931 in Jerusalem und das Ziel der „(…) *Stärkung der Einigkeit‘* zwischen den

---

[16]Anschaulich in seiner Korrespondenz mit dem Polizeipräsidium Berlin (Bauknecht 2001, S. 76).

Muslimen (...)" (ebd.). Damit wurde der bereits oben erwähnte Versuch unternommen, alle in Berlin existierenden Organisationen an eine internationale Dachorganisation zu binden. Die Gründungsmitglieder aus acht Nationen, zu denen namhafte Personen der Stadt gehörten, spiegelten denn auch ein breites Spektrum des bestehenden organisierten Milieus der Berliner Muslime wider: Die oben erläuterten Personen Zeki Kiram Bey der ‚Gesellschaft für islamische Gottesverehrung', Muhammad Abdullah, Generalsekretär der ‚Deutsch-Moslemischen Gesellschaft' und Imam der Moschee, sowie weiterhin der damals bekannte Konvertit Hugo Hamid Marcus (1880–1966, Deutsch-Moslemische Gesellschaft) und führende Mitglieder der Islamischen Gemeinde (ebd., S. 69). Mit seiner Eintragung im Mai 1933 konnte der Verein bereits 40 Mitglieder vorweisen. Dabei betonte das vorgelegte Statut (folgend dem Kontext des Wandels zur Diktatur im Deutschen Reich wenige Monate zuvor), keine politischen Ziele zu verfolgen. Diese Maßgabe erfüllte die Berliner Zweigstelle des Islamischen Weltkongresses nur innenpolitisch; Resolutionen des federführenden Organs in Jerusalem sowie der Berliner Zweigstelle selbst zeigten außenpolitisch ein anderes Bild. Die Inhalte der veröffentlichten Texte bewegten sich zwischen den drei Hauptthemen der Verurteilungen des imperialistischen Verhaltens Italiens und der Sowjetunion, sowie dem zentralen Diskurs der Anklage der zionistischen Bestrebungen in Palästina, die auf der Unterdrückung der dort lebenden Muslimen basieren würden – und enthielten demnach deutliche außenpolitische Aussagen (ebd., S. 71).

Die Entwicklung der Berliner Zweigstelle des Islamischen Weltkongresses war in der Folge eng mit der Situation ihrer Dachorganisation in Jerusalem verbunden: Nach der Ausrichtung der Gründungskonferenz im Dezember 1931 konnte der Initiator Amin al-Husseini die Interessen der Vertreter der Bewegungen aus 22 teilnehmenden arabisch-muslimischen Staaten nicht auf seine Positionen vereinen und geriet mit dem Aufstand der arabisch-muslimischen Palästinenser von 1936 auch regional und lokal (mit Blick auf Jerusalem und seinen Clan) zunehmend ins Abseits[17]. Da er sich bis zu seiner Flucht aus seiner Heimat 1937 zusätzlich unter einer gewissen Isolation durch Versteck und Hausarrest befand, kamen auch die Tätigkeiten innerhalb des Islamischen Weltkongresses weitgehend zum Erliegen. Für die Zweigstelle Berlin waren weitere Gründe für die rasch einkehrende Inaktivität ab 1936 neben den fehlenden Direktiven aus der Zentrale in Jerusalem und der strikten Eindämmung durch staatliche Stellen die

---

[17]Andere Fraktionen der arabisch-muslimischen Palästinenser befürworteten eine begrenzte Zusammenarbeit mit Großbritannien.

mehrheitlich erzwungene Emigration der nicht-deutschen Mitglieder der muslimischen Vereinigungen aus dem Deutschen Reich. Mit der verstärkten Kontrolle
im Jahr 1937 begannen die gleichgeschalteten Institutionen der NS-Diktatur, miss-
trauisch auch diese Organisation zu überprüfen. Durch die guten Beziehungen
des Vereins zu einzelnen Akteuren im Auswärtigen Amt (AA) und zum Reichspropagandaministerium, insbesondere jedoch durch die ständige Abwesenheit der
weiteren führenden Personen (Flucht)[18], konnte selbst dieser Schritt bis zum Ende
des Zweiten Weltkriegs nicht mehr ausgeführt werden (ebd., S. 72). Der ‚Islamische Weltkongress, Zweigstelle Berlin e.V.‘, eigentlich die genuine politische
Interessenvertretung[19] Amin al-Husseinis im Deutschen Reich, konnte sich aufgrund der innenpolitischen Entwicklungen in der Hauptstadt auch in der Folgezeit nicht etablieren: Es existierte ab 1937 keine personelle Basis mehr, weiterhin
unterstützten die NS-Behörden den Verein nicht und mit der Observation trotz
vollständiger Inaktivität ab 1938 misstrauten sie ihm weiterhin (ebd.).

In der Zusammenfassung der Betrachtungen zum muslimischen Leben in
Berlin vor der Machtergreifung der Nationalsozialisten lässt sich festhalten,
dass ein vielfältiges interkulturelles, bürgerlich-akademisches Milieu entstand,
innerhalb dessen die genannten sowie weitere muslimische Vereinigungen[20] in
regem Kontakt zueinander standen sowie große inhaltliche und personelle Überschneidungen (ebd., S. 52) zeigten. Der bedeutendste Verein unter ihnen, der seit
1930 als ‚Deutsch-Moslemische Gesellschaft e.V.‘ eingetragen war, konnte aufgrund der Moschee und der Zeitschrift Moslemische Revue in den 1920er Jahren
weitgehend islamische Netzwerke in Berlin unter seinem Dach zusammenbringen
(Motadel 2009, S. 111) und zählte so vor 1933 zu hohen religiösen Feierlichkeiten im Durchschnitt ca. 200 Mitglieder und Gäste in seinen Räumlichkeiten
(Bauknecht 2001, S. 50). Die Rivalitäten zum zweiten großen Verein, der Islamischen Gemeinde, nahmen bis 1933 zu, politisierten sich in der Folgezeit und
endeten schließlich 1940 zum Nachsehen der Deutsch-Moslemischen Gesellschaft (ebd., S. 69, 74).

---

[18]So flüchtete Hugo Hamid Marcus 1938 in die Schweiz.

[19]Und nicht religiöse.

[20]Nach zeitgenössischen Angaben existierte im Jahr 1934 noch ein Vielzahl weiterer
muslimischer Organisationen in Berlin, wie u. a. die ‚Deutsch-Türkische Vereinigung‘,
der ‚Türkische Club‘, der ‚Orient-Club‘, die ‚Deutsch-Ägyptische Vereinigung‘, die
‚Deutsch-Persische Gesellschaft‘, die Sufi-Bewegung, der ‚Persische Studentenverein Iran‘,
die ‚Usbekial- und Turkestan-Delegationen‘, sowie die ‚Kaukasischen Studentenschaften
von Aserbaidschan und Georgien‘ (vgl. Bauknecht 2001, S. 44).

Ab 1937 begannen die dafür zuständigen Akteure des NS-Regimes mit ver-
stärkter Zentralisierung und Gleichschaltung und nahmen demnach verschärfte
Überprüfungen aller muslimischen Vereine in Berlin und dem Deutschen Reich
vor, in dessen Folge der größte, die ‚Deutsch-Moslemische Gesellschaft e.V.‘, seine
publizistischen sowie weiteren Tätigkeiten stark begrenzen musste und auch von
den Behörden immer misstrauischer beobachtet wurde (ebd., S. 67). Der Imam der
Moschee, Dr. Muhammad Abdullah, verließ zu Beginn des Zweiten Weltkrieges
im September 1939 das Land (ebd., S. 69) und die Deutsch-Moslemische Gesellschaft stellte ihre Aktivitäten aufgrund des Drucks von außen 1940 selbst ein (ebd.).
Damit kam auch die Herausgabe der Zeitschrift ‚Moslemische Revue‘ um Erliegen.
Generell emigrierten (wenn nicht bereits interniert) mit dem Zeitpunkt des Ausbruchs der Kriegshandlungen die wenigen im Deutschen Reich verbliebenen,
allochthonen Muslime mehrheitlich, da sie nun als Angehörige sogenannter
‚Feindstaaten‘ galten und ihre sofortige Inhaftierung angeordnet wurde, sofern sie
keine engen persönlichen Beziehungen zu wichtigen Akteuren in staatlichen bzw.
nationalsozialistischen Organisationen vorweisen konnten (ebd., S. 74).

Die Aktivitäten der Muslime und die Organisation ihrer Zusammentreffen in
Berlin wurden von den NS-Behörden ab 1937 beim zweiten großen Verein, der
‚Islamischen Gemeinde zu Berlin e.V.‘, gebündelt, da sich das NS-Regime von
dieser Organisation aufgrund ihrer Loyalitätsbekundungen und personellen Nähe
im Milieu die größte Gefolgschaftstreue versprach (ebd.). Jedoch trugen sich in
der weiteren Folge Machtkämpfe innerhalb der Islamischen Gemeinde zu, die
schärfer wurden, als der von Generalsekretär Habibur Rahman installierte ägyptische Imam der Gemeinde, Riyad Ahmad Muhammad, im September/Oktober
1939 als sog. ‚Angehöriger eines Feindstaates‘ für längere Zeit verhaftet wurde
(ebd.). Eine neue, ambitionierte, und für Rahman konkurrierende Leitung[21] des
Islam-Instituts trat an, auch in der Islamischen Gemeinde entscheidende Positionen zu erkämpfen. Diese Konkurrenz in Person des ägyptischen Journalisten
Kamal el-Din Galal, selbst ein Befürworter der nationalsozialistischen Ideologie,
konnte von Rahman in Verbindung mit der an der Diktatur ausgerichteten Polizei
im Jahr 1940 zunächst erfolgreich aus beiden Organisationen, der Gemeinde
und dem Institut, verdrängt werden. Galal trieb jedoch das Projekt der Neugründung eines „akademischen" Islam-Instituts weiter voran und konnte sich
dabei der Unterstützung des Auswärtigen Amtes sicher sein, dass Rahman als

---

[21]Hauptsächlich die Ägypter Kamal Eldin Galal, der in Berlin 1939 in Publizistik promovierte (Galal 1939) und Autor zahlreicher NS-Propagandasendungen für den arabischen Raum war (Steinke 2015). Weiterhin Ali Hassan Abdel Kader, Theologe von der
Azhar-Universität in Kairo (Bauknecht 2001, S. 76, 77).

überschätzt ablehnte (ebd., S. 77). Entscheidend war nun, dass das AA ab 1941 im NS-Machtgefüge in dominanter Stellung für die Belange des arabischen Raumes die Zuständigkeit erhielt. So konnte sich auch die Neugründung *„Islamische Zentral-Institut zu Berlin e.V."* von Kamal el-Din Galal etablieren und am 29. Mai 1942 mit Befürwortung des deutschen Außenministeriums den Eintrag ins Vereinsregister (ebd.) erlangen; mit diesem Schritt war der ältere Verein *‚Islam-Institut e.V.'* verdrängt.

Die Islamische Gemeinde, welche noch von Rahman geleitet wurde, und das Institut waren nun personell voneinander getrennt und klar zugunsten des letzteren positioniert; ideologisch können jedoch beide als gleichgeschaltet gelten, da sich die führenden Akteure (zumindest öffentlich) mit dem Nationalsozialismus als Ideologie identifizierten. Die leitenden ausländischen Mitglieder des neuen Zentral-Instituts waren in der rundfunkpolitischen Abteilung des AA beschäftigt (ebd.), was zusätzlich die instrumentelle Neuordnung und Einbindung des muslimischen Bereichs in das Machtsystem des NS-Regimes im Deutschen Reich verdeutlicht (siehe Abschn. 4.3). Mit dem letzten Schritt der politischen Maßnahmen, der sukzessiven staatlichen Distanzierung vom letzten verbliebenen muslimischen Verein (Islamischen Gemeinde) der Stadt und der im Mai 1942 vollendeten Transformation des Islam-Instituts in das Islamische Zentral-Institut, war die geplante Gleichschaltung der Muslime abgeschlossen; dieser Befund kann auch für das gesamte Deutsche Reich gelten. Eine singuläre, inhaltlich und personell kontrollierte Einheit als einzige Anlaufstelle für Muslime im Staat war etabliert; unter Aufsicht des Auswärtigen Amtes sollte diese Konstruktion alle anderen islamischen Vereine bis 1945 verdrängen (ebd., S. 74). Als 1941 die faktische Kooperation des NS-Regimes mit Amin al-Husseini begann, war das vielfältige bürgerliche islamische Milieu der Hauptstadt (und des Landes) durch die Verfolgung und Emigration der ausländischen Mitglieder, die argwöhnische Überwachung der Konvertiten und Interessierten sowie der Vereinigung aller ihrer Organisationen unter dem Dach des ‚Islamischen Zentral-Instituts' nahezu verschwunden. Die verbliebenen Muslime, wenn hier organisiert, standen aufgrund ihrer selbst postulierten Nähe zum NS-Regime unter einem gewissen staatlichen Schutz vor der sonst willkürlich waltenden Verfolgung, wurden von den Institutionen des nationalsozialistischen Macht- und Terrorapparats jedoch weiterhin strikt observiert und konnten somit keine selbst-initiierten Aktivitäten verfolgen (ebd., S. 68, 69).

Nicht nur die internen Entwicklungen um die Gründung des Zentral-Instituts im Mai 1942, auch die eigentliche offizielle Eröffnung im folgenden Dezember des Jahres war überschattet von Konkurrenzen. Interne Akteure besaßen immer weniger Einfluss, und im deutschen Auswärtigen Amt wurden zwei verschiedene, zu Wettbewerbern gewordene arabische Exilanten für die Leitung des Instituts favorisiert: Eine Gruppe sympathisierte mit der Idee, mit dieser Maßnahme auch den Vertretungsanspruch der arabischen Muslime auf Rashid al-Gaylani zu konzentrieren, andere bevorzugten für diese Funktion Amin al-Husseini (Höpp 1994, S. 441). Die zweite Interessengruppe konnte sich letztendlich im Herbst 1942 durchsetzen und der Verlauf der gänzlichen Gleichschaltung des muslimischen Lebens der Stadt (und des Deutschen Reichs) durch das NS-Regime nahm mit der feierlichen Eröffnungsrede des Zentral-Instituts durch Amin al-Husseinis am 18.12.1942 sein Ende. Bezeichnenderweise fand die Eröffnung zwar an einem islamischen Feiertag statt, jedoch in Räumen des Zentral-Instituts im sog. ‚Haus der Flieger' (Höpp 2001, S. 127) in Berlin-Mitte, dem ehemaligen Preußischen Abgeordnetenhaus, und nicht in einem angemessenen religiösen Rahmen wie der Berliner Moschee im Südwesten der Stadt. In seiner Eröffnungsrede nahm al-Husseini einzig zu den beiden Themen der historischen und gegenwärtigen Opferbereitschaft der Muslime (ebd., S. 123) sowie ihrer derzeitigen angeblichen Feinde (sog. ‚Weltjudentum', England, Amerika, sog. ‚gottloser Kommunismus') Stellung; sie ist nahezu vollständig ohne theologischen oder spirituellen Bezug, obwohl das Datum einen islamisch-religiösen Feiertag *(‚Idul-Adha')* markierte. Am Ende der Ansprache hält er zusammenfassend fest:

> Der Muslim, der noch einen anderen als Gott fürchtet, oder der sich seinen Feinden beugt und sein Schicksal freiwillig in deren Hände legt, ist kein Muslim mehr. Auf Grund dieser Richtschnur verlange ich von Euch, Muslime, Euren Glauben zu prüfen, und wenn Ihr ihn schwach und wankelmütig findet, so stärkt und ergänzt ihn und befreit Euch von dem Zustande, in den Euch Eure Feinde versetzt haben. Dies kann durch Einsatzbereitschaft und Opferfreudigkeit erreicht werden (ebd., S. 126).

Mit Blick auf den Kontext der ersten Luftangriffe auf Berlin und dem Kriegsverlauf an den Fronten bildete die Rede mehr einen Kampf- und Mobilisierungsaufruf als ein religiöses Bekenntnis oder spirituelle Orientierung. (Der zynische Charakter des Handels wird neben der Manipulation der Religion für Ziele des NS-Regimes zusätzlich dadurch deutlich, dass spätestens ab November 1942 Anzeichen vorlagen, al-Husseini selbst glaube nicht mehr an einen Sieg der Achsenmächte, da er mit Kontaktpersonen der westlichen Alliierten korrespondierte (Gensicke 1988, S. 122)).

Auch die Hörerschaft war an diesem Abend der Eröffnung des Zentral-Instituts weniger von Interessierten an islamischer Spiritualität und Theologie geprägt. Vielmehr bestand sie aus einer Mischung der beiden politischen/militärischen Personenkreise der Beamten anderer Staaten sowie der Angehörigen von bewaffneten Verbänden (wie verschiedenen SS-Freiwilligenverbänden), wie Fotografien des Abends zeigen (siehe Abb. 4.1). Demnach war die Aufgabe Amin al-Husseinis innerhalb des Zentral-Instituts nach generellem Muster politisch-propagandistisch angelegt.

Abb. 4.1 Amin al-Husseini bei der Eröffnung des Islamischen Zentral-Instituts. (Quelle: Bundesarchiv, Signatur 147-0483, Berlin.- Amin el Husseini im Gespräch mit islamischen Freiwilligen, u. a. der „Legion Aserbaidschan")

Amin al-Husseini setzte seine neugewonnene Macht als Schirmherr des Instituts (Gensicke 1988, S. 134) rasch durch und die ersten von ihm getroffenen Maßnahmen betrafen nicht Inhalte, sondern Umbesetzungen in den wichtigsten Positionen, auf denen nun palästinensische Gefolgsleute platziert wurden (Bauknecht 2001, S. 79). Eine wirkliche inhaltliche Arbeit konnte in der Folgezeit am Islamischen Zentral-Institut aufgrund der sich intensivierenden Luftangriffe der Alliierten auf Berlin ab dem 16. Januar 1943 nicht mehr geleistet werden; der Aufenthalt in der Hauptstadt selbst wurde deshalb immer gefährlicher. Amin al-Husseini verließ daraufhin im Frühjahr 1943 die ihm dort zur Verfügung gestellte Villa im Südwesten der Stadt, um in den kleinen Ort Zaue am Schwielochsee im südöstlichen Brandenburg zu ziehen (Ostsachsen Projekt 2017). Als die Umstände es erforderten, wurde er im Sommer 1944 von der SS weiter in den bergigen Kurort Oybin im südöstlichen Sachsen verlegt, wo er bis zum 29. März 1945 ein Versteck erhielt (ebd.). Der Aufenthalt in den ländlichen Exilorten war verbunden mit Tätigkeiten zur Unterstützung der NS-Propaganda (Text, Radio) und mit dem Verfassen von Briefen; kurzzeitig verreiste er auch, u. a. im Frühjahr 1943 nach Bosnien-Herzegowina (siehe Tab. 4.1). Da Amin al-Husseini aus dem

Tab. 4.1 Übersicht zu Aufenthalt und Aktivitäten Amin al-Husseinis im Exil 1937–1945 (Nach Angaben aus Frantzmann (2009, S. 190–195), Gensicke (1988, S. 278), Herf (2010, S. 259–286), Höpp (2001), Motadel (2013, S. 1018, 1019), Ostsachsen Projekt (2017) und Steinke (2017, S. 168–172).)

	Aufenthalt	Reisen	Öffentliche Aktivitäten
01.10.–13.10.37	Jerusalem/Pal.	*Versteck auf dem Tempelberg, Flucht über Jaffa in den Libanon*	
13.10.37–13.10.39	Beirut/Libanon	*Flucht in den Irak*[a]	
13.10.39–05/41	Bagdad/Irak	*Flucht in den Iran*	04/41 Erklärung Dschihad gegen England
01.06.41–07/41	Iran	*Flucht in die Türkei mithilfe Italiens*	
07/41	Türkei	*in Richtung Italien*	
11.10.41	Rom/Italien		
06.11.41–03/43	Berlin/Deutsches Reich	*+1942 Romreise*	28.11.41 Treffen mit Adolf Hitler (WS[b])
			03.07.42 Erklärung Ägypten (RF[c])
			08/42 Interview bosnische Zeitung Osvit
			22.08.42 Rede an Inder (RF)
			11.10.42 Ansprache in Berliner Moschee
			11.11.42 Rede an Araber (RF)
			25./26.11.42 Rede an Nord-afrikaner (RF)
			18.12.42 Rede Eröff. Isla. Zentral-Institut
			08.02.43 Interview (dt. Zeitung, RF)
			19.03.43 Rede zum Maulid
		+ 04/43 NDH/ Jugoslawien	01.04.–11.04.43 Ansprachen in Zagreb, Banja Luka, Sarajevo

(Fortsetzung)

Tab. 4.1 (Fortsetzung)

	Aufenthalt	Reisen	Öffentliche Aktivitäten
04/43–07/44	Zaue am Schwielochsee/Brandenburg/Deutsches Reich	+ *Truppenübungs-plätze/ Frankreich, Dt. Reich (11/43);* + *1944 Himmler/ Ukraine*	17.06.43 Erwiderung auf Rede Weizmans
			01.10.43 Rede zum Id al-fitr
			02.11.43 Rede Jahrestag Balfour-Erkl.
			17.11.43 Rede zum Libanon (RF)
			04.03.44 „Aufruf zu den Waffen"[d] (RF)
			03/44 Rede zum Maulid (RF)
			21.04.44 Rede Eröff. Imamschule Guben
07/44–29.03.45	Oybin/Ostsachsen/Deutsches Reich	+ *11/44 SS-Division in Budapest/ Ungarn* + *Flucht nach Süddeutschland*	09/44 Aufruf an Muslime in Ostasien
			26.11.44 Rede Eröff. Imamschule Dresden
			04.10.44 Rede Imame bosni. SS-Division
			(k.A.) Rede turk. Angehörigen Waffen-SS
			17.12.44 Rede islam. Welt Neujahr (RF)
			23.01.45 an Araber in alliierter Armee
29.03.–04.05.45	Süddeutschland	*versuchte Einreise in die Schweiz, Verhaftung durch Frankreich*	
04.05.45–05/46	bei Paris/Frank.	*Arrest, entkommt loser Bewachung, Flucht über Rom und Athen*	
28.05.46	Kairo/Ägypten	*Ankunft im Nahen Osten, Begrüßung durch al-Banna*	

[a]Er fand für zwei Jahre Schutz bei französischen Behörden, die ihn jedoch spätestens ab dem 3. September 1939 aufgrund der Kriegserklärung von Großbritannien und Frankreich an das Deutsche Reich und seiner Kontakte zu italienischen Agenten verfolgten (Frantzmann 2009, S. 190)
[b]WS – Wochenschau
[c]RF – Rundfunk
[d]Sog. ‚Märtyrerrede', die eine Anstiftung zum Völkermord darstellt (Herf 2010, S. 284)

Ort Oybin Ende März 1945 direkt Richtung Süddeutschland aufbrach (und von
dort aus nach Frankreich gelangte), kam von ihm nach seiner Abreise aus Berlin
im Frühjahr 1943 kein wesentlicher inhaltlicher Beitrag für das Islamische Zentral-Institut mehr zustande. Der Verein versank faktisch spätestens sechs Monate
nach seiner Eröffnung in der Bedeutungslosigkeit. Amin al-Husseini war nun
nicht mehr räumlich am Ort der wichtigsten Ereignisse in Berlin zugegen, und
auch die Führungspersonen des NS-Regimes schenkten ihm nicht die von ihm
gewünschte Aufmerksamkeit[22].

Zum gleichen Zeitpunkt zog sich das Auswärtige Amt aus dem Bereich
Islam immer weiter zurück und die SS sowie der SD wurden im Frühjahr 1943
auf eigene Initiative für den Sektor zuständig, da sich die beiden letztgenannten
Organisationen „(…) *spätestens seit 1943 in wachsendem Maße für den Islam
und seine Funktionalisierung ,interessierten'.*" (Höpp 1994, S. 441). Durch die
Ausschaltung der Gruppe im AA im Dezember 1942, die Rashid al-Gaylani
nahe stand, und der besonderen Verbindungen Amin al-Husseinis zu Heinrich
Himmler und damit der SS konnte Ersterer seine Position als alleiniger Vertreter
der arabischen Muslime festigen; die SS hatte ab der Jahreswende 1942/1943
„(…) *eine ,Schlüsselstellung im Bereich der Orient- und Islampropaganda' eingenommen.*" (ebd., S. 442). Das Institut konnte demnach, neben der Inaktivität durch Abwesenheit ihrer wichtigsten Leitungsfigur, ab den ersten Monaten
im Jahr 1943 nur im Schatten der erwähnten NS-Organisationen eine mögliche
inhaltliche Arbeit zu islamischen Fragen im Deutschen Reich beginnen. Der Kontext dieser Entwicklung lag somit insgesamt in der Entwicklung des Krieges und
den sich nun ausschließlich auf militärische Belange konzentrierenden Fragen
der NS-Akteure (wie in der Aufstellung von bewaffneten Verbänden der SS in
besetzten Gebieten mit muslimischer Mehrheit; siehe Abschn. 4.3).

Die Konsequenzen der Etablierung des Islamischen Zentral-Instituts sind für
beide Seiten, für das NS-Regime sowie für Amin al-Husseini, als überschaubar
einzuordnen. Die Nationalsozialisten hatten ihre Ziele in dem Sinne erreicht, als
dass sie die politische Vereinnahmung der Religion des Islam in ihrem Machtbereich bis zu ihrer vollständigen Gleichschaltung vorantrieben (und in diesem
Kontext auch erfolgreich die Ausgrenzung der allochthonen und autochthonen

---

[22]So blieb auch das Zusammentreffen mit Adolf Hitler im November 1941 das einzige.
Amin al-Husseini wurde in der Folgezeit auch nicht an den beiden zentralen Orten (sog.
,Führerhauptquartier Wolfsschanze', ,Berghof' am Obersalzberg) empfangen, an denen
sich der Diktator seit Kriegsbeginn 1939 die überwiegende Zeit aufhielt und eine Vielzahl
anderer Gäste traf. Im höchsten Machtbereich ist nur der Zugang zu Heinrich Himmler
bekannt.

islamischen Personengruppen und damit die totale Marginalisierung des Islam im Deutschen Reich verschwiegen). Das Ziel der Festigung der religiösen Autorität Amin al-Husseinis vonseiten des NS-Regimes durch die Leitung des Institut muss auf der anderen Seite wohl als gescheitert angesehen werden, da erstens die vorhandenen (und insbesondere ausgewanderten) muslimischen Eliten der Hauptstadt größere theologisch-religiöse Expertise anzubieten hatten und zweitens ihn die islamische Theologie des Nahen Ostens mit diesem Schritt in religiöser Belangen nicht ernster nahm, sondern ihn eher als einen weiteren Beleg für die Entfernung seiner Thesen zu ihrer Interpretation der Religion wertete. Zudem war das Institut selbst nicht theologisch, sondern mit der Anbindung an das Auswärtige Amt und später an die SS propagandistisch und nachrichtendienstlich ausgerichtet, was auch der Mehrheit der internen und externen Beobachter bewusst war. Dessen neuer Schirmherr, Amin al-Husseini, wie auch die weiteren verantwortlichen Mitglieder (Gensicke 1988, S. 134), äußerten sich innerhalb dieses Rahmens nach den bekannten Quellen ausschließlich politisch.

Amin al-Husseinis mögliches weiteres Ziel war neben der Festigung seiner politisch-religiösen Autorität die Durchsetzung über andere Führer des arabischen Raumes, die sich ebenfalls im Exil im nationalsozialistisch regierten Deutschen Reich aufhielten. Auch sie beanspruchten teilweise die alleinige Vertretung der arabischen Muslime beim NS-Regime für sich; insbesondere der Iraker Rashid al-Gaylani (1892–1965). Dieser zweite Punkt gelang ihm nur teilweise, da die Vertreter des Auswärtigen Amtes ihm auch Ende des Jahres 1942 nur „(...) *Bestimmungsrecht* (...)" (ebd., S. 135) über die Gebiete Palästinas zugestanden. Politische oder religiöse Autorität konnte wegen der oben angeführten Argumente mit der Schirmherrschaft über das ‚Islamische Zentral-Institut' nicht aufgebaut werden – die Betonung bei der Beurteilung dieses Schrittes liegt auf einer weiteren Diskreditierung in der islamisch-arabischen Welt.

In langfristiger Perspektive zeigten sich mit der nationalsozialistischen Ausrichtung der muslimischen Organisationen vor 1945 auch Auswirkungen auf die Entwicklung dieser über den Zweiten Weltkrieg hinaus. Hier lässt sich eine gewisse Kontinuität bei Vereinen im Bereich in personeller und finanzieller Hinsicht bis in die Nachkriegszeit der 1950er und 1960er Jahre in der Bundesrepublik beobachten; sie bündelten eine Vielzahl muslimischer oder muslimisch interessierter NS-Sympathisanten nach 1945 (ebd., S. 41, 143). Zudem waren diese Vereine häufig Objekte der Einflussnahme nationalistisch eingestellter Araber sowie säkularer, staatlich-politischer Akteure (Johnson 2011, S. 95).

Im Ergebnis muss trotz der Unterstützung der Gleichschaltung und der politischen Propaganda für das NS-Regime durch Amin al-Husseini zusammenfassend festgehalten werden, dass während der NS-Diktatur der überwiegende Teil der

Muslime im Deutschen Reich Opfer der mörderischen Rassenideologie wurde und die Gruppe vor 1933 mehrheitlich in Opposition zu dieser ideologischen Orientierung stand (Bauknecht 2001, S. 81). So ist im Ergebnis auch das ‚Islamische Zentral-Institut e. V.‘ als ein Element in der Symbolik um die Vereinbarkeit von Nationalsozialismus und Islam (mit Amin al-Husseini an der Spitze) als gescheiterter Versuch anzusehen.

4.2   Radiopropaganda aus Zeesen in den Nahen Osten

Die nun folgende Betrachtung und Einordnung der arabischsprachigen Radiopropaganda, die Amin al-Husseini aus dem Exil in Berlin mithilfe des NS-Regimes in Richtung des Nahen Ostens sendete, unterteilen wir erstens in den technischen, personellen und inhaltlichen Aufwand, der von deutscher Seite zwischen 1939 und 1945 betrieben wurde, zweitens in den Inhalt der von al-Husseini durchgeführten Ansprachen, und drittens in die damaligen technischen und politischen Bedingungen des Empfangs und der Rezeption in Palästina, die Aufschluss über die Wirkungen des Projektes in der Zielregion geben können.

Auf der Seite der zuständigen Akteure und Institutionen im Deutschen Reich fiel die grundlegende Entscheidung, Radiopropaganda in den Nahen Osten und damit in das Einflussgebiet Amin al-Husseinis auszustrahlen, wohl mit jenen Entwicklungen zusammen, die sich kurz vor dem Beginn des Zweiten Weltkrieges ereigneten. Als der Konflikt mit der Kolonialmacht Großbritannien aus Sicht der nationalsozialistischen Elite während des Jahres 1939 unvermeidbarer wurde und der Krieg gegen Polen von dieser Seite aus bereits beschlossen war, begann der deutsche Reichsrundfunk am 25. April 1939 mit der Aussendung von Radiowellen, welche die nationalsozialistische Propaganda auch in den arabischen Raum bringen sollten (Höpp 1994, S. 443). Als Prototyp und damaliges wie heutiges Vergleichsobjekt für diese Aktivitäten wurde der Sender *„Radio Bari"* des faschistischen italienischen Diktators Benito Mussolini angegeben, der ab dem Jahr 1934 aus Süditalien ausgestrahlt wurde und in besagte Region wirken sollte (Rosbach 2010, S. 4). Der Sender war zu damaliger Zeit unter gebildeten muslimischen Arabern Palästinas weitgehend bekannt, konnte insgesamt jedoch keine nennenswerte inhaltliche Reichweite erlangen (siehe dazu

auch Stanton 2013, S. 99, 100)[23]. Der Beginn der arabischen Sendungen mit
nationalsozialistischer Propaganda markierte ein Element in der außenpolitischen
Wende des NS-Regimes, den Mittelraum ab 1939 nicht mehr als ausschließliche
Einflusssphäre Italiens zu behandeln.

Das in den 1920er und 1930er Jahren moderne Medium des Radios und insbesondere der aufkommende Auslandsfunk wurden von der nationalsozialistischen
Elite wie Propagandaminister Joseph Goebbels militaristisch als „(…) *Fern-
kampfgeschütz im Äther* (…)" (Rosbach 2010, S. 2) bezeichnet und verbal auch
weitgehend in dieser Funktion genutzt. Generell waren Auslandssender westeuropäischer Regierungen zum Ende der 1930er Jahre ein Zeichen der Modernisierung, welches diese Staaten zur Selbstdarstellung einsetzten, und breiteten
sich immer weiter aus; auch die zuständigen Stellen innerhalb der NS-Büro-
kratie versuchten anhand dieser neuen Informations- und Propagandatechnik,
einen direkten Zugriff auf die Aufmerksamkeit der autochthonen Bevölkerung
in einer jeweiligen Zielregion im Ausland zu erhalten. Dies galt mit Beginn des
Zweiten Weltkrieges insbesondere für die an Europa angrenzenden Gebiete der
Kolonialreiche Frankreichs und Großbritanniens (sowie der Sowjetunion), um
dort kritische Gruppen anzusprechen und damit die drei Hauptkriegsgegner zu
destabilisieren. Die zentrale Botschaft war, „(…) *zum Widerstand gegen die fremde
Beherrschung* (…)" (Höpp 1994, S. 443) aufzurufen – dies sollte mit einem
spezifischen regionalen Zuschnitt auf die jeweilige Bevölkerung anhand der Ausstrahlung von Musik und Propaganda in deren Sprache, die im Falle der muslimisch-arabische Zielgruppe mit ausgesuchten „(…) *Koranrezitationen* (…)" (ebd.)
gerahmt wurden, gelingen. Innerhalb der Propaganda wurde insbesondere gegen
die jüdische Gruppe, aber auch gegen ‚den Kommunismus' und die erwähnten
Franzosen und Briten agitiert (ebd.), sodass die Sendungen auf gemeinsame
Feinde fokussierten und deshalb auf großen Anklang bei der arabisch-muslimischen Bevölkerung setzten (Mallmann und Cüppers 2011, S. 64 f.).

---

[23]Küntzel betont zwar, dass mit dem „(…) *Trick, den Kaffeehäusern – also den Orten, wo
man das Radio dann auch hörte, jeweils ein Radioapparat zu schenken.*" (Rosbach 2010,
S. 4), Mussolini angeblich eine Sensation in Palästina auslöste. Dieses Gerät konnte jedoch
nur einen Sender empfangen (ebd.). Hinzu kamen die weiteren Kontextfaktoren im Fall
Palästina wie die bis 1937 allgemein sehr niedrige Ausstattung mit Radiogeräten (Stanton 2013, S. 11), die britische Zensur, welche die strikte Kontrolle und Konfiszierung von
fremden Geräten sowie die Platzierung der eigenen an öffentlichen Orten umfasste (ebd.,
S. 102), sowie die Wirkung der monopolartig aufgestellten, britischen „*Palestine Broadcasting Station*" (PBS), die eher eine kritische arabische Hörerschaft in Palästina hervorbrachte (ebd., S. 100), sodass wir zu diesem Ergebnis kommen.

Ein weiterer Beweggrund zur Aufnahme der Sendungen aus lag aus Sicht des NS-Regimes in der ebenfalls aktiv tätigen britischen Informationsverbreitung in der Region, die dort eine monopolartige Stellung einnahm und nach Meinung von Vertretern des deutschen Auswärtigen Amtes vom Februar 1942 geeignet sei, „(…) *bei den Muslimen den Eindruck von einem Gegensatz zwischen National-sozialismus und der ‚Religion und Überlieferung überhaupt' zu wecken.*" (Höpp 1994, S. 439). Die Ziele der Radiosendungen lagen somit in der Motivation der arabisch-muslimischen Bevölkerung, sich gegen die Kolonialmächte zu erheben und diese Kriegsgegner zu schwächen. Dies sollte mit der gemeinsamen Gegner-schaft und der Konstruktion von ideologischen und realpolitischen Überein-stimmungen des Islam mit dem NS-Regime legitimiert werden.

Die spezifisch instrumentelle Seite der Einbindung der Religion des Islam in die Sendungen des neuen Mediums wird in einer Notiz für Reichsaußenminis-ter Joachim Ribbentrop zur Rundfunkpropaganda im zuständigen Auswärtigen Amt am 5. Mai 1941 deutlich, als vermerkt wird, „(…) *durch Propagierung des Islams das Interesse an den Sendungen (…)*" (ebd., S. 440) steigern zu wollen und mit dieser Maßnahme den Versuch zu unternehmen, Zuhörer für eigene Anliegen zu gewinnen. Anschließend kam es im Oktober 1941 zu einer Auseinander-setzung zwischen dem Auswärtigen Amt und dem Propagandaministerium um die Zuständigkeit über den Auslandsrundfunk (Herf 2010, S. 264). Hier konnte sich zunächst inhaltlich das Auswärtige Amt durchsetzen, und das Orientreferat in der Politischen Abteilung des AA wurde „(…) *für Propaganda und Strategie gegen-über Ägypten, Afghanistan, Saudi-Arabien, Palästina, Syrien, Türkei, Indien, Iran, Sudan und Ceylon zuständig.*" (ebd.). Dieses Referat umfasste im anschließenden Jahr 1942 insgesamt 19 Personen und führte hauptsächlich Verbindungsbeamte zur Betreuung einzelner, für die Propaganda als wichtig erachteter nationalisti-scher politischer Führer aus den genannten Ländern, die sich nun im Exil im Deut-schen Reich aufhielten. So war für Amin al-Husseini die Kontaktperson Erwin Ettel (1895–1971) zuständig, für den oben erwähnten Iraker Rashid al-Gaylani Fritz Grobba (1886–1973) (ebd.). Die Abteilung entwickelte sich weiterhin zu einer vergleichsweise großen Einheit im Auswärtigen Amt, da „(…) *nur jene, die an der riesigen Ostfront tätig war, mehr Mitarbeiter als der Stab, der die arabi-schen Sendungen produzierte.*" (ebd., S. 263), umfasste. So zeigen sich in der Stra-tegie des AA für den Nahen Osten bereits wenige Monate vor der Ankunft Amin al-Husseinis im Berliner Exil im November 1941 erste Anfänge einer versuchten propagandistischen Verbindung zwischen Islam und NS-Ideologie.

Auf der anderen Seite bekam das durch die Nationalsozialisten im Jahr 1933 geschaffene „*Reichsministerium für Volksaufklärung und Propaganda*" (RMVP, kurz ‚Propagandaministerium') mit der sofortigen Aufsicht über die

„*Reichs-Rundfunk-GmbH*" (RRG)[24] seit diesem frühen Zeitpunkt auch die Aufgabe des Auslandsrundfunks zugeteilt (Bergmeier und Lotz 1997, S. 24). Diese Maßnahme gab dem Ministerium auch inhaltlich eine zentrale Stellung im Bereich der Radiosendungen in den Nahen Osten. Neben dem sukzessiven Aufbau einer personell umfangreichen Redaktion für die weltweiten Regionen stand dem RMVP auf der technischen Seite in der Hauptstadt Berlin schon ab dem Jahr 1933 eine relativ ausgereifte, moderne Infrastruktur zur Nutzung zur Verfügung. Diese wurde vom 1923 gegründeten Berliner Sender „*Funk-Stunde AG*" in den Jahren der Weimarer Republik aufgebaut. Für Aufzeichnungen von Radiosendungen wurde von den Nationalsozialisten hauptsächlich das sog. ‚Haus des Rundfunks' genutzt, das 1929/1930 im Westen der Stadt erbaut wurde, sowie die weiteren Gebäude in der Umgebung (wie Räumlichkeiten um den Funkturm, Baujahr 1926). Für die Ausstrahlungen der Produktionen für das Inland kamen in Berlin neben den Aufzeichnungsgebäuden zudem die Sendeanlagen der Funk-Stunde AG in Tegel zum Einsatz; für das Ausland spätestens ab dem Beginn des Krieges 1939 größtenteils die Einrichtungen und Sendeanlagen des ab 1929 vollständig operierenden, sog. ‚Weltrundfunksenders' in Zeesen (ebd, S. 39). Nach der Umwandlung der Funk-Stunde AG in den „*Reichssender Berlin*" im Jahr 1934 wurden die technischen Anlagen in der Hauptstadt sowie in Zeesen, einem Dorf zehn Kilometer südöstlich der Berliner Stadtgrenze, (und zusätzlich in der Post sowie auf dem sog. ‚Funkerberg' der benachbarten Stadt Königs Wusterhausen) kontinuierlich erweitert. So zählten sie im Jahr 1941 zu den größten Komplexen dieser Art im Deutschen Reich und in Europa nach dem Ausmaß der Antennen und nach der eingespeisten Leistung. Die Konzentration bei der Nutzung der Konstruktionen zur Aussendung von Radiowellen lag zwischen 1933 und 1945 nach den zur Verfügung stehenden Quellen auf Ausstrahlungsmöglichkeiten im Kurzwellenbereich, da dies damals als die sicherste Übertragungsart erachtet wurde (ebd.)[25].

---

[24]In der Weimarer Republik existierten für den Rundfunk ab 1923 zunächst unter staatlicher Aufsicht stehende regionale Sendeanstalten, die ab dem 15. Mai 1925 in einer Dachorganisation für alle neun Sendeanstalten, der „*Reichs-Rundfunk-Gesellschaft mbH*" (RRG), zusammengeführt wurden. Nähere Ausführungen dazu unter Lerg (1980): Rundfunkpolitik in der Weimarer Republik, S. 194 ff.

[25]Die International Broadcasting Union (IBU) teilte auf ihrer Konferenz in Luzern im Mai 1933 den Ländern des europäischen Raumes eigene Frequenzen zu, bei der Palästina durch einen Abgesandten der britischen Kolonialmacht vertreten wurde und zusammen mit dem Nahen Osten eine Lizenz für einen kleinen Bereich erhielt, innerhalb dessen Radiowellen ausgestrahlt werden durften. Das Radio wurde als Element der Kolonialherrschaft eingesetzt, sodass davon ausgegangen wird, dass auch die Kurzwellenfrequenzen, innerhalb derer aus Zeesen gesendet wurde, international stark überbelegt waren (siehe auch Stanton 2013, S. 15, 16).

Das Personal für die einzelnen Sektionen des internationalen Hörfunks des Weltrundfunksenders in Zeesen wurde vom Propagandaministerium nach den Richtlinien angeworben, dass dieses sich a) leicht in die strengen Zensurbestimmungen einpasste sowie b) über grundsätzliches Wissen über die jeweiligen Regionen und Länder verfügte und die dort genutzten Sprachen verstand; hier arbeiteten auch zahlreiche zweisprachige Immigranten. Der Strukturierung in geografische Regionen folgend war personell die für Osteuropa zuständige Redaktion die größte; es folgte jene, die im April 1941 für den sog. ‚Orient‘ geschaffen wurde und auch Indien umfasste (ebd., S. 42). Demnach wuchs die Abteilung wohl zu den bedeutendsten unter jenen, die für Auslandsübertragungen zuständig waren, da sie bis 1942 auf rund 80 Mitarbeiter aufgestockt wurde (Rosbach 2010, S. 2). Zu den Aktivitäten dieser Angestellten in Voll- und Teilzeit, die Lesungen, Musikbeiträge und propagandistische Informationen erstellten, kamen auch kurzzeitige, temporäre Auftritte von musikalischen Künstlern oder politischen Agitatoren wie Amin al-Husseini (Bergmeiner und Lotz 1997, S. 42), die für ausgesuchte Sendungen tätig wurden. Aufgrund des Mangels an Spezialisten mit Länder- und Kulturkenntnissen über den Nahen Osten wurden für die Auslandsredaktion ‚Orient‘ jedoch auch Journalisten zwangsrekrutiert (sog. ‚dienstverpflichtet‘), die oft nicht über das nötige Wissen verfügten, um anspruchsvolle Sendungen für die Regionen produzieren zu können (ebd., S. 43). Zusammen mit der weitreichenden nationalsozialistischen Zensur muss dies wohl als Kontext gewertet werden, aus dem eine bestimmte Mischung aus Starrheit und Improvisation im Sendeprogramm erwuchs, die nach einer Gesprächsaufzeichnung aus dem Dezember 1942 auch Amin al-Husseini an der Professionalität und Konkurrenzfähigkeit im Vergleich zu Sendungen dieses Formats, welche die britische Mandatsmacht für den Nahen Osten produzierte, zweifeln ließ (Gensicke 1988, S. 135).

Nach dem Höhepunkt des Aufbaus der technischen Sendeanlagen Ende 1941 erhielt der indische Nationalist Subha Chandra Bose (1897–1945) am 5. Februar 1942 als erster international bekannter Exilant in Berlin die Möglichkeit, Radiopropaganda gegen die britische Kolonialherrschaft, in diesem Fall in Indien (Schulze 1994, S. 150), mittels dieser Infrastruktur zu verbreiten. Nach seiner ersten Präsentation in der Deutschen Wochenschau am 10. Dezember 1941 konnte anschließend auch Amin al-Husseini fünf Monate nach Bose seine erste internationale Radiosendung am 03. Juli 1942 mit der *„Rundfunkerklärung ‚an das ägyptische Volk‘“* (Höpp 2001, S. 44) aus Berlin in Richtung des Nahen Ostens durchführen. Hier lobte er im Kontext der temporären militärischen Erfolge der Wehrmacht unter Erwin Rommel (1891–1944) in den Ländern Libyen und Ägypten in den Jahren 1941/1942 *„Die großartigen Siege der deutsch-italienischen*

Truppen in Nordafrika (…)" (ebd.). Die Rundfunkrede fand zu Beginn der für diesen Kriegsschauplatz mitentscheidenden ersten Schlacht von El Alamein in Ägypten statt, die vom 01. bis 31. Juli 1942 andauerte, und Amin al-Husseini versprach in seiner Ansprache eine schnelle Befreiung des Landes am Nil von der Kolonialmacht Großbritannien.

Der Text beinhaltete, wie vorangegangene Verlautbarungen, ausschließlich politische Aussageninhalte und kam zusätzlich zu einem militärisch bedeutenden Zeitpunkt; demnach können seine Worte wiederholt weniger als Äußerungen mit religiös-spirituellem Anliegen eingeordnet werden. Auch in der anschließenden *„Rundfunkrede an die Inder"* (ebd., S. 58 ff.) vom August 1942 verunglimpfte er in hetzerischem Ton die Gruppe der Juden, Großbritannien, sowie generell den Kommunismus, die allesamt Indien – in gleichem Maße wie die Länder Ägypten, Palästina und den Irak – in ihrer Existenz bedrohen würden (ebd., S. 60). Seine dritte hier verzeichnete Radioansprache vom 11. November 1942 ist denn schon als verzweifelter Appell zu bezeichnen, der sich an die Araber und Muslime im Nahen Osten richtete. Wenige Tage zuvor war die zweite Schlacht von El Alamein in Ägypten (23. Oktober bis 4. November 1942) zu Ende gegangen, welche sich als die entscheidende im Kriegsgeschehen in Nordafrika zwischen den Achsenmächten und den alliierten Streitkräften herausstellen sollte. Im Lichte der sich zu diesem Zeitpunkt abzeichnenden deutschen Niederlage in Nordafrika schwand auch bei Amin al-Husseini die Aussicht, an diesem Schauplatz nahe seiner Heimat Palästina selbst wahrgenommen und eventuell politisch oder militärisch aktiv werden zu können. Dennoch waren nach seinen Worten, in dieser als *„Märtyrerrede"* (ebd., S. 103) bezeichneten Ansprache, alle Muslime der Region „(…) *zum einheitlichen Aufstand gegen die Feinde des arabischen Volkes und des Islam aufgerufen.*" (ebd., S. 106), die er wiederholt mit Großbritannien und dem sog. ‚weltweit agierenden Zionismus' benannte. In der Folge beinhalteten auch die weiteren elf heute bekannten Propagandaaktivitäten, die als direkte Verlautbarungen Amin al-Husseinis über Radiowellen zu werten sind (siehe Tab. 4.2), ausschließlich politische Aufrufe zur Ergreifung gewaltsamer Aktivitäten im Nahen Osten gegen die genannten Akteure. Abgesehen von kurzen Koranzitaten oder religiös rahmenden Schlussworten enthielt keine seiner über den Auslandsrundfunk verbreiteten Reden genuin religiöse oder spirituelle Themen, sodass seine Tätigkeiten in diesem Rahmen als ausschließlich politisch eingeordnet werden.

Bemerkenswert war in diesem Zusammenhang die Ansprache vom 04. März 1944, die heute unter dem Titel *„Aufruf zu den Waffen"* (Herf 2010, S. 284) bekannt ist. Der erneute martialische Appell in den Nahen Osten zur Aufnahme von Gewalt vonseiten Amin al-Husseinis erreichte diesmal mit der Maßgabe an

Tab. 4.2 Rundfunkansprachen und Aufrufe Amin al-Husseinis aus dem Exil 1942–1945 (Eigene Zusammenstellung der heute erhaltenen Radioansprachen nach Angaben aus Herf (2010) und Höpp (2001). Ausstrahlungen wie die *„Entgegnungen auf die ‚Angriffe des Rundfunksenders London'"* vom 13.09.1942 (ebd., S. 72–76) sind nicht enthalten, da Amin al-Husseini nicht direkt zu Wort kommt.)

	Datum	Titel/Thema
1	03.07.1942	Rundfunkerklärung ‚an das ägyptische Volk'
2	22.08.1942	Rundfunkrede an die Inder
3	11.11.1942	Rundfunkrede an die Araber (sog. ‚Märtyrerrede')
4	25./26.11.1942	Rundfunkrede an die Nordafrikaner
5	08.02.1943	Interview für Zeitung und Rundfunk
6	19.03.1943	Rede zum Maulid
7	17.06.1943	Erwiderung auf eine Rede Weizmans
8	01.10.1943	Rede zum Id al-fitr
9	02.11.1943	Rede zum Jahrestag der Balfourt-Erklärung
10	17.11.1943	Rundfunkrede zur „nationalen libanesischen Revolution"
11	04.03.1944	„Aufruf zu den Waffen"
12	März 1944	Rundfunkrede zum Maulid
13	17.12.1944	Rundfunkrede an die islamische Welt zum neuen Jahr 1364
14	23.01.1945	Aufruf, Flugblätter an arabische Soldaten in den alliierten Heeren

angesprochene Araber, die jüdische Bevölkerung dort zu ermorden, einen negativen Höhepunkt. Die Ansprache endete mit den religiös gekleideten Worten *„Das gefällt Gott, der Geschichte und der Religion. Es dient Eurer Ehre. Gott ist mit Euch."* (ebd.). Diese Verlautbarung wird heute als Aufruf zum Völkermord und damit als Kriegsverbrechen (ebd., S. 266) gewertet – eine Verantwortung, die in der Nachkriegszeit in seinem Fall keine juristische Aufarbeitung fand. Die letzten Propagandaworte Amin al-Husseinis aus dem deutschen Exil datieren auf den 23. Januar 1945 und richteten sich in Form von Flugblättern an arabische Soldaten, die auf der Seite der westlichen Großmächte gegen die Achsenmächte kämpften (Höpp 2001, S. 233). Diese brachten im Kontext der Kriegssituation jedoch keine messbaren Reaktionen der Adressaten mit sich, wenn diese überhaupt erreicht wurden. Aufgrund des Vorrückens der Roten Armee in Osteuropa floh Amin al-Husseini spätestens am 29. März 1945 aus Ostsachsen in Richtung Süddeutschland und Österreich. Am 4. Mai wurde er eine Woche später durch Frankreich an der Schweizer Grenze festgenommen (Frantzmann 2009, S. 192; siehe auch Tab. 4.1).

Die Hochzeit der Propagandaaktivitäten Amin al-Husseinis im Berliner Exil sind nach derzeitiger Datenlage die Jahre 1942 (54 von insgesamt 110 Dokumenten bei Höpp (2001)) und 1943 (36 Dokumente). Für das vorletzte Kriegsjahr 1944 sind noch 12 Texte (Briefe, Reden) erhalten; generell deutet vieles auf bedeutende Einschränkungen seiner Tätigkeiten seit dem Wegzug aus der Hauptstadt Berlin im Frühjahr 1943 hin.

Weiterhin lassen die Formen der heute erhaltenen Verlautbarungen Amin al-Husseinis im Berliner Exil Schlüsse über seine Positionierung im NS-System zu. Den bei Höpp (2001, S. 3–7) insgesamt aufgelisteten 110 Dokumenten lassen sich 22 der Kategorie ‚öffentliche Ereignisse' (Reden, Rundfunkansprachen) zuordnen, 88 davon sind Briefe. Die 88 letztgenannten Korrespondenzen richten sich in der Mehrheit an diverse europäische Marionettenregierungen (Ungarn, Bulgarien, Rumänien) sowie an Verantwortliche der Achsenmächte (Heinrich Himmler, Italien, Länder in Nordafrika)[26]. Die Mehrheit der direkten Briefe an eine Person im NS-Machtgefüge sendete Amin al-Husseini nach der vorliegenden Datenlage an Heinrich Himmler (insgesamt sechs); an Adolf Hitler waren vier Briefe adressiert. So ist er offenbar in seinem Exil in Berlin, in Zaue (Brandenburg) und später in Oybin (Ostsachsen) hauptsächlich mit dem passiven Verfolgen der militärischen Lage in Europa und im Nahen Osten beschäftigt (siehe auch Abb. 5.1); und der damit verbundenen Ausarbeitung von Korrespondenz, welche ihm potenziell freundlich gesinnte Akteure beeinflussen sollte.

Neben den Briefen zeichnet Gerhard Höpp (2001) 22 Ereignisse auf, bei denen er sich öffentlich äußerte; davon sind 14 erhaltene Rundfunkreden. Somit ergibt sich aus den bis heute von Historikern publizierten Dokumenten, dass Amin al-Husseini nicht nur im genuin politischen, sondern auch im Propagandasystem des NS-Staates nur am Rande stand und nicht jene Bedeutung hatte, die er selbst für sich sah, die ihm zu dieser Zeit von deutscher Seite zugesichert wurde, und welche bis heute von Teilen der Autoren zum Thema angenommen wird. Auch bei der Einordnung in die gesamte Radiopropaganda der Nationalsozialisten zwischen 1941 und 1945 bleibt festzuhalten, dass generell wichtigen politischen (oder religiösen) Exilanten wie Amin al-Husseini äußerst wenig

---

[26]Auch diese Briefe können teilweise als Beitrag zum Völkermord gewertet werden, da er den angeschriebenen Regierungen die Empfehlung erteilte, trotz seines Wissens um den Völkermord an den europäischen Juden in deutschen Vernichtungslagern ihre jüdische Bevölkerung nicht nach Palästina ausreisen zu lassen, sondern sie dem NS-Regime zu übergeben.

Sendezeit eingeräumt wurde. Sie waren mehr seltene Gäste als Mitarbeiter, die sich durch das Medium Radio äußerten; es sollte wohl bei der Instrumentalisierung der jeweiligen Person nicht ansatzweise Deutungshoheit über bestimmte außenpolitische Vorgänge verloren gehen. So war nach unseren Quellen innerhalb von zwei Jahren mit insgesamt nur zwölf Ansprachen Amin al-Husseinis an die arabischen Muslime des Nahen Ostens wenig Kontinuität im Bereich der Radiopropaganda zu verzeichnen (auch wenn einige Ausstrahlungen von ihm an dieser Stelle fehlen dürften). Die eigentliche Sendezeit dieser Rundfunkreden Amin al-Husseinis war weiterhin im Kontext betrachtet äußerst gering, wenn der Vergleich zu den fast 2000 Tagen und 6000 h ausgestrahlter Propaganda in arabischer Sprache in den Nahen Osten (Herf 2010, S. 260) gezogen wird, den der deutsche Auslandsrundfunk in der Summe während des Zweiten Weltkrieges produzierte[27].

Zudem sprechen die Einschränkungen im technischen Bereich aufgrund der Auswirkungen des Krieges dafür, dass Amin al-Husseini seine Propagandatätigkeiten mittels Radiowellen in den Nahen Osten nur in dem einen Jahr zwischen Juli 1942 und Juli 1943 tatsächlich in vollem Umfang durchführen konnte. Zuerst wurden seit Juni 1943 die Funkverbindungen und Verkehrswege zwischen den beiden zentralen Orten der Radioproduktion im Westen und Südosten der Stadt regelmäßig durch Bombenangriffe beschädigt (Bergmeier und Lotz 1997, S. 131); die Strecke beträgt 45 km. Auch Amin al-Husseini selbst wohnte wie oben erörtert aufgrund der Bedrohung ab dem Frühjahr 1943 nicht mehr in Berlin, sondern in Zaue im Südosten Brandenburgs. Dieser Ort war abgeschieden, lag jedoch verkehrsgünstig nur 55 km vom sog. Weltfunksender in Zeesen entfernt, der dadurch für ihn einfach zu erreichen war. Nach verstärkten Bombardierungen der Hauptstadt ab August 1943 wurde entscheiden, auch verschiedene Sektionen der Sendeleitung und der Redaktion des Auslandsrundfunks aus Sicherheit zunächst aus der Stadt nach Luxemburg sowie hauptsächlich nach Zeesen und umliegende Dörfer umzusiedeln (ebd.). In der angrenzenden Kleinstadt Königs Wusterhausen war durch diesen Schritt die technische Infrastruktur zur Kommunikation trotz Wiederaufbau schnell überlastet (ebd., S. 82). Nach weiteren starken Luftangriffen auf Berlin und Umgebung im November 1943 wurden entscheidende Abteilungen des Auslandsrundfunks nach Landshut, Helmstedt und Luxemburg verlegt, sodass nur ein kleiner Teil des redaktionellen Personals in Zeesen und den angrenzenden Siedlungen verblieb (ebd., S. 83).

---

[27]Die Zahlen lassen auf der anderen Seite auch vermuten, dass eine Vielzahl weiterer Dokumente zu Amin al-Husseini im Berliner Exil existiert haben könnten, die vernichtet oder bis heute nicht gesichtet/wissenschaftlich ausgewertet wurden.

Demnach kam es innerhalb des Jahres 1943 beim deutschen Auslandsrundfunk generell zu einer Verschiebung von regelmäßiger, professioneller hin zu einer eher improvisierten Arbeit, wie auch die Sendepläne zeigen (ebd., S. 131). Am 18. November 1943, einen Tag nach der Rundfunkrede Amin al-Husseinis zur ‚nationalen libanesischen Revolution‘, ereignete sich wiederholt ein verheerender alliierter Bombenangriff aus der Luft auf Berlin. Dieser zerstörte fast alle Anlagen zur Ausstrahlungen von Radiowellen, die in der Stadt bis zu diesem Zeitpunkt noch funktionstüchtig waren, und schränkte auch die technische und redaktionelle Arbeit in Zeesen erheblich ein (ebd., S. 83). Die dortigen Anlagen und Antennen wurden zwar mit großen Aufwand wieder errichtet und in Betrieb genommen, sowie zusätzlich auch neue Einrichtungen installiert; anschließend waren jedoch nach bisherigem Stand der Forschung nur noch drei Rundfunkreden Amin al-Husseinis in Richtung des Nahen Ostens zu verzeichnen (Höpp 2001) (obwohl er bis Juli 1944 weiterhin in Zaue lebte).

Der Aufwand des Propagandaministeriums und weiterer Institutionen des NS-Regimes zur Durchführung von internationaler Radiopropaganda war in technischer und personeller Hinsicht enorm. Es besteht jedoch auf der anderen Seite die Frage, welche Reichweite im Hinblick auf die Zielgruppe der palästinensischen Bevölkerung – neben den oben genannten Mutmaßungen um einen angeblichen großen Anklang dieser Radiosendungen (Küntzel 2005; Mallmann und Cüppers 2011, S. 64) – tatsächlich erreicht werden konnte. Hier wenden wir uns zunächst den technischen, anschließend den politischen und letztlich den subjektiven Bedingungen von Radioempfang der Gruppe der arabischen Muslime in Palästina zwischen 1935 und 1945 zu, die stark durch die britische Mandatsmacht geprägt wurden. Im Bereich der technischen Gegebenheiten unterscheiden wir zwischen den Vorbedingungen der Existenz und Form des Stromnetzes, dass die betreffende muslimische Bevölkerung in Palästina regelmäßig mit Elektrizität hätte versorgen können (und demnach das Betreiben entsprechender Geräte ermöglicht hätte[28]), und der Ausstattung dieser mit Radiogeräten, welche eine Eingrenzung des Empfangs der Sendungen al-Husseinis bzw. des NS-Regimes in der Region zulässt.

Zum Beginn des 20. Jahrhunderts unterlagen die Entwicklung, die Erzeugung und der Vertrieb von Elektrizität, einem vorzeigbaren Zeichen der Modernisierung, in den meisten westeuropäischen Staaten als auch den Kolonien Frankreichs

---

[28]In Palästina waren spätestens ab Mitte 1936 auch Radiogeräte mit Batterien in Umlauf. Deren Aufstellung und Aufladung wurde von der britischen Mandatsmacht jedoch sehr streng kontrolliert (Stanton 2013, S. 102).

und Großbritanniens der staatlichen Regelung durch die Ausgabe von Konzessionen. Diese entfalteten eine monopolartige Wirkung und ließen auf dem entsprechenden Gebiet nur einen wirtschaftlichen Akteur zu (Shamir 2013, S. 14). Bevor diese Regelungen den Aufbau eines Stromnetzes in Palästina betrafen, lagen in der Region die Anfänge von individuell produzierter und genutzter Elektrizität im Jahr 1890, als in einer privaten jüdischen Weinkellerei Jerusalems elektrisches Licht installiert wurde. Weitere Initiativen waren jene des deutschen Kaisers Wilhelms II. bei seinem Besuch in der Stadt 1898, bei dessen Anlass er in christlichen Gebäuden (Augusta Victoria) elektrische Lichtanlagen anbringen ließ, die Beleuchtungen der Wohnanlage von Yosef Navon in Jerusalem und des Yefeh Nof Hotels in Jaffa, sowie das Aufkommen der ersten Kinos ab 1910/1912 in Jerusalem und Tel Aviv (Avitzur 2003). Diese Anlagen waren jedoch individuelle Systeme und es existierte bis dahin kein Netz von Erzeugern und Verbrauchern, das eine Vielzahl von Haushalten verband. So ging von der Elektrifizierung insgesamt eine Faszination aus, die sich vor dem Ersten Weltkrieg aufgrund der Kosten vor allem bei der jüdischen Oberklasse Palästinas manifestierte. Das generelle Problem aller elektrischen Anlagen blieb bis dahin die Versorgung durch kleine Generatoren (ebd.), die selbst Treibstoff benötigten und sehr wartungsintensiv waren.

Erste ernsthafte Bemühungen um den Aufbau eines funktionierenden Elektrizitätsnetzes in Palästina kamen von einem griechischen Unternehmer, der kurz vor dem Ersten Weltkrieg bei den Behörden des Osmanischen Reiches eine Konzession zu diesem Zwecke beantragte und wohl auch erhalten hat (Shamir 2013, S. 14). Bedingt durch seinen Tod und durch die Konsequenzen des Weltkriegs kommen keine konkreten Aktivitäten zum Bau von Anlagen oder zur Entwicklung eines Netzes zustande. Mit der Einnahme Jerusalems und Palästinas Ende 1917 durch Großbritannien wurden diese Vereinbarungen für ungültig erklärt, eine endgültige Entscheidung folgte 1924 (Avitzur 2013). So lässt sich die weitere Entwicklung auf den Beginn der 1920er Jahre datieren, als der 1919 nach Palästina eingewanderte ukrainisch-jüdische Unternehmer und angebliche Revolutionär Pinhas Rutenberg (1879–1942) eine Konzession zur Herstellung und Verbreitung von Elektrizität in den Jahren 1919/1920[29] für das Gebiet Jaffa beantragte (ebd.) und am 12. September 1921 von der britischen Mandatsmacht erhielt (sog. ‚Auja Konzession‘) (Shamir 2013, S. 15). In der Folgezeit gründete Rutenberg die Jaffa Electric Company (JEC), die am 10. Juni 1923 das erste

---

[29]Der Plan sah dreizehn Wasserkraftwerke mit einer Kapazität von etwa 403.000 KWh vor (Avitzur 2013).

Elektrizitätswerk Palästinas in Jaffa eröffnete (ebd., S. 24). Die Anlage wurde in der Nähe von Tel Aviv gebaut, da es in anderen Teilen Palästinas zu dieser Zeit zu unruhig war. Weiterhin waren die dieselbetriebenen Generatoren mit wenig Kapazität ausgestattet, sodass nur Teile der Stadt Tel Aviv beliefert werden konnten. In der Folge zeigte die britische Mandatsmacht Interesse am weiteren Ausbau des Stromnetzes, auch, um politische Ziele wie die Beruhigung der Spannungen zwischen den ethnischen Gruppen zu erreichen, tat jedoch materiell wenig dafür. Die Mehrheit der arabisch-muslimischen Führer stellte sich gegen die Vergabe der Konzession an Pinhas Rutenberg und boykottierte das Projekt (ebd., S. 15, 27). So blieb es in der Hand von Unternehmern mit jüdischen Hintergrund, in den Ausbau zu investieren (ebd., S. 26). In der Folgezeit entstanden im Jahr 1925 zwei weitere dieselbetriebene Kraftwerke in Haifa und Tiberias, die zusammen mit jener in Tel Aviv jedoch eine Kapazität von weniger als 1000 kW besaßen (Avitzur 2013).

Rutenberg erhielt am 5. März 1926 schließlich die angestrebte Konzession für die Produktion und den Vertrieb von Elektrizität in ganz Palästina (sog. ‚Jordan Konzession'). Daraufhin gliederte er die JEC im Sommer des Jahres in die neu gegründete Palestine Electric Corporation (PEC) ein (Shamir 2013, S. 131), die anschließend in London registriert wurde (Avitzur 2013). Der Unternehmer Rutenberg wollte nun den Plan verwirklichen, ein Wasserkraftwerk zu bauen, was italienischen Ingenieuren im gleichen Jahr in kleinem Umfang am See Genezareth gelang. Als Ort entschloss er sich für den Zusammenstrom der Flüsse Jarmuk und Jordan im nördlichen Palästina an der Grenze zum damaligen Transjordanien. Die Bauarbeiten begannen bereits 1927 und konnten trotz der auch in Palästina spürbaren Weltwirtschaftskrise im Jahr 1933 abgeschlossen werden (ebd.). Am 6. Juni des Jahres weihte Abdallah ibn Husain I. (1882–1951), Emir von Transjordanien und nomineller Herrscher über das Gebiet des Standorts, auch als Zeichen des Entgegenkommens an die Araber das ‚Naharayim' Wasserkraftwerk mit einer offiziellen Zeremonie ein. Die anvisierte Kapazität der Stromproduktion von 26.000 KWh aus vier Turbinen musste während des Baus auf 18.620 KWh mit letztendlich drei installierten Turbinen begrenzt werden, da keine ausreichenden Wasserressourcen zur Verfügung standen (ebd.).

Auch wenn der weitere Ausbau des Stromnetzes zielstrebig verfolgt wurde, ging dieser eher schleppend voran. Maßgeblich für den Zugang der verschiedenen

Bevölkerungsgruppen zur Stromversorgung wirkten sich in der Folgezeit die Haltungen zum und Investitionen in das Projekt aus: Hier wiesen mittelfristig die jüdischen Siedlungsgebiete und Industrien eine weit höhere Dichte in der Versorgung auf als die arabischen (Shamir 2013, S. 148). Demnach entwickelten sich die großen Stromverbindungskabel zuerst entlang der vorhandenen Eisenbahnlinien (Jaffa-Jerusalem-Haifa-Tel Aviv) (ebd., S. 127) und begünstigten ein Entstehen von jüdisch geprägten Industriebereichen (ebd., S. 133; siehe Textilindustrie in Tel Aviv, welches Ende der 1920er Jahre mit 30 Textilfabriken das maschinelle Zentrum des Landes wurde). Gerade in diesem Wirtschaftsbereich als auch in der Landwirtschaft fanden sich in der Folge starke jüdisch geprägte ökonomische Verbände zusammen, die sich aufgrund ihres hohen Organisationsgrades oft erfolgreich um eine höhere Ausstattung ihrer Unternehmen mit Elektrizität bemühten, und sich trotz der daraus resultierenden ungleichen Verteilung im Stromzugang und im Konsum über die Arbeit der PEC beschwerten (ebd., S. 128). Nimmt man neben dem industriellen Verbrauch den privaten Stromkonsum, der bei ca. 15–16 % Gesamtverbrauchs lag, in den Blick (siehe Tab. 4.3), zeigt sich auch hier die Bildung von verschiedenen Klassen, die mit dem ethnischen Hintergrund verknüpft sind (ebd., S. 129).

Die Anzahl der Stromanschlüsse in ganz Palästina konnte bis 1935 auf insgesamt 53.246 stetig gesteigert werden; Konzentrationen um hauptsächlich jüdisch besiedelte Gebiete wie der Stadt Tel Aviv standen jedoch Enklaven in der Versorgung wie die Region um Jerusalem gegenüber (ebd., S. 16). Selbst bei der sehr positiven Annahme, dass im Jahr 1937 in Palästina bei 883.446 arabischen Muslimen ungefähr 20.000 Haushalte einen Stromanschluss besaßen, ergibt sich eine sehr geringe Abdeckung (2,3/100 Personen). Bei der jüdischen Bevölkerungsgruppe, die für 1937 mit 395.836 Personen angegeben ist, zeigt sich bei der Zuordnung der 40.000 verbliebenen Anschlüsse (10,1/100 Personen) eine weitaus höhere Entwicklungsphase in der Elektrizitätsversorgung[30]. Aufgrund der allgemein geringen Datenlage zum Thema (ebd., S. 134), die auch durch den Aufstand der arabischen Muslime in Palästina ab 1936 mit der darauffolgenden Auswanderungswelle bedingt ist, kann für die weitere Entwicklung bis 1945 nur eine Schätzung erfolgen; für die Stromversorgung der arabischen Muslime Palästina ist jedoch bestenfalls von einer Stagnation auszugehen; eine Erhöhung der

---

[30]Äußerst positive Annahme auf der Seite der Haushalte der muslimischen Araber; real bestanden größere Differenzen. Für die Gesamtbevölkerung Palästinas lag die Abdeckung bei ca. 4,3 Stromanschlüssen/100 Personen im Jahr 1937.

Tab. 4.3 Stromversorgung und Radiogeräte in Palästina 1923–1945

	Strom-anschlüsse[a] (absolut)	Ausgabe PEC Elektrizität[b] (in KWh)	Privatkonsum Elektrizität[c] (in KWh)	Radiogeräte[d] (absolut)
1923	700			
1925	3141			
1929	9303	3.634.838	581.575	240
1930	10.620	5.500.976	880.156	
1931	12.029	8.707.917	1.393.267	
1932	15.113	11.590.350	1.854.456	900
1933	21.934	20.136.839	3.221.894	2500
1934	35.397	34.385.515	5.501.682	5000
1935	53.246	50.362.193	8.057.951	5900–14.000
1936				20.000
1939				41.000
1941				50.000
1942				52.000
1943				54.000
1944				56.000
1945				58.000

[a]Shamir (2013, S. 92, 93, 131)
[b]Ebd.; PEC – Palestine Electric Company
[c]In der Zwischenkriegszeit beträgt der Umfang des privaten Konsums von Elektrizität in Palästina nach Shamir (2013, S. 129) ca. 16 % des gesamten Stromverbrauchs
[d]Stanton (2013, S. 10, 11, 21)

Abdeckung kann im Kontext der Ereignisse des Zweiten Weltkrieges weitgehend ausgeschlossen werden. Die Entwicklung des Elektrizitätsnetzes in Palästina war, entgegen offizieller Intentionen der britischen Mandatsregierung (ebd., S. 148), letztlich ein Faktor in der Erhöhung der ethnisch-politischen Separationsprozesse und Spannungen zwischen Juden und Muslimen in der Region in den 1920er und 1930er Jahren. So trug es auf der anderen Seite dazu bei, die internen Kohäsions- und Abgrenzungskräfte der beiden großen Gruppen in Palästina zu stärken und damit die Formation eines Akteursnetzwerkes (ebd., S. 156) bei den palästinensischen Arabern zu forcieren, welches politische Stellungnahmen gegen die jüdische Einwanderung nun auch mit dem Element der Stromversorgung anreichern konnte.

Der zweite Aspekt der technischen Vorbedingungen, die Ausstattung arabischer Palästinenser mit Radiogeräten zum Empfang des deutschen Auslandsrundfunks und möglicherweise einer Rede Amin al-Husseinis, unterstreicht
die angesprochene Relativierung der Reichweite seiner Radiopropaganda. Im
benachbarten Europa fand vor dem Jahr 1933 durch den technischen Fort-
schritt zunächst eine schnell wachsende Ausbreitung von Amateurradiosendern
statt. Zusammen mit ebenfalls zu dieser Zeit neu entstandenen, staatlichen
Radiostationen brachte dies Anfang der 1930 eine rasante Zunahme von Über-
lagerungen der Radiowellen der einzelnen Stationen, sodass neue internationale
Regelungen erforderlich wurden. In diesem Zusammenhang sind die zwischen-
staatlichen Verhandlungen bedeutend, welche im Mai 1933 im Rahmen der International Broadcasting Union (IBU) in Luzern durchgeführt wurden (Stanton
2013, S. 15). Diese hatten das Ziel, den sich stark ausbreitenden Amateurfunk
einzudämmen sowie den Staaten einzelne Frequenzen zuzuweisen, um damit die
Überlagerung von Radiowellen in Europa zu beenden. Zusätzlich kontrollierten
die Staaten die Frequenzen innerhalb ihrer Gebiete nun verstärkt (ebd., S. 14),
sodass der Amateurfunk letztlich zusammenbrach.

Das Mandatsgebiet Palästina war, wie der gesamte Nahe Osten, auf dieser
Konferenz der europäischen Zone zugeteilt und wurde dementsprechend in die
Reglementierungen einbezogen. Auch in Palästina griffen durch die britische
Mandatsmacht die staatlichen Reglementierungen. Das Gebiet wurde durch Wil-
liam Hudson, dem ‚Postmaster General' der britischen Mandatsregierung der
Region, in Luzern vertreten (Birnhack 2012, S. 198), da Großbritannien Radiostationen generell als ein „(…) vehicle to maintain colonial control (…)" (Stanton
2013, S. 16) ansah. So bekam Palästina als Resultat der Konferenz einen kleinen
Frequenzbereich zugeteilt, der effektiv nur einen Sender zuließ und den es sich
mit einer Radiostation in York/Großbritannien teilen musste (Birnhack 2012,
S. 198). Im Anschluss an das Treffen wurde von William Hudson ein Modell
entworfen, nach dem eine Radiostation für Palästina nach dem Vorbild der British Broadcasting Corporation (BBC) aufgebaut werden sollte. Der Plan fand
im April 1934 die Zustimmung der britischen Regierung und sie stellte für das
Jahr 32.000 britische Pfund zur finanziellen Unterstützung zur Verfügung (ebd.,
S. 198, 199). Die möglicherweise an diesem neuen Medium interessierten Zielgruppen wurden nach den Plänen als urban definiert, welche sich hauptsächlich
aus den Bevölkerungsteilen der Personen mit britischem Hintergrund sowie der
neu eingewanderten, europäischen Juden zusammensetzten[31]. Mit Blick auf die

---

[31] „It presumed a ready interest among urbanities, in particular European Jews and British
subjects resident in Palestine" (Stanton 2013, S. 17).

Aufnahme der Sendetätigkeit des britisch kontrollierten, ägyptischen Senders Radio Kairo im Jahr 1934 erhoffte sich die Mandatsmacht im Fall Palästina auch bei den arabischen Zuhörern Potenzial, sah jedoch bei dieser Personengruppe aufgrund der Gegebenheiten in ländlichen Gebieten Schwierigkeiten bei der Ausstattung mit Geräten (Stanton 2013, S. 17).

Folglich wurde am 30. März 1936 der Palestine Broadcast Service (PBS) durch eine festliche Ansprache des Hohen Kommissars Arthur Grenfell Wauchope (1874–1947), dem britischen Kolonialverwalter Palästinas, eröffnet (ebd., S. 4) und begann mit der Ausstrahlung. Das Ziel der neuen Institution bestand nach dieser Rede offiziell darin, durch die PBS alle Bevölkerungsteile Palästinas anzusprechen und sich dabei auf die Verbreitung von Wissen und Kultur zu beschränken; die Themen Religion und Politik sollten im Programm zu vermeiden sein (ebd., S. 23). Im Wesentlichen sah die britische Mandatsmacht das Radio als ein Element einer gelenkten Modernisierung und Kolonialverwaltung des Gebiets an, welches den allgemein gültigen Faktoren der straffen Zensur und des ‚divide and rule' unterlag (ebd., S. 4, siehe Beispiel Indien).

Die Institutionen der Mandatsregierung waren auch für die Lizenzierung von verkauften Radiogeräten zuständig. So kann heute ein recht genaues Bild der Anzahl dieser Empfänger in Palästina nachgezeichnet werden, die ab 1929 (240 Stück) einen doch recht großen Absatz fanden und deren Zahl bis 1939 auf 41.000 Geräte stieg (ebd., S. 10, 11; siehe Tab. 4.3). Noch immer waren sie ein Luxusgut (ebd., S. 41) und wie die Stromversorgung äußerst ungleich verteilt: Es bestand bei den jüdischen und britischen Bevölkerungsgruppen eine weitaus höhere Ausstattungsquote mit Radiogeräten. Um diese Umstände auszugleichen, verteilte der PBS in der Folgezeit kleinere Apparate in arabischen Dörfern und konnte bis November 1936 insgesamt 85 Siedlungen damit ausstatten (ebd., S. 101). Der beginnende arabische Aufstand in diesem Jahr und die Aktivitäten der Achsenmächte ließen bei der britischen Mandatsmacht jedoch Ängste aufkommen, dass fremde Propaganda (insbesondere aus Zeesen oder Bari) die muslimischen Araber in Palästina erreichen könnte; zudem riefen führende Vertreter der Araber 1936 zu einem Boykott des PBS auf (ebd., S. 27).

Die Reaktionen der britischen Verantwortlichen des PBS auf diese Ängste waren technischer und inhaltlicher Natur. Auf der Seite der Technik wurden die von der PBS ausgegebenen Radiogeräte so montiert, dass das Einstellen eines anderen Senders oder das Manipulieren des Gerätes für den einfachen Hörer nahezu unmöglich waren (ebd., S. 103). Zusätzlich mussten die bestehenden Radioempfänger jedes Jahr neu registriert werden und es existierten genaue Listen der Eigentümer. So waren ab 1939 Konfiszierungen (z. B. bei Deutschen in

Palästina) von Radiogeräten einfach durchzuführen (ebd., S. 127) und die Hörerschaft ausländischer, insbesondere italienischer und deutscher, Sender sank in
Palästina spätestens ab diesem Jahr beträchtlich. Weitere Verschärfungen auf
dem Sektor des Radioempfangs brachten die wirtschaftlichen Konsequenzen der
politischen Lage. Durch die sich strenger ausprägende Zensur nahm ab 1936 die
Werbung für Radiogeräte in Palästina immer weiter ab und verschwand bis 1941
gänzlich (ebd., S. 66). Ab dem Jahr 1939 kommt es vonseiten der Briten in Palästina zu Sanktionen auf Güter wie Radiogeräte, sodass es mit dem Beginn des
Zweiten Weltkriegs unmöglich wird, neue Geräte zu erwerben: die Produktion
wurde in den Herstellerländern weitgehend beendet und auf den Krieg umgestellt,
auch die Logistik erfuhr in diesem Sinne einen Wandel und Großbritannien erließ
strikte Importbeschränkungen für das Gebiet (ebd.).

Auch im Bereich der Ausstattung mit Radiogeräten zeigte sich wie bei der
Stromversorgung eine ungleiche Verteilung im Hinblick auf die Bevölkerungsgruppen: Im Jahr 1933 waren 74,3 % der Empfänger bei der jüdischen Gruppe
und 13,4 % bei den Arabern in Palästina zu verorten; diese Zahlen änderten sich
bis 1944 nicht wesentlich (77,5 % der Geräte bei jüdischer Gruppe, 16,5 % bei
der arabischen; siehe Birnhack 2012, S. 199, 200).

Die inhaltliche Reaktion der PBS auf eine drohende Abwendung der arabischen Muslime war die verstärkte Einbindung von Repräsentanten dieser
Gruppe als Mitarbeiter in die Ausgestaltung der Radioproduktionen ihrer arabischen Sektion. Die Angestellten des Bereichs umfassten zunehmend ein breites
Spektrum von Vertretern der arabischen Muslime wie Mitglieder der traditionellen arabischen Familien Jerusalems (al-Nashashibi), aufstrebende Unternehmer,
und Angehörige unterer Klassen (Stanton 2013, S. 27). Zusätzlich ließ die Leitung des PBS ab 1940 auch arabisch-nationalistische Stimmen in den Ausstrahlungen und sogar in der Sendeleitung der Sektion zu (ebd., S. 133, 134) und
versuchte weiterhin in den Folgejahren mit Nachdruck, dort angesehene muslimisch-religiöse Autoritäten zu Wort kommen zu lassen, die inhaltlich gegen die
Reden Amin al-Husseinis positioniert werden konnten (ebd., S. 136). So setzten sich arabische Vertreter offen mit den Inhalten der Sendungen des PBS auseinander, so auch Amin al-Husseini im Jahr 1936, als er nach der Ausrufung des
Aufstandes in einen Streit mit der PBS über die Auslegung Korans geriet (ebd.,
S. 152). Zur weitaus größeren Hörerschaft der PBS im Vergleich zum deutschen
Auslandsrundfunk dürften nicht nur die politischen und religiösen Informationen aus der Region oder die musikalischen Beiträge beigetragen haben. Die
Sendungen enthielten zusätzlich alltägliche Informationen über aktuelle Wet-
ter- und Straßenlagen (ebd., S. 66) sowie auch bei der arabischen Bevölkerung
beliebte Anweisungen für die Landwirtschaft (ebd., S. 102, 103), sodass in der

überwiegenden Mehrheit der inhaltlichen Punkte die nationalsozialistische Propaganda aus dem Deutschen Reich weitaus weniger Expertise und Nutzen vorzuweisen hatte.

In der Zusammenfassung der inhaltlichen Punkte war mit Beginn der Sendungen der PBS im Jahr 1936 das Medium Radio den meisten arabischen Palästinensern bekannt. Auf der anderen Seite konnte sich nur eine kleine Schicht der Gruppe[32] aufgrund der Preise selbst ein Gerät anschaffen. Zu Vertretern dieser Gruppe zählten demnach Mitglieder der oberen Mittelschicht der Araber, die sich mehrheitlich der Aufklärung verschrieben, als Multiplikatoren galten und ab spätestens 1939 mehrheitlich nicht die Vorstellungen Amin al-Husseinis teilten (ebd., S. 39). Das Medium Radio erreichte dennoch mehr Araber als gedruckte Veröffentlichungen, da die Analphabetenquote hoch blieb (ebd., S. 12).

Der mögliche quantitative Umfang der Hörerschaft der deutschen Radiopropaganda in Palästina muss demnach in diese Kontextbedingungen eingeordnet werden. In Verbindung mit inhaltlichen und technischen Gegebenheiten des Empfangs der Radiopropaganda stand die britische Zensur, die ab 1939 eine starke Wirkung auf den Medienmarkt in Palästina entfaltete. Diese begrenzte eine mögliche Zuhörerschaft der Reden Amin al-Husseinis aus Berlin weiterhin erheblich. Neben der Ausgabe von Konzessionen, sowie der Modifikation und der Konfiszierung von Geräten war es auch durch britische Observation nicht ohne Weiteres möglich, offen deutsche oder italienische Propaganda zu hören. So bleibt es an dieser Stelle realistisch[33], die direkte Hörerschaft des deutschen Auslandsrundfunks in Palästina zwischen 1939 und 1945 in absoluten Zahlen auf einen geringen dreistelligen Bereich einzugrenzen. Das Ereignis einer Radiorede Amin al-Husseinis an sich mag den arabischen Palästinensern zwar bekannt gewesen sein, auch wurden deren Inhalte teilweise durch die Tagespresse rezipiert. Aufgrund der Kontextbedingungen und des immer sehr ähnlichen Inhalts ist jedoch davon auszugehen, dass Amin al-Husseinis Radioansprachen aus dem Exil zwischen 1942 und 1944 – wenn überhaupt – wenig positive Resonanz bei den Zielgruppen hervorbrachte.

Diese Einschätzung ist letztendlich auch in Zusammenhang mit den subjektiven Bedingungen der arabischen Muslime in Palästina sehen, deren damalige

---

[32]Diese umfasste nach Stanton (2013, S. 39) ca. 2,5 % der Bevölkerung (sog. ‚innovators‘), zu denen später 13,5 % hinzukamen (‚early adopters‘).

[33]Auch unter Einbeziehung der Anzahl der Hörer pro Radiogerät, die Stanton (2013, S. 11) mit 2–3 Personen in Wohnungen und bis zu 10 Personen in öffentlichen Räumen angibt.

politische Kenntnisse in der historischen Forschung zur nationalsozialistischen Rundfunkpropaganda in die Region vielfach unterschlagen werden. Ein bedeutender Faktor, um die Rezeption der Radiosendungen Amin al-Husseinis auf arabisch-palästinensischer Seite einzuordnen, ist deshalb auch die Einbeziehung der eigenen Beurteilung dieser Gruppe über ihre Position innerhalb der damaligen internationalen politischen Verhältnisse. Anschaulich hält dies ein arabischer Zeitungskommentar aus Palästina aus dem Jahr 1938 fest; vier Jahre, bevor Amin al-Husseini erstmals Radiopropaganda aus Berlin in den Nahen Osten sendete: „(…) *but what we hate greatly that we are accused of stupidity, and that it is said of us that we are influenced by what Bari broadcasts, or by what London broadcasts. The reality is that the Arabs understand Europe (…) and they know that all of what its nations pretend with their flirting is nothing except hypocrisy on the one side and a clash between colonial agencies on the other.*" (ebd., S. 99, 100). Demnach konnte die Mehrheit der arabischen Hörer ausländische Propaganda durchschauen.

Aus den vorangegangenen Ausführungen können nun Aussagen getroffen werden, in welcher Form und mit welcher Intensität das Kooperationsprojekt zwischen dem deutschen Auslandsrundfunk (in Richtung Palästina) und dem politischen Agitator Amin al-Husseini zwischen 1942 und 1945 ausgeführt wurde und welchen Erfolg es vorweisen konnte (Konsequenzen für Palästina). Wurden die von beiden Akteuren, dem NS-Regime und Amin al-Husseini, anvisierten Ziele erreicht? Auf der technischen und personellen Seite bleibt nach der Analyse der Betrachtungen für das NS-Regime zwischen 1939 und 1945 ein immenser Aufwand, der durch die Entwicklungen des Zweiten Weltkriegs ab dem Sommer 1943 große Einschränkungen erfuhr; diese ließen den Auslandsrundfunk in den letzten Kriegsjahren nur noch provisorisch arbeiten. Faktisch war auch Amin al-Husseini mit insgesamt 14 (bis heute publizierten) Radioansprachen keine zentrale Figur innerhalb der deutschen NS-Propaganda mit Bezug zum Islam oder in Richtung des Nahen Ostens; er wurde bis 1945 letztendlich nur sporadisch eingesetzt.

Auch die Gegebenheiten auf dem Gebiet Palästinas und insbesondere unter der dortigen arabischen Bevölkerung des damaligen britischen Mandatsgebiets waren nicht günstig, um einen breiten Empfang der Rundfunkansprachen Amin al-Husseinis bei der Zielgruppe zu gewährleisten. Die Stromversorgung war aufgrund des unausgewogenen Ausbaus des Elektrizitätsnetzes unter dieser Personengruppe sehr gering; nur große (jüdische) Siedlungen in der Nähe von Eisenbahnlinien verfügten über eine funktionierende und in gewissem Maße als umfangreich zu bezeichnende Ausstattung. Diese Gegebenheiten lassen sich in Verbindung mit der Reputation des PBS und der britischen Zensur auch im

Sektor des Radioempfangs feststellen; neben einer sehr geringen Verbreitung existierte eine weit verbreitete Skepsis gegenüber den Radioansprachen Amin al-Husseins.

Diese Ergebnisse stehen im Widerspruch zu Einschätzungen eines Teils der historischen Forschung sowie deren Aufbereitung in den Medien, in denen in der jüngeren Vergangenheit herausgestellt wurde, „*Mehrere hunderttausend Araber* (...)" (Kellerhoff 2010) hätten im gesamten Nahen Osten die Sendungen des deutschen Auslandsrundfunks im Juli 1942 gehört. So wird im Anschluss weiterhin die These vertreten, die Sendungen wären angeblich auf großen Anklang bei der arabischen Bevölkerung gestoßen (Mallmann und Cüppers 2011, S. 64 f.). Diese Übertreibungen könnten dem starken Fokus der angesprochenen Publikationen auf die ideologischen Voraussetzungen und insbesondere auf die technischen Möglichkeiten an den Sendeorten im Deutschen Reich geschuldet sein. Mit der Erweiterung des Blickes auf die realen Gegebenheiten im Nahen Osten müssen die Einschätzungen zumindest für das Gebiet Palästina stark relativiert werden. Auch die Feststellung, dass zwar eine hohe Rezeption der deutschen Propaganda in den Medien Palästinas erfolgte, dieselbe jedoch wenig Wirkung entfaltete (Aufrufe zur Einigung Muslime und zur kollektiven Erhebung gegen die Kolonialmächte blieben weitgehend ohne Reaktionen), lassen uns zu dem Ergebnis kommen, dass die deutsche Rundfunkpropaganda im Zweiten Weltkrieg in Richtung Palästina insgesamt als gescheitert charakterisiert werden kann.

4.3   Die SS-Division ‚Handschar' in Bosnien-Herzegowina

Der Hintergrund der Aufstellung einer sog. ‚muslimischen' Einheit der SS auf dem Gebiet Jugoslawiens während des Zweiten Weltkriegs und die Einbindung der (militärischen und) propagandistischen Handlungen Amin al-Husseinis in dieses Projekt kann aus deutscher Perspektive weniger auf ideologische Konvergenzen als vielmehr auf den konkreten Verlauf des Kriegsgeschehens in Osteuropa zurückgeführt werden. Vor dem Angriff des NS-Regimes auf die Sowjetunion im Juni 1941 begann am 6. April des Jahres der sog. ‚Balkanfeldzug', der eine brutale deutsche Besatzung der Länder Jugoslawien und Griechenland zur Folge hatte (Shirer 1960, S. 826). Nach aus ihrer Sicht ersten Monaten erfolgreicher Entwicklungen in Osteuropa waren sich die führenden NS-Eliten zu dieser Zeit sicher, die angegriffenen Länder und die jeweilige Bevölkerung kontrollieren zu können. Als jedoch erste Rückschläge der Wehrmacht Ende 1941 in

Südosteuropa und in der Sowjetunion zu verzeichnen waren, mussten die militärischen Pläne angepasst werden, womit auch das Gebiet des Nahen Ostens wieder in weite Ferne rückte. Wegen der Kriegserklärung der Vereinigten Staaten wurden zum gleichen Zeitpunkt auch Material- und Truppenlieferungen in den Nahen Osten (jedoch noch nicht nach Nordafrika) eingestellt; um die wenigen personellen Verbindungen in die Region nicht gänzlich abreißen zu lassen, erschienen deshalb die Kontakte zu Exilanten wie Amin al-Husseini aus Sicht der NS-Propaganda immer wichtiger. Schon beim Zusammentreffen mit Adolf Hitler Ende November 1941 machte Amin al-Husseini jedoch deutlich, dass er gewillt ist, dem Regime nicht nur durch Beiträge in der Propaganda behilflich zu sein, sondern gegebenenfalls auch bereit sei, sie aktiv bei der Organisation von Aufständen zu unterstützen, und beispielsweise durch die Gründung einer muslimischen Legion im Nahen Osten zu ihren Gunsten in das Kriegsgeschehen einzugreifen (Mallmann und Cüppers 2011, S. 108). Da sich die militärische Lage während des Jahres 1942 jedoch aus Sicht des NS-Regimes weiter verschlechterte und andere Regionen für die Entwicklung des Krieges bedeutender wurden, bekam Amin al-Husseini mehrheitlich Aufgaben in der Propaganda zugewiesen, die sich nicht nur auf den Nahen Osten beschränkten, sondern auch Regionen in Osteuropa mit muslimischen Bevölkerungsanteilen umfassten. Aus diesen Gründen reiste er vom 01. bis 11. April 1943 in die besetzten Gebiete Jugoslawiens, um eine Wesensverwandtschaft zwischen Islam und Nationalsozialismus zu proklamieren: Hier stand er der SS in Bosnien-Herzegowina bei der Anwerbung von Personal zur Bildung zur nun thematisierten ‚13. Waffen-Gebirgs-Division der SS‘, der sog. ‚SS-Division Handschar‘, zur Verfügung und sollte Vertreter der kroatischen faschistischen Ustaša von einer Verfolgung der Muslime im NDH abbringen.

Die Region Bosnien-Herzegowina erlebte wie ganz Jugoslawien im März und April 1941, kurz vor dem Angriff der Wehrmacht, einen unruhigen Monatswechsel, der eine hohe Mobilisierung großer Teile der Bevölkerung mit ihren verschiedenen politischen Fraktionen brachte (Pavlowitch 2008, S. 11, 12; siehe Abschn. 3.1.3). Aufgrund des Putsches gegen die Regierung in der Hauptstadt Belgrad am 27. März 1941 und der darauffolgenden jugoslawischen Ablehnung des Beitritts zu den Achsenmächten (Džaja 2002, S. 67) griff die deutsche Wehrmacht am 6. April das Land schließlich an und konnte durch massives und brutales Vorgehen schnell die Kapitulation der jugoslawischen Armee elf Tage später, am 17. April 1941, in Sarajevo verkünden (Shirer 1960, S. 826). Innerhalb Jugoslawiens wurde nach dem formalen Beginn der deutschen Besatzung am 30. April 1941 die Region Bosnien-Herzegowina bis 1944/1945 zu einem ständigen Unruheherd und Schauplatz brutaler Massaker, da sich hier die meisten Widerstandsgruppen (wie serbische Nationalisten, jugoslawische Kommunisten) sammelten (ebd., S. 830) und die bewaffneten Verbände der Ustaša und der Achsenmächte rigoros und willkürlich gegen sie sowie gegen die Zivilbevölkerung und ethnische Minderheiten vorgingen (Greble 2011, S. 88).

Schon vor dem Ende der Kriegshandlungen formierte sich am 10. April der ‚Unabhängige Staat Kroatien' (NDH – *Nezavisna Država Hrvatska*), der fünf Tage später durch die Achsenmächte anerkannt wurde und die Gebiete der heutigen Länder Kroatien und Bosnien-Herzegowina, sowie nördliche Teile Serbiens umfasste. Trotz der offensichtlich multiethnischen Bevölkerung war der NDH nach den Vorbildern der Achsenmächte ein kroatischer faschistischer Führerstaat, der katholisch-klerikale Elemente in seine grundlegende rassistisch-nationalistische Ideologie aufnahm. Der sog. ‚Poglavnik' (‚Führer'), Ante Pavelić[34] (1889–1959), übernahm mit seiner paramilitärischen Gruppierung Ustaša formell die politische Macht und führte ein brutales Terrorregime ein (McCormick 2014, S. 63), war jedoch gänzlich von den Achsenmächten Italien und dem Deutschen Reich abhängig (Džaja 2002, S. 68)[35]. Die multiethnische und multireligiöse Bevölkerung in Kroatien und insbesondere Bosnien kontrastierte[36] mit der rassistischen ideologischen Orientierung der Ustaša. Als Konsequenz begannen führende Akteure des Staates, neben Pavelić u. a. die Politiker und Ideologen Andrija Artuković (1899–1988) und Milan Budak (1889–1945), ab April 1941 mit dem Versuch, dem Staatsziel durch Massenmord und -vertreibungen näher zu kommen; Maßnahmen, die insbesondere die Gruppen der Serben, Roma, Juden, aber auch große Teile der Muslime trafen (ebd.). Ein entscheidender Unterschied zur NS-Ideologie war die Hinzunahme katholisch-klerikaler Elemente in die Doktrin der Gruppierung (Ognyanova 2009, S. 158 f.), die im April 1941 zur Staatsdoktrin wurde und von Teilen der Forschung mit dem Begriff des

---

[34]Pavelić gründete bereits 1929, nach der Einführung der Königsdiktatur in Jugoslawien, in Italien die Ustaša in Erwartung eines gewaltsamen Umsturzes in seinem Heimatland, der die anschließende Errichtung eines faschistischen Kroatien ermöglichen würde (McCormick 2014, S. 6 ff.).

[35]Nach Sundhaussen (1971, S. 176) trifft in den ersten Monaten die Charakterisierung der Beziehung als extrem starke Abhängigkeit zum Dritten Reich zu, ab spätestens 1942 ist von einem Besatzungsstatus auszugehen.

[36]Bei insgesamt ca. 6.300.000 Einwohnern waren die Bevölkerungsanteile im NDH 1941 etwa 52,4 % Kroaten, 30,6 % Serben, 11,1 % Muslime, 2,4 % Deutsche, 0,6 % Juden und 2,8 % andere Bevölkerungsgruppen (Ungarn, Slowaken, Slowenen, Italiener) (Džaja 2002, S. 72; Greble 2011, S. 58).

Klerikalfaschismus umrissen wird (ebd.). Im Kategoriensystem von Linz (1996) nimmt die ideologische Orientierung der Ustaša trotzdem die Position einer politischen (Ersatz-) Religion ein, da sie in der Kategorie Interpretation der Religion trotz postulierter inhaltlicher und personeller Nähe zur Katholischen Kirche das Christentum in der ausgeübten Form hochselektiv und damit so modifiziert instrumentalisierte, dass Grundlinien des Glaubens nicht mehr repräsentiert wurden (ähnlich der ideologischen Orientierung Amin al-Husseinis ab 1941). Zusätzlich wurde ein umfassender Führerkult mit weltlicher Orientierung zelebriert, dem sich alle Institutionen, auch religiöse, unterzuordnen hatten (siehe exemplarisch die Einrichtung der sog. ‚Führermoschee' in Zagreb). Damit erfüllten die Doktrin der Ustaša und ihre brutale Ausführung im NDH in den Hauptmerkmalen nicht die Ausprägungen eines (auch naheliegenden) Caesaropapismus, sondern ähnlich der Weltanschauung Amin al-Husseinis jene einer politischen Ideologie (mit Verweis auf eine angeblich religiöse Basis).

Ähnlichkeiten zum NS-Regime im Deutschen Reich zeigte der Aufbau eines Terrorregimes im NDH, innerhalb dessen bereits im April 1941 gewaltsame Verfolgungen von Personengruppen bis hin zum Völkermord stattfanden, die dem Ustaša-Regime potenziell kritisch gegenüberstanden oder im rassistischen Weltbild dieser als ‚untergeordnet' galten (u. a. Jugoslawen, Serben, Juden, Roma, Kommunisten, Sozialdemokraten, Liberale, Intellektuelle) (McCormick 2014, S. 75). Im Folgemonat Mai begannen erste offizielle Deportationen von Angehörigen der Bevölkerungsgruppen der Serben, Roma und Juden aus Bosnien-Herzegowina sowie weiteren Landesteilen des NDH; diese kamen mit ihrer Internierung in nach deutschen Vorbildern errichtete Mord- und Konzentrationslager wie Jasenovac[37]. Zudem erfolgte die formale Enteignung und damit faktisch totale Entrechtung der jüdischen Bevölkerung in Bosnien-Herzegowina mit der offiziellen Verlautbarung der Maßnahme am 7. Mai 1941. Die Nutzung des konfiszierten Eigentums wurde in der Folge den Organisationen des NDH, deutschen Besatzungstruppen oder lokalen Behörden zugesprochen (Greble 2011, S. 105).

---

[37]Das Konzentrationslager Jasenovac lag zentral im NDH an der kroatisch-bosnischen Grenze und wurde im August 1941 fertiggestellt. Hier wurden ca. 83.000 Menschen (Džaja 2002, S. 70) umgebracht. Es war das einzige Todeslager auf dem Gebiet der Achsenmächte, welches nicht von Deutschen befehligt wurde (sondern mehrheitlich von Kroaten). Völlig zerstört gelang die Befreiung erst am 2. Mai 1945 (siehe dazu detailliert Sundhaussen 2003).

Das Ustaša-Regime hatte aufgrund der rassistischen und (klerikal-)faschis-
tischen Grundsätze große Abgrenzungspunkte und ihr Personal wenig Respekt
auch im Hinblick zu jener verbliebenen ethnischen und religiösen Gemeinschaft
im NDH, die auf dem Territorium aufgrund ihrer Größe noch bedeutend war: Die
bosnischen Muslime. Auf Basis instrumenteller Gründe und insbesondere aufgrund des Druck von deutscher Seite versuchte der kroatische Machthaber Ante
Pavelić in der Folgezeit, diese formal in das Staatsgebilde zu integrieren und sie
dadurch auf die Seite des Ustaša-Regimes im NDH zu bringen. So band er muslimische Vertreter, welche der rassistischen Ideologie des Regimes nahe standen,
in hohe Positionen seiner Regierung ein (Osman Kulenović [1889–1947], stellv.
Ministerpräsident NDH November 1941; Ismet Muftić [1876–1945], erster kroatischer Mufti von Zagreb [Cetin 2010, S. 75]). Weiterhin erklärte er den Islam
zur zweiten Staatsreligion und pflegte offiziell gute Beziehungen zur Islamischen
Gemeinde Zagreb, die zumindest formal ihr internes Gerichtssystem, die religiösen Schulen und ihr Finanzsystem (,vakuf') erhalten und weiter betreiben konnte
(Motadel 2013, S. 1012). Unter dem Deckmantel der Kooperation standen die
Muslime im NDH jedoch real unter umfassender Beaufsichtigung und Kontrolle
durch die kroatischen Institutionen der Ustaša, an denen sie auch ideologisch
Anbindung finden sollten. Symbolhaft dafür steht die Eröffnung der sog. ,Führer-
moschee' (,,Poglavnikova Džamija", ebd.) im Stadtzentrum von Zagreb im Jahr
1941. Die weltliche Ausrichtung des Namens auf einen nicht-muslimischen, poli-
tisch-militärischen Diktator und die monströse Architektur des Gebäudes im Stil
der 1930er Jahre veranschaulichen die spezifische Deformation der Religion zum
Zweck der Instrumentalisierung und Politisierung für eine extreme ideologische
Orientierung. Deren Vertreter rechtfertigten offiziell die formale Inkorporation
der Muslime Bosnien-Herzegowinas mit der grundlegenden Ansicht, sie seien
historisch gesehen kroatischen Ursprungs und der rassistischen Weltanschauung
zufolge einzugliedern. Die Betroffenen selbst verwehrten sich fast ausschließlich
dieser Vereinnahmungen und verfolgten mehrheitlich eine Strategie der (kulturellen und politischen) Autonomie (Greble 2011, S. 54 ff., 119 ff.).

Weiterhin legitimierte Pavelić die Beziehungen zu den Muslimen und eine
Anbindung der Gruppe aus den vorliegenden realpolitischen Gegebenheiten mit
der Betonung der gemeinsamen Antipathie gegenüber den orthodoxen Serben,
die sich aufgrund ihrer Massaker gegen die Zivilbevölkerung in Bosnien-Herzegowina als zentrale Gegner beider anboten (Lampe 1997, S. 201). Vertreter der
Ustaša garantierten der islamischen Bevölkerung bei Kooperation Sicherheit
gegen Übergriffe serbischer Einheiten, Maßnahmen, die jedoch nicht wirksam
durchgesetzt wurden. Aufgrund weiterer Massaker stellte sich die Zusammenarbeit für angesprochene Muslime als oberflächlich heraus und so entzogen die

muslimische Bevölkerung sowie weite Teile der Partei JMO der Ustaša bis zum Ende des Jahres 1941 sukzessive das Vertrauen, jedoch nicht öffentlich. Zusätzlich wandten sich in einem dringenden Appell führende Vertreter des ebenfalls am NDH zweifelnden, bedeutenden muslimisch-bosnischen Religionsvereins El-Hidaje September/Oktober 1941 gegen die Verantwortlichen der desaströsen Sicherheitslage im Land und verurteilten jede Gewalt, auch gegen die jüdische Gruppe (Cetin 2010, S. 78). Somit waren die Hoffnungen, die mit dem Fall des Königreichs Jugoslawien auf bosnisch-muslimischer Seite noch im April 1941 vorhanden waren (Motadel 2013, S. 1012), bis zum Ende des Jahres grundsätzlich enttäuscht: Es existierten für sie keine Entwicklungen in den Bereichen Sicherheit (ebd., S. 1011) oder politische Autonomie (Hoare 2013, S. 27).

Aus diesen Gegebenheiten kann geschlossen werden, dass sich unter der muslimischen Bevölkerung in Bosnien-Herzegowina mit Beginn des Jahres 1942 Einstellungen verbreiteten, die dem NDH gegenüber sehr skeptisch eingestellt waren[38]. In der Folge standen diesen unter den Bedingungen der Besatzung drei politische Optionen zur Verfügung, die sich nicht gegenseitig ausschlossen: Die Gründung eigener Selbstverteidigungseinheiten, die engere Zusammenarbeit mit den faktischen Machthabern der deutschen Wehrmacht und der SS, oder die Kooperation mit den kommunistischen Partisanen. Hier war letztendlich das Muster der häufige Wechsel oder die Aufteilung von Gruppen der bosnischen Muslime auf alle drei Optionen (ebd., S. 7). Mit Blick auf die Seite der Beziehungen zwischen Teilen von ihnen und den Kommunisten Jugoslawiens können dem Gesamtbild drei Punkte der Kooperation während des Zweiten Weltkrieges hinzugefügt werden: Die Bildung einer ersten muslimisch-kommunistischen Partisaneneinheit bereits im Sommer 1941 (die in der Folge personell stetig anwuchs, siehe Motadel 2013, S. 1037), der Besuch wichtiger parteipolitischer Vertreter der JMO auf dem ersten kommunistischen AVNOJ-Treffen im Juni 1942 (Pavlowitch 2008, S. 131), sowie ab Ende 1942 die umfängliche Kooperation der Bevölkerung Nordbosniens mit den dort operierenden kommunistischen Partisanen, welche mit diesem Vorteil das Gebiet faktisch regieren (ebd., S. 138).

Auf der anderen Seite waren noch immer weite Teile der Vertreter der Muslime, wie der bedeutende Kollaborateur Muhamed Pandža (1897–1962, Mitglied im Verein el-Hidaje und im Rat der Islamischen Gemeinschaft Bosnien-Herzegowinas) weiterhin für eine Zusammenarbeit mit dem deutschen NS-Regime offen (ebd.), da dies den größten Erfolg bei der Durchsetzung des vordringlichen Ziels versprach, Sicherheit vor den drei Hauptgegnern (serbische Nationalisten, auch Kommunisten,

---

[38]Entgegen den Ausführungen des Zeitzeugen Bernwald (2012, S. 286).

zunehmend auch die Ustaša) zu erlangen[39] und zu diesem Zweck eigene militärische Einheiten aufstellen zu können. Einige Führer der bosnischen Muslime sympathisierten auch öffentlich mit dem NS-Regime und Adolf Hitler, den sie Ende 1941 in einem Brief um Zustimmung für ihre Vorhaben baten und ihn als absoluten weltlichen Führer anerkannten (Hoare 2013, S. 51). Insgesamt bleibt dieser Stelle festzuhalten, dass die Einstellungen der im NDH-Staat lebenden bosnischen Muslime keinesfalls homogen waren (ebd., S. 103); die Situation ist eher damit zu beschreiben, dass eine spezifische Dynamik zahlreicher gemeinsamer, unterschiedlicher, als auch sich ändernder Motivlagen innerhalb dieser Gruppe während des Zweiten Weltkrieg zur Entfaltung kam.

Die deutschen Besatzer passten ihre Kooperationsbereitschaft mit muslimischen Gruppen den Entwicklungen des Krieges an und agierten nach einem flexiblen und pragmatischen Muster. Nach ihren ersten stärkeren Truppenverlusten in Osteuropa im Krieg mit der Sowjetunion wurde am 15. November 1941 beschlossen, für die deutsche Wehrmacht Kriegsgefangene aus muslimisch bewohnten Regionen, welche sich gegen ihr eigenes Regime aussprachen (oder eher der tödlichen Lage in den deutschen Kriegsgefangenenlagern entkommen wollten (Johnson 2011, S. 26)), zu rekrutieren. Anschließend erfolgte die Weisung zur Gründung einer *„Turkestanischen und Kaukasisch-Mohammedanischen Legion"* (Mallmann und Cüppers 2011, S. 221) aus der großen Zahl der sowjetischen muslimischen Kriegsgefangenen, die nun gegen die Rote Armee kämpfen sollten. Auch auf der Halbinsel Krim meldeten sich bei der Rekrutierung einige Freiwillige der dort ansässigen Muslime, welche zum damaligen Zeitpunkt einen bedeutenden Anteil an der Bevölkerung stellten. So kam es am 13. Januar 1942 zur Aufstellung von zwei Einheiten der Wehrmacht, welche als *„Turkestanische Legion"* und *„Kaukasisch-Mohammedanische Legion"* hauptsächlich aus nicht-deutschen Muslimen bestanden (Steinke 2017, S. 170). In der Folge trugen während des Zweiten Weltkrieges hunderttausende ehemalige Soldaten der Sowjetunion deutsche Uniformen und waren aufseiten der Wehrmacht und SS militärisch integriert (Reitlinger 1957, S. 201)[40]. Den Soldaten der beiden Legionen wurde bei der als bedeutend empfundenen politischen Indoktrination – an der punktuell auch Amin al-Husseini mitwirkte – suggeriert, sich primär gegen das

---

[39]Die alle drei die muslimische Bevölkerung attackierten (Motadel 2013, S. 1013).
[40]Reitlinger spricht von bis zu 650.000 ehemaligen Soldaten der Roten Armee zwischen 1942 und 1945.

kommunistische System aufzulehnen, um die Freiheit und das Überleben ihres islamischen Glaubens zu verteidigen[41].

Auch in Bosnien-Herzegowina verschlechterte sich die Lage der Achsenmächte zu Beginn des Jahres 1942 und die kroatischen Autoritäten des NDH verloren über immer weitere Teile des ihnen unterstellten Gebietes die Kontrolle, sodass deutsche militärische Einheiten der Wehrmacht und der SS eingriffen. Diese wurden gleichzeitig an der Front in Osteuropa benötigt (Motadel 2013, S. 1014) und demnach konkretisierten sich Pläne in der militärischen Führung beider Organisationen, verstärkt unter der dortigen Bevölkerung Personal zu rekrutieren[42]. Die Beschlüsse riefen Proteste der kroatischen und italienischen Regierungen hervor, die jedoch auf deutscher Seite von politischen und militärischen Stellen ignoriert wurden (Sundhaussen 1971, S. 193). Ihr Fokus lag in der Folge in der Anwerbung von Angehörigen der ethnisch-deutschen Volksgruppe (sog. ,Volksdeutschen') in Jugoslawien und die ersten bewaffneten SS-Einheiten, die sog. ,Deutschen Mannschaften', wurden bereits im Juli 1941 (ebd., S. 179) aufgestellt.

In der Folge begann die SS im Frühjahr 1942 mit der Bildung einer ersten bewaffneten Division in Jugoslawien, deren Personal ausschließlich aus dem besetzten Land kommen sollte[43] und die später die Bezeichnung ,7. SS-Freiwilligen-Gebirgs-Division' (sog. ,SS-Division Prinz Eugen') erhielt. Die Rekrutierung zielte auf Angehörige der deutschen Volksgruppe im Banat und in Serbien und wurde unter dieser schon bald flächendeckend und zwangsweise durchgeführt (ebd., S. 189). Deutsche Anwerbestellen warben mit dem offiziellen Ziel des Schutzes der jeweiligen Siedlungen; tatsächlich fanden ihre Einsätze im Jahr 1942 im Banat und in Montenegro, sowie später in Kroatien und in Bosnien-Herzegowina fast ausschließlich innerhalb der Aufstandsbekämpfung gegen Partisanen statt (Reitlinger 1957, S. 199). Die Division war materiell sehr schlecht ausgestattet und Adolf Hitler befahl im Dezember 1942 ihre Verlegung in den NDH, um sie personell mit Truppen aus der kroatischen Armee

---

[41]Auf der anderen Seite verfolgte auch die Sowjetunion trotz ihrer religionsfeindlichen Doktrin und Politik mit „(…) *Moscow's wartime propaganda that portrayed communism as the only hope for Islam.*" (Motadel 2013, S. 1037) eine ähnliche instrumentelle Strategie.

[42]Eine Werbekommission der Waffen-SS begann in Kroatien bereits am 18. April 1941 (!) mit der Arbeit, war jedoch anfangs wenig erfolgreich (Sundhaussen 1971, S. 178).

[43]Die Rekrutierung der Bevölkerung besetzter Staaten in bewaffnete Einheiten des Aggressors war ein Kriegsverbrechen, das in den Nürnberger Prozessen zur Anklage kam (siehe Sundhaussen 1971, S. 176).

und weiteren Verbänden aufzustocken (Sundhaussen 1971, S. 191). So konnte
die Rekrutierung bis Ende November 1942 mit 28.000 gemusterten und 6529 eingezogenen Personen von der SS nur teilweise erfolgreich beendet werden (ebd.,
S. 188). Wesentliches Merkmal der Division blieb bis 1945 an allen Aufenthaltsorten ihre mörderische Brutalität, die sie in zahlreichen Massakern an der Zivilbevölkerung offenbarte.

Im Herbst 1942 bekamen schließlich die Einheiten der SS und der Wehrmacht
weitere Probleme bei der Bekämpfung von Aufständischen in Bosnien-Herzegowina (Motadel 2013, S. 1014). Auch auf anderen Kriegsschauplätzen änderte
sich die Initiative nun grundlegend und der Beginn des Jahres 1943 markierte die
endgültige Wende im Verlauf des Krieges. Am 2. Februar 1943 kapitulierte die
deutsche sechste Armee in Stalingrad, es folgten der endgültige Abzug aus Nordafrika (13. Mai 1943) und der Sturz Mussolinis (25. Juli 1943). Aufgrund des sich
offenbarenden generellen Personalmangels im Militär des NS-Regimes gab Adolf
Hitler im Hinblick auf Südosteuropa schließlich am 10. Februar 1943 seine Ein-
willigung zur Errichtung einer weiteren SS-Division (Gensicke 1988, S. 289),
die nun „(…) *aus kroatischen Wehrfähigen bestehen sollte.*" (Sundhaussen 1971,
S. 192). Auch diese Rekrutierungsentscheidung stand wiederholt den Interessen
der Vertreter des Ustaša-Regimes entgegen. Heinrich Himmler bestand nach der
Neuausrichtung der deutschen Islampolitik bis zum Februar 1943 auf der Rekrutierung von „(…) *Bosniaken mohammedanischer Religion* (…)" (ebd.) für diese
Einheit, da aus seiner sowie aus Adolf Hitlers Perspektive – nach Erfahrungen
mit den an der Ostfront eingesetzten, sog. ‚turkestanischen' und ‚kaukasischen'
Legionen – muslimische Soldaten als loyal galten und somit als militärisch nütz-
lich eingeschätzt wurden. Der späte Zeitpunkt der Entscheidung und die offensichtliche Verbindung zum Kriegsgeschehen deuten auf ein rein instrumentelles
Verständnis der Beziehung aus nationalsozialistischer Sicht.

Mit diesem pragmatischen Schritt sahen sich die NS-Führung und ihre Ideologen jedoch vor das Problem gestellt, nun eine Personengruppe, welche vorher
im rassistischen Weltbild des Nationalsozialismus' nicht anerkannt wurde, in
einen ihrer bewaffneten Eliteverbände einzugliedern – und damit möglicherweise
die innerhalb der SS streng ausgeführten Rassengesetze zu relativieren (die auch
für die Bevölkerung im Deutschen Reich und in den Besatzungsgebieten galten).
Dennoch begann die Einziehung von Personal in hohem Tempo und die ideologische Wende in der Haltung der NS-Ideologie zum Islam musste demnach in
ihrer Anpassung zu einem raschen Ende kommen. Eine improvisiert wirkende
Lösung brachte die durch Heinrich Himmler rasch durchgeführte und für andere

SS-Einheiten demoralisierend wirkende[44] Revision der NS-Ideologie in Bezug zu Muslimen in Bosnien-Herzegowina. Aufgrund der Ignoranz für diese Gruppe in den früheren Schriften und Äußerungen führender Nationalsozialisten fand zur Legitimation des Modifikationsprozesses in diesem Fall das Prinzip des ‚Überlebenskampfes ethnischer Kollektive' als vermeintliches Muster der geschichtlichen Entwicklung betont Anwendung: *„Dazu bestimmte Himmler die Muslime des Balkans kurzerhand zu den ‚rassisch wertvollen Völkern Europas'. Ihren Platz an der Seite der Arier hätten sie jedoch erst noch zu erringen. Nun sei es an ihnen, so Himmler, ‚durch ihren Einsatz an der Neuordnung Europas mitzukämpfen und mitzuarbeiten, um hierdurch ihre zukünftige Lebensberechtigung im Rahmen eines nationalsozialistischen Europas zu beweisen'."* (Mallmann und Cüppers 2011, S. 226). Mit der plötzlichen Neueinordnung des Kollektivs und dem Verweis auf einen möglichen zukünftigen ‚Aufstieg' (‚an der Seite') wurde zudem das Problem als gelöst angesehen, eine Gruppe von Personen, die sich durch ein Religions- und Glaubenssystem eher kulturell definierte, in ein rigides gesellschaftliches Kategoriensystem auf Basis ethnischer Kollektive zu integrieren.

Wie vorherige Aufstellungen bewaffneter deutscher Verbände in Jugoslawien traf auch die Idee zur Gründung einer muslimischen SS-Division in Bosnien-Herzegowina allein die Interessen des NS-Regimes um Adolf Hitler sowie jener der SS (Hoare 2013, S. 53) und wurde von den anderen (verbündeten und eigenen) bewaffneten Verbänden, vor allem Italiens, der Ustaša und der Wehrmacht in Jugoslawien, sehr kritisch gesehen, da sie eine Verschiebung von Personal zu ihren Ungunsten erwarteten (Sundhaussen 1971, S. 192). Ab Mitte Februar 1943 umwarb Heinrich Himmler mit dem Ziel der Rekrutierung dennoch gezielt die Muslime Bosnien-Herzegowinas anhand von Sicherheits- und Autonomieversprechen sowie sozialer Absicherung. Vorher hatte es äußerst wenige Kontakte deutscher Besatzungsbehörden zu den islamischen Organisationen im NDH gegeben (Motadel 2013, S. 1028). Da auch ein von der Mehrheit der Muslime akzeptierter islamischer Führer in Bosnien-Herzegowina nicht existierte (ebd.) und vom NS-Regime in den Fällen der besetzten Gebiete der Sowjetunion und Jugoslawiens zunehmend auf die religiöse Komponente gesetzt wurde, erlangte Amin al-Husseini zu diesem Zeitpunkt eine gewisse Bedeutung. Ab jetzt würde er für die Anwerbung und für die Indoktrinierung der angeworbenen

---

[44]Demnach wurden die Soldaten und Imame der späteren muslimischen SS-Division von anderen SS-Angehörigen sehr herablassend behandelt (Billstein 2015, S. 43:30).

Soldaten und muslimischen Militärgeistlichen in Bosnien zuständig sein sowie zusätzlich versuchen, die dortige muslimische Bevölkerung ideologisch zu beeinflussen. Bevor er jedoch zu einem Akteur in den Entwicklungen Jugoslawiens wurde, sind zwei Punkte zu erwähnen, die den instrumentellen Charakter seiner Einbeziehung verdeutlichen: Erstens hinderten nationalsozialistische Behörden Amin al-Husseini bis zum März 1943 gegen seinen Willen daran, mit Vertretern der Muslime aus Bosnien-Herzegowina zusammenzukommen (er triff sie nach eigener Aussage im Jahr 1931 in Jerusalem und 1942 in Rom; ebd., S. 1018). Zweitens wurde er, um ihm auch im militärischen Bereich eine gewisse Autorität zu verleihen, von Heinrich Himmler im Vorfeld der Aufstellung der bosnischen SS-Division im Frühjahr 1943 zum SS-Gruppenführer ernannt (Reitlinger 1957, S. 199). Damit positionierte ihn Himmler innerhalb der Dienstgrade der Organisation in der obersten Kategorie der Generäle, und hier auf dem dritthöchsten Niveau unterhalb seines eigenen Ranges ‚Reichsführer SS'.

Im Kontext der militärischen Entwicklungen in Bosnien-Herzegowina wurde Amin al-Husseini somit ein immer wichtigerer Kooperationspartner, mit dem das NS-Regime hoffnungsvoll war, dass er seinen nicht geringen ideologischen Einfluss auf die Muslime dort geltend machen würde (Bernwald 2012, S. 97). Dieser Einfluss war durchaus anzunehmen, da er Kontakte zu führenden Vertretern dieser Gruppe pflegte (siehe erwähnte Treffen in Jerusalem und Rom), diese viel Wertschätzung für Amin al-Husseini äußerten und er den wenigen Medien im NDH (Interview in der bosnischen Zeitung Osvit bereits im August 1942) nicht unbekannt war (Motadel 2013, S. 1018). Demnach plante die SS für ihn kurz nach der Anweisung der Aufstellung einer muslimischen SS-Division im Februar 1943 eine Reise in das entsprechende Gebiet (Mallmann und Cüppers 2011, S. 225 f.). Am 30. März 1943 flog Amin al-Husseini mit weiteren Gesandten der SS in Richtung Zagreb ab, um Vertreter der NDH-Regierung sowie jene der Muslime aus Bosnien-Herzegowina zu treffen (Motadel 2013, S. 1018) und diese als auch die Bevölkerung vor Ort von dem Vorhaben einer muslimischen Einheit der SS zu überzeugen. Als er fortan zwischen dem 1. und 11. April 1943 im NDH die Städte Zagreb (1.–2., 10.–11.), Banja Luka (3.–4.) und Sarajevo (5.–9. April) für Propagandazwecke besuchte, traf er neben kroatischen Politikern (und Verantwortlichen von Massenmord und Vertreibung wie die oben erwähnten Andrija Artuković und Milan Budak) eine Vielzahl von Delegationen muslimischer Würdenträger aus ganz Bosnien-Herzegowina (u. a. aus Tuzla, Mostar) sowie aus Albanien. Die damalige deutsche Propaganda berichtete, dass die bosnischen Muslime bei jedem seiner Auftritte fasziniert von ihm gewesen wären und aufmerksam seine Worte vernommen hätten, wenn er ihnen bei diesen Gelegenheiten in ihrer derzeitigen bedrohlichen Lage den Beistand der gesamten islamischen Welt versprach (ebd., S. 1019, 1020).

Amin al-Husseini hielt bei seinem Besuch Reden und Predigten in arabischer Sprache, die von lokalen Intellektuellen simultan übersetzt wurden. Die Ansprachen waren umfangreich mit religiösen Phrasen ausgestaltet, vermittelten auf der anderen Seite jedoch zentral die politischen Botschaften des Antisemitismus', des pan-islamischen Kampfes gegen Großbritannien, die Sowjetunion und den Kommunismus (ebd.), sowie der Befürwortung einer uneingeschränkten Zusammenarbeit mit den Achsenmächten. Dies schloss in der Konsequenz auch die konkrete Werbung für den Beitritt der männlichen Muslime Bosniens zu einem militärischen Verband ein, der unter dem Kommando der deutschen SS stehen sollte (Mallmann und Cüppers 2011, S. 119). Übergeordnet rekurrierte er dabei auf eine mögliche zukünftige Unabhängigkeit eines islamisch geprägten Bosniens-Herzogowinas innerhalb der ‚neuen NS-Weltordnung' (Motadel 2013, S. 1030) und weckte damit Hoffnungen auf die Erfüllung von Zielen, die wie erwähnt von der angesprochenen Bevölkerungsgruppe zuvor selbst formuliert wurden. Zudem verwies er explizit darauf hin, dass die anvisierte bewaffnete Einheit lediglich dem Schutz der Muslime und der Herstellung des Friedens in Bosnien-Herzegowina dienen sollte und die Freiwilligen nicht für andere Zwecke eingesetzt würden, auch nicht außerhalb der Grenzen der Region. Die Ausbildung der zukünftigen Soldaten der ‚SS-Division Handschar' erfolgte im Frühjahr 1943 in militärischen Lagern in Frankreich und später im Deutschen Reich (Hoare 2013, S. 53 f.).

Die pan-islamische und NS-freundliche Rhetorik Amin al-Husseinis war im Interesse des NS-Regimes und konnte zunächst eine gewisse Befriedung des Gebietes bewirken (Motadel 2013, S. 1020). Die deutschen Beobachter und Begleiter stuften die Reise in den NDH im Nachgang denn auch als positiv für die dortigen Muslime und ihre Interessen ein. Nach seinem Aufenthalt erging 19. April 1943 die Mitteilung an Heinrich Himmler, dass er in seinem Wirken durchweg erfolgreich gewesen sei[45] und sich im Anschluss an seinen Besuch tausende muslimische Freiwillige melden würden, um der SS beizutreten. In Euphorie erwartete Himmler daraufhin, bis zum September 1943 eine Divisionsgröße von etwa 46.000 Soldaten (Sundhaussen 1971, S. 193) erreichen zu können, was

---

[45] *„The SS reacted enthusiastically to the tour. (…) ‚The Grand Mufti is also by all means prepared to travel to the Crimean Tatars, i.e. to the Mohammedans of the currently occupied Eastern territories and to activate them in every form for Germany.'"* (Motadel 2013, S. 1020).

aufgrund der einsetzenden Vertreibungen in Bosnien-Herzegowina, auch großer Teile der muslimischen Bevölkerung, und des generellen Personalmangels unter allen militärischen Einheiten der Achsenmächte in Jugoslawien dennoch als nicht realisierbar erschien.

Die anschließende Rekrutierung erfolgte für diese zweite SS-Division aus dem Gebiet Jugoslawiens im Gegensatz zur ersten weitgehend freiwillig (ebd.) und unter der Angabe falscher Versprechungen (Billstein 2015, 39:50). Zeitzeugen berichten bezüglich der ideologischen Orientierung unter den Soldaten der sog. ‚SS-Division Handschar', dass die muslimischen Soldaten dem Kommunismus zwar stark abgeneigt gegenüberstanden und deshalb auch das NS-Regime unterstützten, ihr primäres Augenmerk richtete sich aber auf den versprochenen Schutz ihrer Dörfer (Bernwald 2012, S. 50 f.)[46]. So waren unter den Rekruten als primäres Motiv nicht vermeintliche ideologische Parallelen zwischen Nationalsozialismus und Islam für den Beitritt zur SS-Division entscheidend: „*Natürlich nicht. Die Bosniaken, die Muslime, die sind in die Handschar eingetreten, weil sie hofften, dass wenn sie Waffen haben und nach Bosnien kommen, sich gegen die Tschetniks wehren können. Die Ideologie und die Gemeinsamkeiten waren ihnen völlig egal.*" (Bernwald 2011b).

Die meisten neuen Soldaten kamen aus der Zivilbevölkerung und hatten vorher keine militärische Ausbildung erfahren, einige hatten jedoch in den Reihen der Polizei oder der Ustaša (Bernwald 2012, S. 56) gedient. Aufgrund der hohen Armut und Arbeitslosigkeit in Bosnien folgten anfangs im Frühjahr 1943 viele junge Muslime dem Aufruf (Billstein 2015, 40:05) – trotz der anfänglichen Euphorie der Nationalsozialisten und Amin al-Husseinis entschlossen sich jedoch weitaus weniger Männer der Truppe an als erwartet. So wurden auch ethnische Albaner in die Einheit aufgenommen, die sich freiwillig meldeten, und im späteren Einsatz waren etwa 15 % der Soldaten der Division Katholiken. Schließlich erfolgte die Rekrutierung zu dieser sog. ‚Freiwilligen-Division' auch zunehmend zwangsweise (Bauknecht 2001, S. 81) und Ende des Jahres 1943 konnte die Division so eine Stärke von 21.065 Soldaten (Sundhaussen 1971, S. 193) erlangen. Sie bekam die Einordnung in die militärischen Strukturen der SS als ‚13. Waffen-Gebirgs-Division der SS' (sog. ‚SS-Division Handschar'). Die bosnischen Rekruten

---

[46]Zvonimir Bernwald (*1925) war während der Schulung der Imame für die SS-Division Handschar im Deutschen Reich als Dolmetscher aktiv und saß im Lektorat der Truppenzeitschrift ‚Handschar' zur weltanschaulichen Indoktrinierung der Soldaten. Ihm kann somit für Zeit des Zweiten Weltkriegs eine gewisse ideologische Nähe zum Nationalsozialismus attestiert werden.

selbst waren jedoch schnell enttäuscht von der Behandlung durch die deutschen Befehlshaber: *„Von dem deutschen Drill, von der Art wie dort (…) Militärdienst gemacht wird, hatten wir keine blasse Ahnung. (…) Dieser Drill, dieses Zackige, dieses Unnachgiebige (…), ja fast Menschenvernichtende hat uns tief getroffen. (…) Das war ein erster Schock. Der zweite kam bald daraufhin, wir wurden sehr stark gedrillt (…). Wir empfanden das als ungerecht und als Schikane."* (Bernwald 2011a). Demnach waren die Schnittmengen auch im Alltag eher gering und die (mentale) Distanz zwischen deutschen Befehlshabern und bosnischen Soldaten wuchs. Im Mai 1944 wurden ca. 300 albanische Soldaten der Einheit abgezogen, um einer separaten albanischen SS-Division beizutreten (sog. ‚SS-Division Skanderbeg'; Mallmann und Cüppers 2011, S. 227 ff.).

Durch Weisungen von Heinrich Himmler gestattete die SS der Division auch muslimisch-religiöse Vorsteher (Imame für Bataillone; Mullahs für Regimenter). An dieser Stelle wurde Amin al-Husseini eingesetzt, er konnte u. a. maßgeblichen Einfluss darauf ausüben, welche Personen ausgewählt und indoktriniert werden sollten (Billstein 2015, 42:15; Gensicke 1988, S. 290). Die religiösen Betreuer der Division Handschar erhielten nach Richtlinien der SS eine Ausbildung, nach denen sie nicht vordringlich für spirituelle Aufgaben vorbereitet wurden, sondern im militärischen Nutzen *„(…) als Vorbild und als vorbildlicher Kämpfer zur Fanatisierung der Soldaten (…)"* (Gensicke 1988, S. 290) zu wirken hatten. Insgesamt war der Vorgang der Einstellung von Militärgeistlichen in der SS bis dahin nicht vorgesehen, da dieser Organisation Distanz zu traditionellen Glaubensgemeinschaften (christlichen Kirchen) wichtig war und hier der Kern des Aufbaus einer ‚neuen' Religion liegen sollte (siehe Abschn. 3.2.2; in der Wehrmacht taten Militärgeistliche Dienst, die ausschließlich die beiden christlichen Kirchen repräsentierten). Als grundlegend für die Einstellung muslimischer Geistlicher in die SS gilt ein Erlass des SS-Hauptamtes vom 19. Mai 1943 über die geistige Erziehung der Imame. In dieser positioniert Heinrich Himmler die religiöse Legitimation der neuen bewaffneten Einheit an erster Stelle. Zudem gab er an, alle Punkte mit Amin al-Husseini diskutiert zu haben, welche somit die Segnung eines hohen Geistlichen des Glaubens tragen. Nach der traditionellen Thematisierung der gemeinsamen Feinde und ideologischen Überschneidungen lässt sich zum Abschluss dort folgender Textabschnitt finden, der zusätzlich Aufschluss über die zu diesem Zeitpunkt neue Flexibilität in der NS-Doktrin gibt:

> Es wird weiterhin herausgestellt, dass der Nationalsozialismus die politische Weltanschauung der Deutschen, der Islam die Weltanschauung der arabischen Welt ist; Bosnien, völkisch-rassisch gesehen (überwiegend dinarisch) gehört zur germanischen Welt, weltanschaulich geistig gesehen aber zur arabischen Welt. Durch die

> Aufstellung einer muselmanischen SS-Division dürfte hierdurch erstmalig eine Verbindung zwischen Islam und Nationalsozialismus bzw. zwischen der arabischen und der germanischen Welt auf offener, ehrlicher Grundlage gegeben sein, da diese Division blut- und rassemäßig vom Norden, weltanschaulich vom Orient gelenkt wird (zitiert nach Bernwald 2012, S. 50).

So rasch diese improvisierte ‚Schanierstellung' eingeführt wurde und die Gleichsetzung von Islam und politischer NS-Ideologie auch erfolgte – es bleibt die Feststellung, dass die Muslime Bosnien-Herzegowinas aus der rassistischen Sicht der deutschen Besatzer nun offiziell zu einem anerkannten ethnischen Kollektiv gezählt wurden.

In der Folge standen durch einen weiteren Erlass Heinrich Himmlers vom 6. August 1943 allen muslimischen SS-Angehörigen Sonderrechte zu, die sich auf die Ernährung und auf religiöse Rituale bezogen (Höpp 1994, S. 442). So wurde bei der Versorgung der Soldaten der ‚SS-Division Handschar' darauf geachtet, keinen Alkohol und kein Schweinefleisch auszugeben, sowie Kochkurse veranstaltet (Billstein 2015, 44:30), um deren religiöse Vorschriften zu respektieren. Auch verbot Himmler allen deutschen Soldaten in jeglicher Form anstößige Bemerkungen gegenüber muslimischen Soldaten der Division bezüglich der Ausübung ihres Glaubens (Mallmann und Cüppers 2011, S. 226 f.).

Im Sommer des Jahres 1943 wurden die eingezogenen Rekruten in ein militärisches Ausbildungslager nach Frankreich gesendet. Hier erhielten sie erstmals religiöse Anweisungen Amin al-Husseinis (Reitlinger 1957, S. 199), der Wochen später auch half, einen gewaltsamen Aufruhr unter Teilen der Einheit an diesem Ort zu unterdrücken (ebd., S. 200). In der Folge dieser Ereignisse kam die Division im Herbst 1943 auf den Truppenübungsplatz Neuhammer in Niederschlesien, auf dem sie Besuche von Amin al-Husseini und auch Heinrich Himmler bekam. Bei einer dieser Inspektionen in Neuhammer teilte Letzterer wiederholt seine instrumentelle Einstellung mit, welche die vorher identifizierten Gründe für eine Wende in der Doktrin hinsichtlich des Islam untermauern: *„Ich muss sagen, ich habe gegen den Islam gar nichts, denn er erzieht mir in dieser Division seine Menschen und verspricht ihnen den Himmel, wenn sie gekämpft haben und im Kampf gefallen sind. Eine für Soldaten praktische und sympathische Religion.*" (zitiert nach Billstein 2015, 43:51).

Aufgrund der Kollaboration einiger Teile der bosnischen Muslime mit den deutschen Besatzern wurde die gesamte muslimische Bevölkerung verstärkt Ziel von Massakern und Vertreibungen, die im Januar 1944 ihren Höhepunkt erreichten (Motadel 1013, S. 1034). In der Folge erklärte die Führung der SS die Ausbildung der 13. Waffen-Gebirgs-Division der SS Mitte Februar 1944 für abgeschlossen und sie kehrte in den NDH zurück. Anschließend nahmen ihre Angehörigen zwischen März und September 1944 an zahlreichen militärischen Operationen aufseiten deutscher Verbände zur Bekämpfung der kommunistischen Partisanen teil. Hier verübten vielfach Gräueltaten und Kriegsverbrechen, die aufgrund ihrer Brutalität selbst von Teilen der grausam agierenden deutschen Besatzungsmacht missbilligt wurden (Sundhaussen 1971, S. 194) und erwarben damit unter der Bevölkerung eine ähnliche Reputation wie die Angehörigen der SS-Division Prinz Eugen.

Die 13. Waffen-Gebirgs-Division der SS führte ab dem Zeitpunkt ihrer Ankunft in Bosnien-Herzegowina zusätzlich weitgehende politische Propagandaaktivitäten aus, welche die Imame und Mullahs der Einheit, aber auch normale Soldaten durchführten (Motadel 2013, S. 1027). So wurden Pamphlete und Poster produziert, die religiös gekleidete, politische Botschaften enthielten (ebd., S. 1026), oder die Pflicht auferlegt, die wöchentlichen Propagandabotschaften der SS zum muslimischen Feiertag am Freitag vor der Moschee zu verlesen (ebd., S. 1035). Auch die Division selbst erfuhr eine Entwicklung zu einem Propagandaprodukt, indem Berichte des vermeintlichen Erfolgs über sie erstellt und verteilt wurden. Inhaltlich ging es in der Schriften hauptsächlich um die Botschaft der Positionierung des Nationalsozialismus' als Gegenstück zum Kommunismus und um die Stellung der Muslime in beiden Regimen. Jedoch stand nicht der Islam selbst oder eine freundschaftliche Kooperation mit Anhänger der Religion im Zentrum der Aktivitäten des NS-Regimes, sondern politische Beeinflussung mit den Zielen der Unterordnung und der Instrumentalisierung. Ein weiterer Indikator ist in diesem Zusammenhang die Behandlung von anschließenden Bestrebungen aus Albanien und dem Kosovo im Jahr 1944, einen pan-islamischen Staat in Südosteuropa gründen zu wollen. Das Projekt erfuhr, obwohl Bitten um den religiösen Beistand und die Hilfe von Amin al-Husseini darin enthalten waren, vom deutschen NS-Regime strikte Ablehnung (ebd., S. 1036).

Da die SS trotz ihres Terrors keine Sicherheit und erst Recht keine Autonomie für die Muslime in Bosnien-Herzegowina in Aussicht stellte, wendeten sich im Laufe des Jahres 1944 die Einstellungen immer weiterer Teile der Muslime des Landes endgültig. Vormals mit der deutschen Seite Verbündete wie der Kollaborateur Muhamed Pandža gründeten eigene Selbstverteidigungseinheiten, andere liefen zu den kommunistischen Partisanen über. Demnach war die Bevölkerung nach einem deutschen Bericht vom Juli 1944 als nicht mehr zuverlässig für die Besatzer einzuschätzen (ebd.). Selbst die SS-Division Handschar verlor immer mehr Mitglieder: Durch die starken Verluste in den Kämpfen mit den Partisanen, nach einer von den Kommunisten ausgerufenen Amnestie und wegen des Vorgehens deutscher Einheiten gegen muslimische Organisationen in Bosnien-Herzegowina zeigte sie ab September 1944 starke Zersetzungserscheinungen

und erneut wechselten tausende Soldaten die Seiten (ebd., S. 1037). Im November 1944 wird die stark dezimierte SS-Division nach Ungarn verlegt, um gegen
das Vorrücken der Roten Armee anzukämpfen (Reitlinger 1957, S. 200). Auch an
diesem Kriegsschauplatz kam es zu einem Besuch von Amin al-Husseini bei der
Einheit, der dort wiederholt versuchte, mit seiner Propaganda des Durchhaltens
über die aussichtslose Situation hinwegzutäuschen (Billstein 2015, 46:20). In der
Folge konnte die Division ihre neu gesetzte Hauptaufgabe, die Verteidigung der
jugoslawisch-ungarischen Grenze zur Verhinderung eines Zusammenschlusses
von Titos Partisanen mit Soldaten der Roten Armee der Sowjetunion, nicht mehr
erfüllen. Nach der Niederlage kam es zur Verlegung der Division ins innere Jugoslawien, wo sich die Lage aufgrund des weiter vorrückenden Frontverlaufs so
spitzte, dass an einen Machterhalt der Nationalsozialisten nicht mehr zu denken
war. In dieser ausweglosen Situation desertierten von den Resten der 13. Waffen-
Gebirgs-Division der SS erneut Angehörige, sodass sie schließlich im Dezember
1944 von Himmler ausgelöst wurde (Mallmann und Cüppers 2011, S. 232 f.). Ver-
bliebene Soldaten wurden anderen Einheiten zugeteilt, die sich im Frühjahr 1945
den britischen Streitkräften in Südösterreich ergaben (Frantzmann 2009, S. 193).

Während der Einsätze der Division im Jahr 1944 in Jugoslawien und in
Ungarn wurden von der SS (und Amin al-Husseini) zur Indoktrinierung ihrer
Mullahs und Imame ab Juni 1944 parallel Lehrgänge an der Universität Göttingen organisiert. Später erfolgten diese an zwei Schulen, die am 21. April 1944 in
Guben und am 26. November 1944 in Dresden[47] (Höpp 1994, S. 442) gegründet
wurden. Die angesprochene Indoktrinierung war in der Gesamtschau wohl die
„(…) *wichtigste islampolitische Aktivität der SS* (…)" (ebd., S. 443) gewesen.
Auch innerhalb dieses Beispiels zeigte sich die Dominanz des NS-Regimes in
ihrer Beziehung zu Amin al-Husseini (und der Instrumentalisierung des Islam),
da er zwar an angesprochenen Orten als Dozent tätig war, die SS sich jedoch
selbst in inhaltlichen, religiösen Fragen nicht durch ihn beeinflussen ließ und sich
durchsetzte[48].

Während der Schulungen in den genannten Einrichtungen, so noch im Oktober 1944, rief Amin al-Husseini entgegen den beschriebenen, realen Kriegsent-
wicklungen und der hohen Zahl an Verlusten die Imame und Mullahs der Einheit

---

[47]Die sog. „Osttürkische Mullah-Schule" Dresden (Höpp 1994, S. 442).

[48]So wurde in diesen Schulen die Koranübersetzung des deutschen Publizisten und Arabis-
ten Max Henning (1861–1927) genutzt, und nicht Alternativen wie jene von Sadr du-Din
(Höpp 1994, S. 443).

zur Ergebenheit und zum Festhalten am Bündnis mit dem NS-Regime auf. Dabei breitete der eine ideologische Orientierung aus, die mit der Grundlage einer Interpretation des Islams als vermeintliches nationalistisches und rassistisches Politikkonzept ausschließlich starke Parallelen mit der NS-Doktrin aufzeigen sollte. In seiner Ansprache vom 4. Oktober 1944 vor Imamen der SS-Division Handschar waren sieben Punkte angegeben, die starke Überschneidungen zwischen dem Islam seiner Interpretation und der nationalsozialistischen Ideologie darstellten und die eine Zusammenarbeit vermeintlich religiös legitimieren würden (siehe Tab. 4.4).

Es ist erkennbar, dass alle Merkmale auf ein übergeordnetes, kollektivistisches, politisches Prinzip zuführen und zunächst auf der Mikroebene der Gesellschaft angesiedelt sind, um die Empfänger in ihrem Alltag anzusprechen und sie anschließend mit einem ‚höheren Sinn‘, in diesem Falle einer vermeintlichen ‚höheren Gemeinschaft‘, zu verbinden. So erfolgte für die Hörerschaft, hier Sol-

Tab. 4.4 Kernelemente der ideologischen Orientierung Amin al-Husseinis als Parallelen zur Weltanschauung des NS-Regimes (Eigene Darstellung nach al-Husseinis *„Rede vor den Imamen der bosnischen SS-Division, 4.10.1944"* (Höpp 2001, S. 219–222).)

Merkmal	Interpretation Amin al-Husseini
Führerprinzip	> aus Monotheismus = Hauptgebot im Islam – Einheit in der Politik; Kalif alleiniger Herrscher, Muslime gehorsam
Gesellschafts-ordnung	= Islam – ordnend, autoritär interpretiert: Zersplitterung aufgehoben, verlangt unbedingten Gehorsam, Disziplin, Ordnung
Beziehung zw. Gesellschaften	= Sozialdarwinismus = Kampf – Hauptgebot Islam: obligatorisch; um materielle Dinge und ‚Blut‘ – Jerusalem zentraler Ort
Gemeinschaft	= *„göttliches Gepräge"* – Muslim soll Eigentum und Person für Gemeinschaft opfern
Arbeit	– mystifiziert – wirkt kollektivierend: Gemeinschaft abhängig von Pflichten Individuum
Familie	= *„kleinste Volkszelle"* – Kinder vollkommen gehorsam, Hingabe zu Eltern – Mutterschaft geschätzt, Verbot Abtreibung, Kinderreichtum
Antisemitismus	– Betonung der Bekämpfung Juden als „islamische Tradition" und „Pflicht"; Prophet Mohammed zitiert

daten, nach dem Text eine genaue politische Handlungsweisung im Sinne des
NS-Regimes, und keine Ausbreitung von spirituellen Richtlinien oder Prinzi-
pien der Religion des Islam. Offensichtliche Differenzen, wie zwischen national-
sozialistischem Führerprinzip und traditionellen Werten des Islam, wurden von
Amin al-Husseini übergangen, obwohl sie wesentliche Elemente beider Weltanschauungen darstellen (siehe auch Zankel 2006, S. 51). Die propagandistischen
Bemühungen Amin al-Husseinis wurden angesichts der militärischen Situation
des NS-Regimes in Jugoslawien bis Ende 1944 immer sinnloser (Bernwald 2012,
S. 228) – ein Umstand, der auch ihm klar gewesen sein musste.

Insgesamt sollten während des Zweiten Weltkrieges fünf SS-Divisionen auf
dem Gebiet Jugoslawiens und Albaniens zum Einsatz kommen, deren Personal mehrheitlich aus der einheimischen Bevölkerung rekrutiert wurde[49]. Von
den vier tatsächlich aktiven Einheiten waren zwei (‚Handschar' und ‚Skanderbeg') darauf ausgerichtet, explizit als islamisch zu gelten, um die autochthone
muslimische Bevölkerung im Krieg auf der Seite der Nationalsozialisten einzu-
beziehen. Die sog. ‚SS-Division Handschar' war dabei mit fast 22.000 Soldaten
der größte dieser Verbände. In der Zusammenfassung der religionssoziologischen
Betrachtungen zur Kooperation Amin al-Husseinis mit dem NS-Regime in
Bosnien-Herzegowina in den Jahren 1943 und 1944 im Rahmen der Aufstellung
dieser ‚muslimischen' SS-Division lassen sich folgende Aussagen über das
Erreichen der Ziele der drei Hauptakteure und über die Konsequenzen treffen.
Das übergreifende Merkmal aller Einheiten der SS in Bosnien zwischen 1943 und
1944 bleibt wohl die Etablierung eines brutalen und willkürlichen Terrorregimes
mit Massenmord und -vertreibungen.

Die erste Akteursgruppe waren die betroffenen bosnischen Muslime, die
selbst in ihren politischen Einstellungen heterogen waren und keinen allgemein
anerkannten Führer hatten (Motadel 2013, S. 1028). Damals existierten Formen
der Kooperation von Teilen der Bevölkerungsgruppe mit jeder Kriegspartei, und
auch innerhalb der organisierten Muslime wie der Islamischen Gemeinschaft
gab es unterschiedliche Fraktionen (ebd., S. 1030). Ihr erstes Ziel bestand darin,
Schutz und damit verbunden einen geeigneten Kooperationspartner gegen gewaltsame bewaffnete Gruppen zu erlangen. Aufgrund der Machtsituation wendeten

---

[49]Die ‚7. SS-Freiwilligen-Gebirgs-Division' (sog. ‚SS-Division Prinz Eugen'), das ‚Karstwehr
Bataillon' der SS (ab 1944 ‚24. Waffen-Gebirgs-Division der SS'; sog. ‚Karstjäger-Division'),
die ‚13. Waffen-Gebirgs-Division der SS' (sog. ‚Handschar-Division'), die ‚21. Waffen-
Gebirgs-Division der SS' (sog. ‚Skanderbeg-Division') und die ‚23. Waffen-Gebirgs-Division
der SS' (sog. ‚Kama-Division'; Aufstellung im Sommer 1944 abgebrochen).

sich wichtige Teile 1941 vom Ustaša-Regime ab und suchten zunächst gezielt die Nationalsozialisten als Kooperationspartner. Davon war eine Teilgruppe eher instrumentell eingestellt, andere waren durchaus durch die Propaganda Amin al-Husseinis zu beeinflussen (Bernwald 2012, S. 10), jedoch von der ideologischen Orientierung bereits vorher überzeugt. Als auch hier Hoffnungen auf Sicherheit und Autonomie, trotz Gründung einer muslimischen SS-Division, schwanden (Motadel 2913, S. 1036), wandte sich die instrumentelle Fraktion weitgehend wieder ab. So ist insgesamt die Zielgruppe der Empfänger von Botschaften Amin al-Husseinis während des Krieges schnell und deutlich auf einen engen Kreis jener Ideologen geschrumpft, der mit großer Sicherheit bereits von sich aus fanatisiert war.

Die Ziele der deutschen Seite, des zweiten Akteursblocks, waren mit der Aufstellung der muslimischen SS-Division ebenfalls mit der Verbesserung und Befriedung der Sicherheitslage in Bosnien-Herzegowina, in ihrem Sinne, verbunden. Eine solche Situation konnte wenn, dann nur sehr kurzzeitig erreicht werden (ebd., S. 1033), sodass dieses Hauptanliegen scheiterte. Weiterhin stellt sich die Frage nach dem Erfolg der 1943/1944 mit hoher Intensität betriebenen Propaganda des NS-Regimes unter bosnischen Muslimen. Hier ist zu konstatieren, dass die Zielgruppe die Botschaften schon seit 1941 als nicht authentisch wahrnahm (ebd., S. 1039). Entsprechend den Realitäten des Krieges hatte die muslimische Bevölkerung eine Kommunikation mit der deutschen Besatzungsmacht ausgeführt, die in erster Linie der Umgehung von Repressalien diente. Im Anschluss glaubten die Deutschen an einen Erfolg ihrer Verlautbarungen (ebd., S. 1030, 1031), der jedoch mit näherem Blick auf das Verhalten der bosnischen Muslime aus heutiger Sicht nicht attestiert werden kann.

Mit der Relativierung der eigenen Ideologie (und damit von Grundlagen auch der Eliteorganisationen SS) blieb als weitere Konsequenz der Aufstellung einer muslimischen SS-Division eine intern und extern diskreditierende Wirkung für das NS-Regime, die zu einem Verlust an Glaubwürdigkeit unter den eigenen Anhängern beigetrug. In der Zusammenfassung stellten demnach die Kooperationsversuche der Nationalsozialisten mit den Muslimen in Bosnien-Herzegowina nicht das Ergebnis einer langfristigen Strategie dar (ebd., S. 1038), sondern ergaben sich aus kurzfristigen militärischen Überlegungen. Mit diesem Hintergrund charakterisiert sich die sog. ‚Islampolitik' des NS-Regimes als Politisierung und Instrumentalisierung einer Religion.

Auch der dritte Akteur, Amin al-Husseini, konnte seine Ziele innerhalb des Projekts weitgehend nicht erreichen. Die von der SS ausgesprochene Zusicherung, wenn schon nicht militärisch, so doch in der sog. ‚weltanschaulichen Erziehung' der kooperativen Muslime eine aktive Position beziehen zu können, wurde durch die enge NS-Ideologie und durch ihre rigide Umsetzung durch die SS (z. B. anhand inhaltlicher Vorgaben) nicht vollzogen. Sein militärischer und propagandistischer Effekt blieb während der Indoktrinierung der SS-Division auf Soldaten und Bevölkerung in Bosnien-Herzegowina sehr begrenzt (ebd., S. 1039). Eine weitere Konsequenz ergibt sich aus dem verbliebenen Einfluss, den Amin al-Husseini innerhalb der Division besaß. So glaubte er schon frühzeitig nicht mehr an einen Sieg der ihm Exil bietenden Achsenmächte, unterstützte jedoch dennoch die Rekrutierung in den späten Kriegsjahren 1943 und 1944. So zeigte er, dass er eigentlich von Beginn „(…) *an bereit war, das Leben bosnischer Muslime aufs Spiel zu setzen.*" (Gensicke 1988, S. 289). So verringerte sich sein Ansehen unter der muslimischen Bevölkerung in Südosteuropa immens, da auch er offensichtlich die Religion für individuelle und politische Zwecke missbrauchte.

Eine langfristige Wirkung der Aufstellung der sog. ‚SS-Division Handschar' blieben gewaltsame Aktivitäten eines Netzwerks ihrer ehemaligen Angehörigen über den Zweiten Weltkrieg hinaus. Nach der von Himmler angeordneten Auflösung im Dezember 1944 und der späteren Gefangennahme durch britische Einheiten 1945 sollen sich nach übereinstimmenden Quellen ca. 900 Soldaten der Division als bosnisch-muslimischer Verband reorganisiert und aufseiten der arabischen Staaten am arabisch-israelischen Krieg in den Jahren 1947/1948 beteiligt haben (Frantzmann 2009, S. 195, 200).

Fazit

5

Mohammed Amin al-Husseini, muslimischer Araber aus Palästina und in den Jahren zwischen 1921 und 1937 aktiver Großmufti von Jerusalem mit großem politischen und ökonomischen Einfluss, arbeitete seit 1933 an einer Verständigung mit führenden Nationalsozialisten des Deutschen Reichs; Bemühungen, die ab 1937 zu sporadischen Kontakten und von Ende 1941 bis Anfang 1945 zu einer engen Kooperation führten.

Aus der Feststellung einer derzeit häufiger auftretenden politischen Instrumentalisierung der historischen Person Amin al-Husseini auf Basis dieser Zusammenarbeit, die in aktuellen Debatten um eine Vereinbarkeit von Islam und Demokratie aufkam, haben wir die Fragestellung abgeleitet, ob er als anerkannter religiöser Würdenträger des Islam galt und gelten kann, der insbesondere während der Zeit der angesprochenen Kooperation 1941–1945 mit weitreichendem Einfluss auf die Muslime in Europa und im Nahen Osten ausgestattet war. War er tatsächlich jener bedeutende, authentische Repräsentant der dort bei der Bevölkerungsmehrheit vertretenen Religion Islam oder ein extremer politischer Ideologe unter vielen seiner Zeit, dem die erwähnte Personengruppe skeptisch gegenüberstand? Demnach gingen wir der Frage nach, welche Form(en) die Kooperation mit den Nationalsozialisten letztendlich annahm: Kann aus den dargelegten zentralen Projekten der Zusammenarbeit eine generelle ideologische oder materielle Verbindung zwischen (deutschem) Faschismus und Ausprägungen des (politischen) Islam gezogen werden? Um dies einschätzen zu können, haben wir zuerst die weitreichenden geistigen und politischen Kontextbedingungen der Kooperation dargelegt und religionssoziologisch eingeordnet. In der historischen Einbettung des biografischen Hintergrunds der Hauptakteure wurde deutlich, welchen Einflüssen die später ausgeführten ideologischen Orientierungen unterlagen, welche tatsächlichen Formen sie in Bezug zueinander annahmen und welche Änderungen

© Springer Fachmedien Wiesbaden GmbH, ein Teil von Springer Nature 2019
J. Töpfer und M. F. Bergmann, *Jerusalem – Berlin – Sarajevo*,
https://doi.org/10.1007/978-3-658-24633-4_5

diese Bezüge bis 1943 erfuhren. Weiterhin dokumentierten wir innerhalb dieses
Rahmens die Gegebenheiten und tatsächlichen Formen der drei zusammen reali-
sierten Projekte (Islam-Institut, Auslandsrundfunk, Indoktrination ,muslimischer'
SS-Einheiten und der Bevölkerung in Bosnien) zwischen 1942 und 1945. Diese
wurden mit besonderer Berücksichtigung der Aktivitäten Amin al-Husseinis
dargestellt, um aufzuzeigen, welchen Aktivitätsraum er hatte bzw. zugestanden
bekam, sowie, welche religiöse Autorität und doktrinäre Reichweite er innerhalb
des Zeitraums der Kooperation entfalten konnte.

Mit dieser Fragestellung haben wir die Perspektive der vorliegenden Analyse auf Problematiken ausgerichtet, die in bisherigen wissenschaftlichen Untersuchungen, insbesondere der historischen Forschung, als wenig bearbeitet
angesehen wurden (u. a. Motadel 2011, S. 52)[1]. Es zeigte sich, dass innerhalb des gewählten Zeitraums Amin al-Husseini als auch führende Nationalsozialisten (die öffentliche Aussagen zum Islam trafen) ihre als gefestigt
dargestellten ideologischen Orientierungen zu Ermöglichung einer rein instrumentellen Kooperation veränderten; auf beiden Seiten dominierte spätestens ab
der Zeit des Zweiten Weltkriegs das Ziel des politischen Machterhalts vor dok-
trinären Erwägungen. Die NS-Ideologen nahmen eine Neuklassifizierung der
(bosnischen) Muslime innerhalb ihrer rassistischen Weltanschauung vor: Sie
wurden ab 1942/1943 von Heinrich Himmler zu „(…) *rassisch wertvollen Völkern* (…)" (Mallmann und Cüppers 2011, S. 226) erklärt, da nach angepasster
Ideologie nun „(…) *auch der arische Geist seinen charakteristischen Beitrag
zur islamischen Kultur lieferte.*" (Fischer-Weth 1943, S. 17). Amin al-Husseini
transformierte auf der anderen Seite in seiner Interpretation des Islam deutsche
Nationalsozialisten, welche traditionelle Religionen verachteten und zersetzten,
aufgrund der Kolonialsituation im Nahen Osten zu sog. ,Freunden der Muslime' (Höpp 2001, S. 219). Diese Modifikation konnte er zudem in sein übergeordnetes Islamkonzept einbringen, da er dieses, parallel zur NS-Ideologie, auf
die Basis des fanatischen Antisemitismus stellte. Aufgrund dieser extremen politischen Positionierung Amin al-Husseinis wurde er ab Anfang der 1930er Jahre
für die palästinensischen Araber mehr als Politiker denn als religiöser Würdenträger wahrgenommen; seine hier einsetzende Isolierung im internationalen sowie

---

[1]So sollte nach David Motadel die kommende Forschung zum Gegenstand folgende Fragen
beantworten: „*Welche Vorstellungen vom Islam und religiöser Autorität standen hinter der
deutschen Politik gegenüber dem Mufti und wie änderten sich diese Bilder? (…) Mit welchen Reaktionen aus der islamischen Welt (…) war er konfrontiert? Warum ist es dem Mufti
letztlich nicht gelungen, größere Aufstände und achsenfreundliche Bewegungen zu mobili-
sieren?*" (Motadel 2011, S. 52).

regionalen Rahmen (Palästina, Naher Osten) nahm nach 1937 noch bedeutend zu (siehe u. a. Piorkowski 2018, S. 29). Dies trug entscheidend dazu bei, dass seine in diesem Text besprochenen Aktivitäten zwischen 1941 und 1945 aus dem Exil in Berlin weithin von Erfolglosigkeit geprägt waren.

Amin al-Husseini war Mitglied einer bedeutenden arabischen Familie Jerusalems des 19. Jahrhunderts, die ökonomisch mit umfangreichem Grundbesitz in der Stadt und der Umgebung, sowie politisch und religiös mit der Bekleidung wichtiger Positionen eine führende Rolle in der Region Palästina einnahm. Er ging zwischen 1912 und 1914 zum Studium nach Kairo, wo er im akademischen Milieu mit den politischen Ideen der europäisch geprägten Modernisierung und den Reflexionen und Reaktionen der arabischen Welt darauf in Verbindung kam. Dies führte früh zur Verbindung mit dem damals einflussreichen Intellektuellen Rashid Rida; er erhielt dort jedoch auch aufgrund der Kürze der Zeit keine umfassende theologische Ausbildung. Hier und bei seinem anschließenden Aufenthalt in der Armee des Osmanischen Reiches baute er jedoch Kontakte zu einflussreichen politischen (Unabhängigkeits-) Gruppierungen mit Bezug zur arabischen Region auf. Diese Voraussetzungen, sein eigenes politisches Engagement und die Familienzugehörigkeit, die Zugang zu regionaler und lokaler politischer Macht bedeuteten, wiesen Amin al-Husseini bereits seit seiner Rückkehr aus dem osmanischen Militär im Jahr 1916 nach Palästina mehr als Politiker denn als religiöse Autorität aus. Aufgrund seiner persönlichen Position im Gesellschaftssystem der Region kann zunächst angenommen werden, dass mit der britischen Eroberung Palästinas Ende 1917 das vordringliche Ziel seiner Familie und ihm selbst in der Bewahrung der feudal geprägten Grundstruktur der Gesellschaft mitsamt ihrer Elitenrekrutierung lag, die aus dem Osmanischen Reich geerbt wurde.

In ständiger Auseinandersetzung mit anderen bedeutenden muslimisch-arabischen Familien Jerusalems um einflussreiche politische und religiöse Positionen gelang es seiner Familie, nachdem das Mitglied Kamil al-Husseini im März 1921 gestorben war, von der britischen Mandatsmacht weiterhin mit dem Amt des Muftis von Jerusalem bedacht zu werden, obwohl lokal andere Personen favorisiert wurden. So ernannten die Briten Amin al-Husseini in der Folge im Sommer 1921 zum Großmufti von Palästina, eines von ihnen zuvor neu geschaffenen religiösen Amtes, um ein gewisses politisches Gleichgewicht zwischen den arabischen Clans in der Region herzustellen. Er bekam somit durch seine Einsetzung formal eine hohe religiöse Autorität zugeteilt, die nur teilweise in religiösen Traditionen (regionale Auswahl) oder theologisch-religiöser Expertise (Ausbildung) begründet war, sondern eher in kurz- und mittelfristigen politischen Erwägungen der externen britischen Kolonialmacht. Die Position umfasste nicht nur den religiösen Bereich mit theologischen oder spirituellen Tätigkeiten, sondern beinhaltete auch politische und ökonomische Komponenten, die mit seiner

Ernennung die herausgehobene Stellung der Familie im Palästina der Nachkriegsordnung festigten. So ist an diesem Beispiel ersichtlich, dass mit dem Beginn der
1920er Jahre die grundlegenden regionalen Machtstrukturen aus dem Osmanischen Reich in Palästina von Großbritannien weitergeführt wurden.

Die frühe ideologische Orientierung Amin al-Husseinis kann daraus folgend zunächst eine Einordnung in Konflikte der Übergangsgesellschaft während
der Modernisierung erfahren. So sind seine Aktivitäten dahin gehend zu inter-
pretieren, dass er bestehende Gesellschaftsstrukturen, wie er sie im Jerusalem
des Osmanischen Reiches mit der Machtposition seiner Familie vorfand, in die
aufkommende Modernisierung retten wollte. Dies deutet darauf hin, dass er mit
der Ernennung zum Großmufti von Palästina regional zunächst eine Beziehung
zwischen Religion und Politik favorisierte, die dem *Caesaropapismus* (enge Verflechtung, Politik dominiert traditionelle Religion) nahe kam; auch sein zu dieser
Zeit proklamiertes, pan-islamisches Modell (siehe Abb. 5.2).

Zusammen mit den historischen Kontextbedingungen in Palästina wie dem
britischen Kolonialismus und der jüdischen Einwanderung bestand in der Folge
in den 1920er Jahren die Anfangsphase des Wirkens Amin al-Husseinis in lokalen Auseinandersetzungen mit anderen arabischen Familien und der britischen
Mandatsmacht, die in der Gründung von politischen Parteien und Vereinigungen,
sowie in der Veranstaltung internationaler Kongresse mündeten. Es lässt sich
wiederholt feststellen, dass dabei weniger die Religion Islam oder pan-islamische Bestrebungen im Zentrum seiner Aktivitäten standen, sondern in der überwiegenden Mehrheit politische Handlungen mit Bezug zu seiner Heimatregion.

Aus Sicht der arabischen Bevölkerung in Palästina vertrat Amin al-Husseini
in den 1920er Jahren zunächst eine ideologische Orientierung, die einen Zweig
des Pan-Islamismus darstellte, der generell gegen Westen gerichtet war. In der
Folge wurde dieser zum Ende des Jahrzehnts von ihm mit einem spezifischen
rassistisch-islamischen Nationalismus verbunden (Achcar 2012, S. 104), der sich
fast ausschließlich als Feindschaft gegen die jüdische Einwanderung äußerte und
der heute auch als individueller ‚Religio-Nationalismus‘ begrifflich gefasst wird
(Freas 2012). Mit der ansteigenden, später fanatischen Betonung des Antisemitismus innerhalb dieses Rahmens und der Bindung an den deutschen Nationalsozialismus wurde seine ideologische Orientierung immer spezifischer und
individueller. Da er den Antisemitismus hauptsächlich mit der territorialen Frage
in Palästina verband, können die Ursachen der Form seiner ideologischen Orientierung im weltlichen Bereich verortet werden (so auch Zankel 2006, S. 51). In
ideologischer Hinsicht zeigen die zeitgleich wirkenden islamischen Autoritäten
mit grundsätzlich divergierenden politischen Ansichten, wie Mustafa al-Maraghi
(1881–1945), Direktor und Imam der Al-Azhar Universität in Kairo, oder liberale

islamisch-politische Bewegungen wie die Müsavat Party (‚Gleichheitspartei') in Aserbaidschan zwischen 1918 und 1920, die Bandbreite der islamisch geprägten politischen Reaktionen auf die Anforderungen der Moderne zu der Zeit zwischen den Weltkriegen. Dies hatte auch Folgen für Anerkennung Amin al-Husseinis in der arabischen Welt; im Jahr 1932 wandte sich beispielsweise die bedeutende Arabische Unabhängigkeitspartei öffentlich gegen seine engstirnige Politik (Achcar 2012, S. 131). Weiterhin waren Amin al-Husseinis politische Orientierung und der Weg der Kooperation mit dem NS-Regime ideologisch in der breiten arabischen Öffentlichkeit seit spätestens 1938 diskreditiert, da dessen Bündnispartner Italien mit der Kolonialisierung Libyens begann und neben Frankreich und Großbritannien im arabischen Raum als feindliche Macht wahrgenommen wurde (Schulze 1994, S. 143). In der weiteren Entwicklung vertrat Mitte der 1930er Jahre selbst innerhalb seiner Familie die Mehrheit der Mitglieder zu ihm oppositionelle politische Positionen und wandte sich von ihm ab (Achcar 2012, S. 141). Die Verankerung seiner ideologischen Orientierung wurde auch in der Bevölkerung immer geringer (Wildnagel 2007), und selbst ehemalige Sympathisanten wie Rashid Rida sprachen nun bereits ab 1931 von gegensätzlichen Positionen zu al-Husseini, da er die Muslime des Nahen Ostens nicht zusammengeführt habe (Achcar 2012, S. 130).

Mit der führenden Beteiligung an den Aufständen 1921 und 1936 verbannten die Briten Amin al-Husseini 1937 aus dem Mandatsgebiet Palästina, setzten ihn jedoch erst Monate später als Großmufti von Palästina ab. Somit verlor er zu diesem Zeitpunkt seine direkte, offiziell verliehene, religiöse Autorität über das Gebiet, und auch den verbliebenen politischen Einfluss, bestand jedoch weiterhin auf seinem Titel. Er begann bereits ab dem Jahr 1933, erste Kontakte zum deutschen NS-Regime herzustellen, stieß jedoch auf der Gegenseite zunächst auf wenig Resonanz. Erst mit der Ausrufung des Aufstands in Palästina 1936 wurde der Austausch konkreter und die deutschen Nationalsozialisten unterstützten ihn, jedoch eher inoffiziell und in nur geringem Umfang, d. h. mit Zusicherungen und begrenzter finanzieller Ausstattung, statt mit konkreten Materiallieferungen. Er selbst erkannte jedoch früh eine Notwendigkeit der Kooperation, da er seine Ziele der gewaltsamen Beendigung der britischen Mandatsmacht in Palästina und der Vertreibung der jüdischen Bevölkerungsgruppe nicht ohne einen (regional) einflussreichen Verbündeten verwirklichen konnte. Demnach war es zu einem großen Teil passenden Zufällen geschuldet, dass der Hauptgegner der Kolonialmächte Frankreich und Großbritannien, das NS-Regime im Deutschen Reich, in seiner ideologischen Zentralkategorie, dem Antisemitismus, ähnliche Überzeugungen vertrat wie er. Die antisemitischen Maßnahmen des NS-Regimes in Europa führten jedoch entgegen den Zielen Amin al-Husseinis ab 1933 zunächst zu verstärkten Einwanderungswellen jüdischer Migranten nach Palästina. So versuchte er in der Folge durch den Kontaktaufbau und Interventionen bei den Nationalsozialisten, diesen Entwicklungen entgegenzuwirken. Die Rolle des Antisemitismus kann auch zu diesem frühen Zeitpunkt als Basiselement der Kooperation nicht unterschätzt werden, da dieser auch in der national-sozialistischen Weltanschauung einen zentralen Platz einnahm und Amin al-Husseinis öffentliche Reden mit seiner Auslegung des Islam fast ausschließlich dieses Thema behandelten. So wurde in der Propaganda die ‚Essentialisierung des Feindes' die bedeutendste Grundlage der Zusammenarbeit (Achcar 2012, S. 109).

Amin al-Husseini floh im Oktober 1937 in den Libanon und zwei Jahre später in den Irak (siehe Tab. 4.1) und war dort anschließend im Frühjahr 1941 in den nationalistischen Putsch unter Rashid al-Gaylani involviert, der wie die Aufstände in Palästina aus seiner Sicht ebenfalls erfolglos war und scheiterte. Während dieser Ereignisse im Irak rief er zu einem heiligen Krieg der Muslime im Nahen Osten gegen Großbritannien auf, welcher bei der Zielgruppe keine nennenswerten Reaktionen hervorbrachte (Achcar 2012, S. 141). Dies zeigt einmal mehr die Reichweite Amin al-Husseinis bereits zu Beginn des Zweiten Weltkriegs an. Aufgrund des Drucks der französischen und britischen Kolonialbehörden im Nahen Osten, die ihm die Einreise in die von ihnen kontrollierten Gebiete nicht genehmigten, kommt er nach einer Reise über den Iran, die Türkei und Italien am 6. November 1941 in Berlin an. Hier verblieb er für die folgenden dreieinhalb Jahre im Exil und stand dem NS-Regime mehr als Instrument der Propaganda denn als Kooperationspartner zur Verfügung.

Das erste Projekt der propagandistisch geprägten Zusammenarbeit, die Leitung des kurz zuvor neu geschaffenen Islamischen Zentral-Instituts in Berlin, konnte aufgrund des engen Zeitrahmens der persönlichen Anwesenheit Amin al-Husseinis in der Hauptstadt im Anschluss von wenigen Monaten (Eröffnung 18.12.1942, Umzug nach Brandenburg nach der Jugoslawienreise im März/April 1943, anschließend schwere Luftangriffe auf Berlin) aus seiner Sicht zu keiner produktiven Arbeit gelangen. Weiterhin war auch das zweite Kooperationsprojekt der Radiopropaganda in den Nahen Osten aus seiner Perspektive eher ein Misserfolg: Er produzierte in Vergleich zu anderen Formaten und zu anderen ausländischen Autoren in seinem regionalen Bereich recht wenige Sendungen für den internationalen Auslandsrundfunk. Generell konnte die Radiopropaganda in den Nahen Osten nur ca. 18 Monate, von 1942 bis zum Ende des ersten Halbjahres 1943, professionell betrieben werden, da anschließend die Zerstörungen durch die Luftangriffe der Alliierten zu einem hohen Grad an Improvisation und Einschränkungen im inhaltlichen, technischen und organisatorischen Bereich beitrugen. Zusätzlich war im Bereich der Empfänger in Palästina aufgrund der strikten britischen Zensur und Überwachung, der weiteren technischen Gegebenheiten vor Ort (Versorgung mit Elektrizität und Radiogeräten) sowie der politischen oder ideologischen Mehrheitsdiskurse innerhalb der arabischen Bevölkerung die Resonanz auf die Verlautbarungen Amin al-Husseinis mittels Radiowellen äußerst begrenzt. Zur Gesamtbetrachtung muss auch die Tatsache hinzugezogen werden, dass auf der persönlichen Seite Amin al-Husseinis ab November 1942 wahrscheinlich selbst große Zweifel vorhanden waren, ob ein Sieg der Achsenmächte noch in Betracht käme (Gensicke 1988, S. 122). Trotzdem verblieb er in der Propaganda zur Beeinflussung muslimischer Bevölkerungsgruppen bis zum Frühjahr 1945 bei den Positionen der unverrückbaren Loyalität zum NS-Regime und dem fanatischen Antisemitismus[2].

So konnten mit Blick auf die technischen Gegebenheiten, die britische Zensur sowie auf den Abgleich mit mehrheitsfähigen Meinungen im politischen Diskurs in Palästina heutige Darstellungen der Radiopropaganda, eine hohe sechsstellige Zahl von Arabern des Nahen Ostens hätte die Sendungen des deutschen Auslandsrundfunks im Jahr 1942 verfolgt (Kellerhoff 2010), oder diese wären auf eine hohe positive Resonanz bei der Zielgruppe gestoßen (Mallmann und Cüppers 2011, S. 64 f.), nach der Analyse nicht belegt werden. Gründe für die Überhöhungen könnten in der Konzentration der Veröffentlichungen auf die damaligen Bedingungen im Deutschen Reich liegen.

Wie erwähnt bedeutete die Kooperation Amin al-Husseinis mit dem NS-Regime letztendlich seine Inkorporation in die Machtstrukturen des zweiten Akteurs und seine Instrumentalisierung. Somit waren sämtliche Aktivitäten al-Husseinis während dieser Zeit von den deutschen Nationalsozialisten streng reglementiert. Dies galt auch für das letzte zentrale Projekt neben der Gründung des Zentral-Instituts und der Ausstrahlung von Radiopropaganda: Die ideologisch-nationalsozialistische Indoktrination der Angehörigen der zur deutschen SS gehörenden ,Division Handschar' aus Bosnien-Herzegowina, sowie die Beeinflussung der autochthonen muslimischen Bevölkerungsgruppe dort, aus denen sich die (zukünftigen) Soldaten rekrutieren sollten. Die Gründe der Aufstellung der Division im Frühjahr 1943 lagen in den starken Verlusten der bewaffneten deutschen Einheiten in Osteuropa, die durch die Maßnahme im Kampf gegen kommunistische Partisanen in Jugoslawien und insbesondere Bosnien-Herzegowina entlastet werden sollten. Den Nationalsozialisten erschien nun Amin al-Husseini aufgrund seiner religiösen Autorität unter der dortigen muslimischen Bevölkerung als propagandistisch bedeutend. Innerhalb der muslimischen Bevölkerung Bosnien-Herzegowinas

---

[2]Und verfolgte diese Positionen über den Zeiten Weltkrieg hinaus.

schwand jedoch die anfänglich beachtliche Begeisterung für ihn nach dem Besuch im April 1943 recht bald angesichts ihrer realen Alltagssituation im Krieg in Jugoslawien. Die primäre Motivation dieser Bevölkerungsgruppe zu einer möglichen Kooperation mit dem NS-Regime war demnach nicht ideologische Sympathie für die Nationalsozialisten, sondern das ernsthafte Entgegentreten gegen ihre reale Verfolgung und Vertreibung in ihrer Heimatregion. So galt für einen Teil der muslimischen Bosnier der Eintritt in die SS anfangs als eine Option auf einen gewissen Schutz ihrer Siedlungsgebiete und/oder auf persönliche materielle Vergünstigungen in einer von Armut geprägten Alltagssituation. Andere Teile dieser Bevölkerungsgruppe waren ausschließlich für Autonomiebestrebungen oder schlossen sich auf der anderen Seite von Anfang an den kommunistischen Partisanen an. Mit dem gesamten Kriegsverlauf, in dem auch die offensichtlichen Kriegsverbrechen, Zerstörungen und Verluste der von Amin al-Husseini ideologisch beeinflussten SS-Division eingeordnet werden können, wurden die beiden letztgenannten Gruppen innerhalb der bosnischen Muslime schnell bestimmende Mehrheitsfraktionen. Demnach brachten die fanatischen Indoktrinationen al-Husseinis ab 1943 angesichts der tatsächlichen Entwicklungen im Krieg für ihn und die Nationalsozialisten in kurzfristiger Perspektive möglicherweise teilweisen, langfristig gesehen jedoch wenig Erfolg.

Amin al-Husseini lebte vom Sommer 1944 bis Ende März 1945 abgeschieden im ostsächsischen Oybin (siehe Tab. 4.1), da die Bedrohung durch Bombenangriffe in der Nähe größerer Städte und Industrieanlagen zunahm. Diese Gefahr war auch nicht an seinem vorherigen Wohnort in Zaue gegeben, und so kann über die erneute Verlegung nur gemutmaßt werden. Möglicherweise war ein Grund die Nähe zu im Aufbau befindlichen Stätten der Indoktrinierung ausländischer Muslime; so er reiste zum großen Teil innerhalb der letzten neun Monate im deutschen Exil nur zu Ereignissen in der näheren Umgebung wie zu den Eröffnungen der sog. ‚Mullah-Schulen' in Guben und Dresden im Jahr 1944 (siehe Tab. 4.1). Aufgrund der kriegsbedingten Einschränkungen ist mehrheitlich Briefkorrespondenz aus diesem Zeitraum überliefert. Nachdem er Ende März 1945 nach Süddeutschland aufbrach und am 04. Mai 1945 von Frankreich festgenommen wurde, äußerte er sich bis zu seiner Ankunft im Nahen Osten im Jahr 1946 nicht öffentlich. Dort wurde er anfangs von Teilen der Gesellschaft gefeiert und blieb bis zu seinem Tod 1974 im Libanon weiterhin politisch aktiv. Trotz der schweren Anschuldigungen des Beitrags zu Kriegsverbrechen im Zweiten Weltkrieg kommt es zu keiner juristischen Aufarbeitung seiner Taten oder Anklage gegen ihn. Neben der Fokussierung auf die drei Projekte muss demnach darauf verwiesen werden, dass Amin al-Husseini das Leid der jüdischen Gruppe in Osten Europas durch sein Wirken, insbesondere durch seine Briefkorrespondenz, während des Zweiten Weltkriegs immens vergrößert hat und zum Völkermord beitrug. So veranlassten die entsprechenden NS-Behörden, u. a. durch seine Intervention bei ihnen und der rumänischen Regierung im Jahr 1943, dass ca. 75.000 bis 80.000 Juden aus Rumänien nicht wie geplant nach Palästina ausreisen konnten, sondern in deutsche Konzentrationslager nach Osteuropa gebracht und dort ermordet wurden (Höpp 2001, S. 179, 180).

In der Betrachtung des langfristigen Wirkens Amin al-Husseinis über den Zweiten Welt hinaus ergeben sich zwei eng verwobene Bereiche: Seine direkte materielle Unterstützung von extremen politisch-islamistischen Organisationen und sein indirekter Beitrag zu derzeitigen Debatten um die Vereinbarkeit von Islam und Demokratie heute. Zum ersten Bereich des langfristigen politischen Handelns ist belegt, dass er während seines Exils zwischen 1941 und 1945 umfangreiche finanzielle Mittel in der Schweiz anlegte (Billstein 2015, 47:30), auf die er auch später Zugriff ausübte. Er blieb auch nach der Niederlage des nationalsozialistischen deutschen Regimes mit Hassan al-Banna eng verbunden und traf weitere arabische Führer in seinem letzten Exil in Beirut. Es wird berichtet, dass muslimischen Organisationen in der Bundesrepublik Deutschland, die sich in der Nachkriegszeit insbesondere in München bildeten, weiterhin Objekt der Einflussnahme verschiedener Seiten waren, womöglich auch von Amin al-Husseini (Johnson 2011, S. 95, 143). Es erscheint jedoch fragwürdig anzunehmen, bestimmte politische Bewegungen im Nahen Osten hätten nach dem Zweiten Weltkrieg seine spezifische ideologische Orientierung direkt übernommen oder seine Ansichten hätten als Hauptinspiration für den arabisch-muslimischen Terrorismus letzten Jahrzehnte gedient (Dalin und Rothmann 2008). Wie dieses Konzept von der palästinensischen Bevölkerung seit den 1930er Jahren wahrgenommen wurde, und das es generell wenig Verankerung in der Bevölkerung genoss, zeigt dieses abschließende Zitat:

It was the British Government that considered Hajj Amīn to be ‚the official representative of the Palestinian population' [Porath 1974, 202], not the majority of the local population. If this historical figure – imposed upon the natives – managed over the years to acquire increasing power within Palestinian society by using power and violence, it was due to growing political worries about the present and future of Palestine, and even more to many years of uninterrupted use of the functions and ‚instruments' granted him. Functions and "instruments" that had little or nothing to do with the traditions and desires of the Palestinian people: Hajj Amīn al-Ḥusaynī was definitely a product of the West – declared the Palestinian intellectual Sari Nusseibeh – but if we think about it all of us here in this land [Palestine/Israel] are in some fashion a product of the West; that is, a product of how the West perceived us (Kamel 2013, S. 18).

So ist belegt, dass von der Seite der arabisch-palästinensischen Bevölkerung gerade aufgrund seines fanatischen (und in der Konsequenz mörderischen) Antisemitismus' und der Kooperation mit dem NS-Regime nach dem Zweiten Weltkrieg nur Bruchteile den Ansichten Amin al-Husseinis folgten: *„Innerhalb der palästinensischen Öffentlichkeit hatte er damit den islamischen Diskurs faktisch diskreditiert."* (Schulze 1994, S. 170). Auch distanzierte er sich nach dem Krieg nie von seinem Handeln.

Auf der Seite des Nationalsozialismus standen die Ideologie sowie die Anhänger und Parteimitglieder der NSDAP der Religion des Islam von Beginn an generell abwertend gegenüber, auch wenn spätere offizielle Annäherungen dieses Bild zu ändern versuchten. Dies zeigte sich in frühen Schriften der Doktrin (Hitler, Rosenberg), innerhalb derer das rassistische Weltbild der NS-Ideologie muslimischen Arabern kollektiv einen untergeordneten Platz zuwies. Weiterhin offenbarte die von der NSDAP betriebene Innenpolitik ab 1933 diese Haltung deutlich. Islamische Organisationen und Angehörige der Glaubensgemeinschaften, wenn nicht verfolgt oder emigriert, hatten ab diesem Zeitpunkt als politisches Instrument des Regimes zur Verfügung zu stehen. Zudem brachte die genaue Betrachtung der islamischen Vereine Berlins die Erkenntnis, dass von muslimischer Seite nicht nur keine einheitliche, aufeinander abgestimmte Zusammenarbeit mit den Nationalsozialisten stattgefunden hatte, sondern diese recht häufig auch verweigert wurde, und die Vereine vonseiten der deutschen Behörden mit einer Ausnahme nicht erwünscht waren und bald geschlossen wurden (Bauknecht 2001, S. 42).

Auch in der Außenpolitik verhielten sich die Nationalsozialisten gegenüber arabischen Führern zunächst mehrheitlich abwartend und reserviert. In erster Linie waren Überlegungen zur Vermeidung eines Krieges mit Großbritannien und von Konflikten mit Italien über den Mittelmeerraum ausschlaggebend. Zudem standen sie der Kooperation mit muslimischen arabischen Gruppen auch aus ideologischer Perspektive kritisch gegenüber, und waren unsicher, wie eine Wende in der arabischen Welt wahrgenommen würde. Zu Beginn des Jahres 1941 entschieden sie sich jedoch letztendlich zu einer engeren Kooperation mit Amin al-Husseini, der eher symbolische Waffen- und Materiallieferungen in den Irak erhielt, um gewaltsame Auseinandersetzungen mit Großbritannien führen zu können. Für das NS-Regime waren Aufstände im britischen Mandatsgebiet förderlich, um deren militärische Kapazitäten zu belasten, da zusätzlich der Krieg in Nordafrika begann. Demnach wurde Amin al-Husseini zur Mobilisierung der dortigen Bevölkerung auf religiöser Ebene bedeutend (da das Rassenkonzept hier keine Anwendung finden konnte) und man sicherte ihm eine gewisse Autarkie der arabischen Gebiete unter einer potenziellen deutschen Vorherrschaft zu. Vor jenem konkreten militärischen Hintergrund in Nordafrika ist die Radio-propaganda in den Nahen Osten einzuordnen, die Amin al-Husseini aus dem Exil in Berlin 1942/1943 sendete, da die Radiosendungen einen klaren Bezug zum Kriegsgeschehen in dieser Region aufzeigen. So fand die NS-Führung seit dem Jahr 1942 für ihn instrumentelle Anwendungen.

Mit den angesprochenen militärischen Entwicklungen musste eine Anpassung der NS-Ideologie in Bezug zum Islam mit dem Ziel einer Annäherung erfolgen. Bis zum Stichtag des 6. November 1941, der Ankunft Amin al-Husseinis in Berlin, waren die Nationalsozialisten größtenteils gegen muslimische Einrichtungen vorgegangen und demnach den Anhängern der Religion äußerst argwöhnisch gegenübergetreten, wenn diese nicht zwangsweise emigrierten. Somit ging die Initiative zur Modifikation der Doktrin zeitversetzt zu den militärischen Entwicklungen und hauptsächlich von Einzelpersonen innerhalb der NS-Elite, wie Heinrich Himmler (und Personen im Auswärtigen Amt), aus. Himmler wurde ein enger Partner von Amin al-Husseini während der Zeit des Exils in Berlin und stand mit ihm in einem regen Austausch (Zankel 2006, S. 52). Ersterer stellte sich, letztendlich auch um militärische Einheiten wie die SS-Division Hand-schar in seine Machtstrukturen integrieren zu können, am Ende als hauptsäch-licher Förderer der Annäherung der NS-Ideologie an die von Amin al-Husseini propagierte Islaminterpretation heraus, weshalb seine Zitate hier maßgeblich genutzt wurden. So stammt auch der Auftrag vom 14. Mai 1943 vom ihm, eine Untersuchung mit dem Ziel zu beginnen, eine Erwähnung Adolf Hitlers im Koran festzustellen (Höpp 1994, S. 443), die erfolglos blieb. Aufgrund der weni-gen ideologischen Verbindungen wurde schließlich die NS-Doktrin verändert, indem Neuzuordnungen im zentralen Rassenkonzept erfolgten. Als Konsequenz wurde das eigene ideologische Modell mit dem Kriegsverlauf immer ‚elastischer‘ (Reitlinger 1957, S. 201) und für die eigenen Anhänger unglaubwürdiger.

Wie die drei hier dargestellten Kooperationsprojekte zwischen 1941 und 1945 gezeigt haben, agierte Amin al-Husseini aus der deutschen Sicht als reines Ins-trument in der Innen- und Außenpolitik. Die Mehrheit seiner Vorschläge zur Mobilisierung der muslimischen Araber im Nahen Osten wurde am Ende von Adolf Hitler abgelehnt, der den Iraker al-Gaylani bevorzugte (Gensicke 1988, S. 279). Hitler vermied es auch, Amin al-Husseini überhaupt zu treffen; nach der Zusammenkunft am 28. November 1941 ist keine weitere Begegnung bekannt. Erstgenannter verbrachte seit Beginn des Krieges gegen die Sowjetunion im Sommer 1941 nicht wie al-Husseini die meiste Zeit in Berlin, Brandenburg oder Sachsen (siehe Tab. 4.1), sondern in den Anlagen des sog. ‚Führerhauptquartiers Wolfsschanze‘ im Nordosten Polens, weiterhin in jenen auf dem Obersalzberg in Bayern oder in einem militärischen Quartier in der heutigen Ukraine (sog. ‚Anlage Werwolf‘).

Dort beschäftigte sich Adolf Hitler fast ausschließlich mit den militärischen Entwicklungen an der Front in Osteuropa. Im Rahmen dieser Tätigkeiten empfing er hauptsächlich Angehörige des deutschen Militärs und führende Persönlichkeiten der Marionettenregierungen der mit dem NS-Regime verbündeten Staaten Bulgarien, Ungarn, Rumänien, Italien und Spanien – jedoch zu keinem Zeitpunkt Amin al-Husseini. Unter den ausländischen Gästen waren u. a. Benito Mussolini, der Inder Subhas Chandra Bose, der irakische Putschist Rashid Ali al-Gaylani, Slavko Kvaternik (1878–1947, Kriegsminister NDH-Staat), Milan Nedić (1878–1946, Premierminister Serbien), Ante Pavelić (Diktator NDH-Staat), Jozef Tiso (1887–1947, Präsident der Slowakei) und Cemil Cahit Toydemir (1883–1956, türkischer General). Da alle diese Personen im weiteren Sinne im Einflussbereich Amin al-Husseins agierten und sich dieser – auch nach der nationalsozialistischen Propaganda – mindestens auf gleichen politischen Niveau wie die angesprochenen Personen befand, kann von einem Ausweichen oder Umgehen durch die zentrale Person des Regimes, Adolf Hitler, und durch die Mehrheit der NS-Elite ausgegangen werden; Heinrich Himmler bildete die Ausnahme. So blieb er aufgrund des zentralistischen Systemcharakters auch für das NS-Regime eine Randfigur (Abb. 5.1).

Aufgrund dieser Restriktionen in seinem Exil war Amin al-Husseini zwischen 1941 und 1945 politisch eher inaktiv, seine propagandistischen Tätigkeiten, die instrumentell vom NS-Regime eingesetzt wurden, waren jedoch neben den Misserfolgen von hoher Intensität gekennzeichnet. Dies entsprach der generellen Charakteristik der Haltung der NSDAP hinsichtlich der Religion des Islam, die bis 1945 keine Islam-Politik, sondern eine reine „*Funktionalisierung des Islam*" (Höpp 1994, S. 437) betrieb. Die Gründe für die Zusammenarbeit des NS-Regimes mit Amin Al-Husseini lagen auf beiden Seiten bei den gemeinsamen Feindbildern, das zentrale Element war das Thema Antisemitismus. Dieses destruktive Konstruktion über feindliche Kollektive konnte jedoch nicht darüber hinwegtäuschen, dass neben dem Unmut über die jüdische Einwanderung im Nahen Osten wenige bzw. keine inhaltlichen Übereinstimmungen zwischen NS-Doktrin und verbreiteten politischen Meinungsbildern innerhalb der muslimisch-arabischen Bevölkerung existierten. Tatsächliche gemeinsame ideologische Grundlagen wie eine gegenseitige Anerkennung als gleichwertige Akteure blieben von beiden Seiten aus, was die instrumentelle Einstellung beider verdeutlicht. Mit der versuchten ideologischen Beeinflussung der Bevölkerung in Bosnien-Herzegowina und der Indoktrinierung der SS-Division ‚Handschar' war die Kooperation Amin al-Husseinis mit dem NS-Regime umfangreicher, als sein religiöser Titel vermuten ließ. Damit nahm er aktiv an den Kriegsverbrechen des Regimes teil. Faktisch belegt ist jedoch, dass es eine Minderheitenposition unter

Abb. 5.1 Amin al-Husseini, Alltagsszene aus dem Exil 1942/1943. (Quelle: Bundesarchiv, Signatur 146-2009-0078, Berlin. Originaltitel: Ein Leben im Kampf gegen England. Die späten Nachmittagsstunden des Großmufti von Jerusalem sind meistens ausgefüllt mit Besprechungen und der Lektüre von Büchern und Zeitschriften. Foto: Röhrich/Transocean-Europapress)

den muslimischen Arabern war, eine Kooperation mit dem nationalsozialistischen Deutschen Reich zu befürworten. Vielmehr gab es regen Widerstand gegen die Bestrebungen Amin al-Husseinis und zudem kämpften in absoluten Zahlen erheblich mehr muslimische Soldaten aufseiten der Alliierten als auf jener der Achsenmächte. Die These einer Kooperation ‚des Islam' oder kollektiv ‚der muslimischen Araber' mit den Nationalsozialisten ist bei zusammenfassender Betrachtung nicht zu halten.

Aus diesen Ausführungen können jedoch Rückschlüsse für eine religionssoziologische Einordnung der ideologischen Orientierung Amin al-Husseinis gezogen werden. Aufgrund seiner Biografie und des Familienhintergrunds, seiner Vorbildung, der konflikthaften Situation in der Region in den frühen 1920er Jahren entwickelte er ein sehr individuelles, nationalistisch-rassistisches Konzept des Islam, das zentral auf *Antisemitismus* setzte und somit selektiv mit den Traditionen der Religion umging. Diese Interpretation setzte er zwischen 1921 und 1937 mit dem ständigen Kampf gegen die britische Mandatsmacht und die jüdische Einwanderung in Palästina im politischen Bereich ein – demnach begann spätestens mit seiner Ernennung zum Mufti der Prozess einer Politisierung einer Religion, der mit seiner letzten Modifikationsphase der endgültigen Hinwendung zum deutschen Nationalsozialismus ab 1933 bis zum Ende des Zweiten Weltkriegs zur Entwicklung einer *politischen Religion* nach Linz (1996) führte (siehe Abb. 5.2).

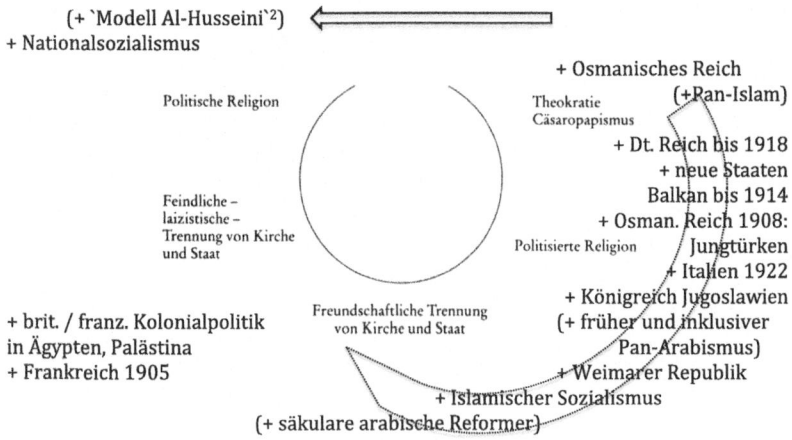

Abb. 5.2 Religion und Politik im Deutschen Reich, Bosnien-Herzegowina und Palästina zwischen 1871–1945 in der Typologie von Linz (1996) (Nach Linz (1996, S. 134); in Klammern nicht verwirklichte Modelle)

Für eine Identifikation der Ausgestaltung der von ihm angestrebten Beziehung zwischen Religion und Politik als politische Religion kamen wir, da erstens durch eine stark verkürzte, politisch-militaristische Interpretation der Religion des Islam insgesamt nicht mehr von einer Theokratie oder einem Caesaropapismus als nahen und wahrscheinlichen Typen ausgegangen werden kann. Diese hätte als zwei Hauptmerkmale an der Spitze religiöse Autoritäten positioniert und die traditionelle Religion in einer gewissen Breite repräsentiert (Linz 1994, S. 138). Weiterhin kommen wir zu dieser Einschätzung, da im Fall Amin al-Husseini keine adäquate religiöse Vorbildung für ein solch hohes Amt erfolgte und seine Auswahl nicht auf religiöser, sondern politischer Basis getroffen wurde. Zudem hat er keine nennenswerten theologischen Schriften (siehe Biografie 'Umar 1999) hinterlassen und die Zahl seiner Publikationen, meist mit biografischem Inhalt, steht nicht in Einklang zu der ihm heute entgegengebrachten Aufmerksamkeit (Achcar 2012, S. 128). Weiterhin hatte sein Handeln starken regionalen und ausschließlich politischen Bezug: Das Religiöse wurde bei ihm für politische Zwecke genutzt. Inhaltlich erfolgte demnach ein extrem tendenziöser, hochselektiver Gebrauch der islamischen Texte (Achcar 2012, S. 150).

Aus diesen Gründen halten wir die ideologische Orientierung Amin al-Husseinis nicht mehr für einen anvisierten Caesaropapismus, sondern für eine politische Religion. Exemplarisch für den Endpunkt dieser Entwicklung steht die fanatische Rede vor bosnischen Imamen vom 4. Oktober 1944, die fast ausschließlich politisch-instrumentelle Elemente der nationalsozialistischen Doktrin enthielt und auf die Begriffe wie religiöse Würde oder islamische Authentizität keine Anwendung finden können, da eine Einforderung von Loyalität zu moderner rassistisch-nationalistischer Diktatur in Europa erfolgte, trotz Massenmord und offenkundiger Zerfallsprozesse. Diese Tatsachen waren auch der damaligen Bevölkerung in Palästina bewusst.

Seine ideologische Orientierung wies inhaltlich demnach auch starke destruktive Elemente auf fasste mit dem Antisemitismus eine Gesamtheit von Staaten und gesellschaftlichen Akteuren als 'Gegner' auf, die andere Formen der Gesellschaftsorganisation anstrebten. So galten als erste Alteritätspartner die Kolonialmächte Großbritannien, Frankreich, anschließend die Gruppe der Juden, als auch später kommunistische Regime. Dieses Muster übertrug sich anschließend auf die Kooperation mit dem NS-Regime – es wurden Gemeinsamkeiten in der Ablehnung gesucht.

An dieser Stelle sei der Abgleich der ideologischen Orientierung Amin al-Husseinis mit dem Modell von William Shepard (1987) vorgenommen, der politische Reaktionen auf die Moderne in islamischen Ländern im 19. und

20 Jahrhundert klassifiziert (siehe Abb. A2). Shepard beschreibt die fünf
Grundtypen des politischen Handelns innerhalb dieses Rahmens mit säkular,
islamisch-modernistisch, islamisch-radikal, traditionalistisch und neu-traditio-
nalistisch (ebd., S. 312, 313). In einem zweidimensionalen Koordinatensystem
(mit den zwei Dimensionen ‚Islamic totalism'/‚modernity') ordnen wir al-Husseinis ideologische Orientierung als hoch in der Kategorie der Umfänglichkeit
der Religion für das alltägliche Leben (‚Islamic totalism') ein. In der zweiten
Dimension der Modernität (‚modernity') zeigten seine Aktivitäten mit der Nutzung des modernen Rundfunks und des Einsatzes bei militärischen Einheiten
ebenfalls keine Abneigung, sondern eine hohe Ausprägung, die sich auch im
Bereich der Ideologie manifestiert (siehe nationalsozialistische Diskursmuster
in Ansprachen). Auch wenn der Begriff Fundamentalismus unterschiedlichen
Definitionsmustern unterliegt (eng/weit), ist das Konzept von Amin al-Husseini
unter Abgrenzung der weiteren bei Shepard (1987) angebotenen Typen in jenen
des radikalen Islamismus (ebd., S. 324, 325[3]) einzuordnen. Damit festigt sich der
Eindruck der politischen Religion, die sich von den Glaubensinhalten traditioneller Religion entfernt hat.

Abschließende Bemerkungen dienen der Einordnung der Relevanz der Person
in heutigen Debatten. Die Doktrin des NS-Regimes und jene Amin al-Husseinis wiesen inhaltlich und strukturell Gemeinsamkeiten als auch große Unterschiede auf. Beide Parteien betonten gemeinsame Feinde, hatten jedoch in ihren
ideologischen Orientierungen grundlegende Diskrepanzen, sodass durchaus
– bei einem Aufeinandertreffen weltlicher Interessen – auch konflikthafte Situ-
ationen zwischen beiden Akteuren möglich waren. Demnach blieb unklar, ob
das NS-Regime tatsächlich nach einem hypothetischen Sieg den muslimischen
Arabern Gebiete für einen autonomen Staat zuerkannt hätte. Weiterhin ist fragwürdig, inwieweit ein islamisch-religiöser Führer einen politischen Herrscher
wie Adolf Hitler zentral in die Doktrin der Religion einbauen konnte. Deshalb
prägten in der makrosoziologischen Sicht die Faktoren a) Zufall, b) Zeitgeist
(moderne kollektivistische Diktaturen; Auflösung Kolonien) sowie die sich
daran anschließenden, zum Teil überschneidenden, inhaltlichen Punkte c) eines

---

[3]Elemente des radikalen Islamismus nach Shepard (1987, S. 324, 325): claim Islamic aut-
henticity; ability to call for commitment; willingness for self-sacrifice; impact on other
Muslims; many modern characteristics, still value tradition; to those not benefited moder-
nization; places sharia diametral to secularism; intolerant: fanatics, but good vehicle for
movements; task very hard: build new society (other than communist, democratic); strength
and weaknesses of any revolutionary ideology: great power, obstacles formidable.

Untergangsszenarios für die eigene Gruppe und d) ein gemeinsamer Feind mit Möglichkeit der ökonomischen Ausbeutung (Juden) die Möglichkeit, ob solche exklusiven Formationen wie NS-Regime und das ‚Modell Al-Husseini‘ überhaupt zusammenkommen[4].

Daraus schließen wir, das aktuelle Beiträge zu einer vermeintlich zukünftigen Zusammenarbeit ‚des Islam‘ (welches Kollektiv mit diesem Begriff auch gemeint sei) und politischer Diktatur oder politischen Extremisten in Europa, in denen die historische Person Amin al-Husseini als Argument genutzt wird, stark zu relativieren sind. In der Gesamtschau der Betrachtungen sind diese in der derzeitigen polarisierenden Publizistik (Abdel-Samad 2014) oder der zeitgenössischen historischen Forschung (Küntzel 2005) kursierenden Darlegungen aufmerksamkeitsträchtig und instrumentell, jedoch mit wenig Erklärungskraft ausgestattet.

Die Aussagen zur Bedeutung Amin al-Husseinis, die sich auf historische als auch aktuelle Entwicklungen im Rahmen Islam und Politik beziehen, sind in nationalen und internationalen und Debatten von einer Seite oft mit Übertreibungen verbunden, die von einer anderen strikt abgelehnt werden. Eine plausible Erklärung für diese Differenz bietet der Ansatz des Historikers Holm Sundhaussen (1942–2015), der zwei Strömungen des Zugangs zur Vergangenheit in der Öffentlichkeit und auch der Geschichtswissenschaft ausmacht, die unterschiedliche gesellschaftliche Funktionen erfüllten. So benennt er den dichotomen Unterschied zwischen den Kategorien der ‚Geschichte‘, die eine „(…) *wissenschaftliche Methode der Erforschung von Vergangenheiten (…)*" (Stefanov 2010, S. 223)[5] darstellt und jener der ‚Erinnerung‘ oder „(…) *Gedächtnis als gesellschaftlicher Konstruktion von Sinnstiftung (…)*" (ebd., S. 248), die der nationalen Erzählung zur Herstellung von Kohäsion einer Gemeinschaft (z. B. Nation) dient und nicht immer mit den Ergebnissen der wissenschaftlich-methodischen Herangehensweise übereinstimmen muss.

---

[4]Zum Wirkungskreis der Kategorien ‚Zufall‘, ‚Nichtlinearität‘, ‚Interferenz‘ und ‚Multikausalität‘ in der Erklärung sozialer Zusammenhänge und Ereignisse siehe Mayntz (1997). So ist es nur möglich, einen gewissen Handlungsrahmen darzulegen, innerhalb dessen den Akteuren spezifische Optionen offenstehen: „*Die historischen Umstände eröffnen Gelegenheiten, aber es kommt am Ende immer darauf an, ob es Menschen gibt, die sie nutzen.*" (ebd., S. 335).

[5]So sei „(…) *Differenz nicht hermetisch und essentialistisch zu denken. Hier wird „Andersartigkeit" erstens in gesellschaftliche Strukturen, unterschiedliche Akteure, historische Prozesse mit ihren Zäsuren und Kontinuitäten aufgelöst. Zweitens beinhaltet die Reflexion des Unterschiedes zwischen Geschichte und Gedächtnis Momente aufzuspüren, die zu einer hermetischen Konzeption (…) führen (…).*" (Stefanov 2010, S. 248).

So bietet sich für eine Einordnung der aktuellen Faszination an Amin al-Husseini in der Publizistik und für seine politische Instrumentalisierung die Charakterisierung an, mit einem kulturalistischen Ansatz einen Beitrag zur Konstruktion heutiger Sinnstiftungen beizutragen. Die historische Figur Amin al-Husseini entwickelte sich – hauptsächlich wegen der Verbindung mit dem NS-Regime – zu einer Projektionsfläche und verbleibt in einer Vielzahl derzeitiger Publikationen nach Kamel (2013, S. 18) ein ‚westliches Produkt‘.

Anhang

Siehe Abb. A1 und Abb. A2

Abb. A1 Typologie der Beziehung von Religion und Politik. (Nach Juan J. Linz 1996, S. 134)

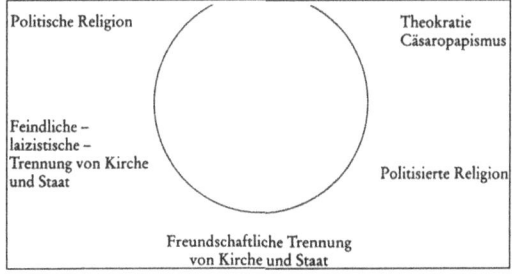

Abb. A2 Typologie zu Moderne und politischen Orientierungen in der arabisch-islamischen Region. (Nach William E. Shepard 1987, S. 321)

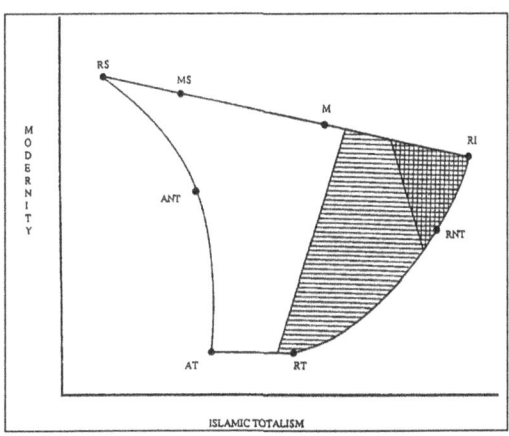

© Springer Fachmedien Wiesbaden GmbH, ein Teil von Springer Nature 2019   183
J. Töpfer und M. F. Bergmann, *Jerusalem – Berlin – Sarajevo,*
https://doi.org/10.1007/978-3-658-24633-4

Literatur

Abdel-Samad, Hamed (2014): Der islamische Faschismus: Eine Analyse. München: Droemer

Achcar, Gilbert (2012): Die Araber und der Holocaust. Der arabisch-israelische Krieg der Geschichtsschreibungen. Hamburg

Ahmad, Nasir (2006): A Brief History of the Berlin Muslim Mission and the Berlin Mosque. Founded by the Lahore Ahmadiyya Movement in Islam. Berlin: Berlin Muslim Mission

Angenendt, Arnold (2007): Toleranz und Gewalt. Das Christentum zwischen Bibel und Schwert. Münster

Aumann, Moshe (1973): Land ownership in Palestine, 1880–1948. In: Middle East Information Series 24, S. 117–127

Avitzur, Shmuel (2003): The Power Plant on Two Rivers. Israel Ministry of Foreign Affairs (unter http://mfa.gov.il/MFA/MFA-archive/2003/Pages/The Power Plant on Two Rivers. aspx, Zugriff 03.03.2018)

Bärsch, Claus-Ekkehard (2002): Die politische Religion des Nationalsozialismus. Die religiösen Dimensionen der NS-Ideologie in den Schriften von Dietrich Eckart, Joseph Goebbels, Alfred Rosenberg und Adolf Hitler. München

Balić, Smail (1968): Der bosnisch-herzegowinische Islam. In: Der Islam: Journal of the History and Culture of the Middle East, Vol. 44, 1/1968, S. 115–137

Bartal, Shaul (2017): The Peel Commission Report of 1937 and the Origins of the Partition Concept. In: Jewish Political Studies Review, Vol. 28, No. 1/2 2017, S. 51–70

Bauknecht, Bernd (2001): Muslime in Deutschland von 1920 bis 1945. Zeitschrift für Religionswissenschaft, Vol. 9(1), S. 41–81

Beckhoff, Oliver (2015): Mit Adolf Hitler gegen die Islamisierung Amerikas. In: Welt Online, 02.04.2015, http://www.welt.de/kultur/article139063786/Mit-Adolf-Hitler-gegen-die-Islamisierung-Amerikas.html (10.09.2018)

Benz, Wolfgang (2002): Wie kam es in Deutschland zum Antisemitismus? In: Sösemann, Bernd (Hg.): Der Nationalsozialismus und die deutsche Gesellschaft. Einführung und Überblick. Stuttgart/München, S. 42–52

Benz, Wolfgang (2007): Die Protokolle der Weisen von Zion. Die Legende von der jüdischen Weltverschwörung. München

Bergmann, Werner (2002): Geschichte des Antisemitismus. München

© Springer Fachmedien Wiesbaden GmbH, ein Teil von Springer Nature 2019   185
J. Töpfer und M. F. Bergmann, *Jerusalem – Berlin – Sarajevo*,
https://doi.org/10.1007/978-3-658-24633-4

Bergmeier, Horst/Lotz, Rainer (1997): Hitler's Airwaves: The Inside Story of Nazi Radio Broadcasting and Propaganda Swing. New Haven: Yale University Press

Bernwald, Zvonimir (2011a): Eintritt in die Waffen-SS (Interview), unter https://www.zeit-zeugen-portal.de/personen/zeitzeuge/zvonimir_bernwald/videos/ (12.10.2018)

Bernwald, Zvonimir (2011b): Muslime in der „Handschar" (Interview), unter https://www.zeitzeugen-portal.de/personen/zeitzeuge/zvonimir_bernwald/videos (12.10.2018)

Bernwald, Zvonimir (2012): Muslime in der Waffen-SS: Erinnerungen an die bosnische Division Handžar (1943–1945). Graz

Beška, Emanuel (2007): Responses of Prominent Arabs towards Zionist Aspirations and Colonialization prior to 1908. Asian and African Studies, 16, 1/2007, S. 22–44

Bewer, Max (1907): Der deutsche Christus. War Christus Jude? War Christus Sozialdemokrat? Wie wird Deutschland glaubenseinig? Laubegast-Dresden:Goethe-Verlag

Birnhack, Michael D. (2012): Colonial Copyright: Intellectual Property in Mandate Palestine. Oxford University Press

Bougarel, Xavier/Rashid, Asma (1997): From Young Muslims to Party of Democratic Action: The Emergence of a Pan-Islamist Trend Bosnia-Hercegovina. In: Islamic Studies, Vol. 36, 2/3, 1997, S. 533–549

Breidecker, Volker (2015): Der Kaiser bittet zum Aufstand. In: Süddeutsche Zeitung Nr. 15, 20.01.2015, S. 13

Breitman, Richard/Goda, Norman (1998): Hitlers Shadow: Nazi War Criminals, U.S. Intelligence, and the Cold War. Washington

Buckingham Palace (Hg.) (1922): Palestine. The Palestine Order in Council. [enacted in the name of King George V on 10 August 1922] London.

Bundesarchiv (Hg.) (2013): Das Ahnenerbe der SS – Himmlers „Geisteselite". Bearbeitet von Schmidt, Claudia/Devantier, Sven, Berlin (https://www.bundesarchiv.de/oeffentlichkeitsarbeit/bilder_dokumente/01831/, 18.10.2015)

Busse, Heribert (2006): Juden und Christen im Koran. In: Günther, Niklas/Zankel, Sönke (Hg.): Abrahams Enkel. Juden, Christen, Muslime und die Schoa. Stuttgart, S. 119–132

Cecil, Robert (1972): The myth of the master race: Alfred Rosenberg and Nazi ideology. London

Cetin, Onder (2010): 1941 Resolutions of El-Hidaje in Bosnia and Herzegovina as a Case of Traditional Conflict Transformation. In: European Journal of Economic and Political Studies, Vol. 3, No. 2, 2010, S. 73–83

Dalin, David G./Rothmann, John F. (2008): Icon of Evil: Hitler's Mufti and the Rise of Radical Islam. London

Davison, Roderic H. (1963): Reform in the Ottoman Empire: 1856–1876. Princeton, NJ: Princeton Univ. Press

Dawn, Ernest (1973): From Ottomanism to Arabism. Essays on the Origins of Arab Nationalism. London (u. a.)

Džaja, Srečko (2002): Die politische Realität des Jugoslawismus (1918–1991). Mit besonderer Berücksichtigung Bosnien-Herzegowinas. München: Oldenbourg

ECF – Economic Cooperation Foundation (Hg.) (2017): Palestine Order in Council, 1922. (in The Israeli-Palestinian Conflict: An Interactive Database). Siehe https://ecf.org.il/issues/issue/1465 (01.12.2017)

Faber, Klaus (2010): Nazipropaganda in der arabischen Welt. Unter: http://europe.spme.org/artikel-archiv/rezension-von-klaus-faber-nazipropaganda-in-der-arabischen-welt/11658/ (20.02.2017)

Fischer-Weth, Kurt (1943): Amin Al-Husseini. Grossmufti von Palästina. Berlin

Föderl-Schmid, Alexandra (2017): Balfourt-Erklärung als heikles Erbe. In: Süddeutsche Zeitung, Nr. 250/2017, S. 8

Förderverein Garnisonsmuseum Wünsdorf e. V. (Hg.) (2013): Ein Streifzug durch die Geschichte der deutschen Garnison Zossen/Wünsdorf. Zossen. Siehe auch http://www.garnisonsmuseum-wuensdorf.eu/ (11.09.2018)

Fox, Jonathan (2008): A World Survey of Religion and the State. Cambridge: Cambridge University Press

Frantzman, Seth J./Culibrk, Jovan (2009): Strange Bedfellows: The Bosnians and Yugoslav Volunteers in the 1948 War in Israel/ Palestine. In: Istorija 20. veka, 1/2009, Beograd: Institut za savremenu istoriju, S. 189–200

Freas, Erik (2012): Hajj Amin al-Husayni and the Haram al-Sharif: A Pan-Islamic or Palestinian Nationalist Cause? In: British Journal of Middle Eastern Studies, April 2012, 39(1), S. 19–51

Friedländer, Saul (2000): Das Dritte Reich und die Juden. 1. Die Jahre der Verfolgung 1933–1939. München

Galal, Kamal Eldin (1939): Entstehung und Entwicklung der Tagespresse in Ägypten. Limburg a. d. Lahn: Limburger Vereinsdr. (Berlin, Univ., Diss.)

Gensicke, Klaus (1988): Der Mufti von Jerusalem, Amin el-Husseini, und die Nationalsozialisten. Frankfurt/Main [u. a.]: Lang

Gesetz- und Verordnungsblatt für Bosnien und die Hercegovina (Hg.) (1910): Landesstatut für Bosnien und die Hercegovina. 22. Februar 1910, S. 21–29

Gilbert, Martin (1998): Israel. A History. Toronto: Turner Books

Greble, Emily (2011): Sarajevo, 1941–1945: Muslims, Christians, and Jews in Hitler's Europe. Ithaca (u. a.)

Hartung, Günter (1996): Völkische Ideologie. In: Puschner, Uwe (Hg.): Handbuch zur „Völkischen Bewegung": 1871–1918. München [u. a.]: Saur, S. 22–41

Hasenfratz, Hans-P. (1989): Die Religion Alfred Rosenbergs. In: Numen, Volume 36, Issue 1, S. 113–126

Herbert, Karl (1985): Der Kirchenkampf. Historie oder bleibendes Erbe? Frankfurt/M.: Evang. Verlagshaus

Herf, Jeffrey (2008): Nazi Germany and the Arab and Muslim World: Old and New Scholarship. University of Maryland

Herf, Jeffrey (2009): Nazi propaganda for the Arab world. New Haven, Conn. u. a.: Yale University Press

Herf, Jeffrey (2010): Hitlers Dschihad. Nationalsozialistische Rundfunkpropaganda für Nordafrika und den Nahen Osten. In: Vierteljahreshefte für Zeitgeschichte 2/2010, Oldenburg, S. 259–286

Hirszowicz, Lukasz (1966): The Third Reich and The Arab East. London (u. a.)

Hitler, Adolf (1943 [1925, 1926]): Mein Kampf. 2 Bände, 851. Aufl., München: Zentralverlag der NSDAP

Hoare, Marko (2013): The Bosnian Muslims in the Second World War. A History. London

Höpp, Gerhard (1994): Der Koran als „Geheime Reichssache". Bruchstücke deutscher Islampolitik zwischen 1938 und 1945. In: Preißler, Holger/Seiwert, Hubert (Hg.): Gnosisforschung und Religionsgeschichte. Marburg: diagonal, S. 435–446

Höpp, Gerhard (Hg.) (2001): Mufti-Papiere: Briefe, Memoranden, Reden und Aufrufe Amīn al-Ḥusainīs aus dem Exil, 1940–1945. 2. Aufl., Berlin: Schwarz

Hofmann, Birgit (2017): Recht und Hetze. Der juristische Kampf gegen „hate speech" begann in Deutschland schon zur Zeit des Kaiserreichs. In: Die Zeit, Nr. 30/2017, S. 17

Hourani, Albert H. (1983): Arabic thought in the liberal age: 1798–1939. Cambridge (u. a.)

Islamska zajednica u Bosni i Hercegovini (Hg.) (2007 [1941]): Sarajevskarezolucija El-Hadije. Srajevo unter http://www.islamskazajednica.ba/index.php?option=com_content&-view=article&id=1189:sarajevska-rezolucija-el-hidaje&catid=93 (03.03.2018)

Jansen, J.J.G. (2012): Sayyid Ḳuṭb. In: Bearman P./Bianquis, Th./Bosworth, C.E./Donzel, E. van/Heinrichs, W. (Hg): Encyclopaedia of Islam, 2. Aufl., http://dx.doi.org/10.1163/1573-3912_islam_COM_0543

Johnson, Ian (2011): Die vierte Moschee: Nazis, CIA und der islamische Fundamentalismus. Stuttgart: Klett-Cotta

Jones, J.M.B. (2012): al-Bannāʾ, Hasan. In: Bearman P./Bianquis, Th./Bosworth, C.E./Donzel, E. van/Heinrichs, W. (Hg): Encyclopaedia of Islam, 2. Aufl., http://dx.doi.org/10.1163/1573-3912_islam_COM_0543

Jung, Dieter (2005): „Der Islam gegen den Westen". Zur Genealogie eines internationalen Konfliktparadigmas. In: Hildebrandt, Mathias/Brocker, Manfred (Hg.): Unfriedliche Religionen? Das politische Gewalt- und Konfliktpotenzial von Religionen. Wiesbaden, S. 39–66

Junginger, Horst (2012): Die Deutsche Glaubensbewegung als ideologisches Zentrum der völkisch-religiösen Bewegung. In: Puschner, Uwe/Vollhals, Clemens (Hg.): Die völkisch-religiöse Bewegung im Nationalsozialismus. Eine Beziehungs- und Konfliktgeschichte. 2. Aufl., Göttingen, S. 65–102

Kahleyss, Margot (2014): Kolonialsoldaten in Gefangenschaft und Lager. In: Burkard, Benedikt (Hg.): Gefangene Bilder. Wissenschaft und Propaganda im Ersten Weltkrieg. Frankfurt/M., S. 24–51

Kamel, Lorenzo (2014): Hajj Amin al-Husayni, the creation of a leader. Bologna

Kamil, Omar (2012): Der Holocaust im arabischen Gedächtnis. Eine Diskursgeschichte 1945–1967. Göttingen: Vandenhoeck & Ruprecht

Karpat, Kemal H. (1985): Ottoman Population 1830–1914. Demographic and Social Characteristics, London: The University of Wisconsin Press

Katholische Bibelanstalt (Hg.) (2018): Die Bibel. Einheitsübersetzung (EUE). Stuttgart

Kayalı, Hasan (1995): Elections and the Electoral Process in the Ottoman Empire, 1876–1919. In: International Journal of Middle East Studies, Vol. 27, No. 3 (Aug., 1995), S. 265–286

Kedourie, Sylvia (ed.) (1962): Arab nationalism: an anthology. Berkeley: Univ. of California Press

Kedourie, Elie (1966): Afghani and 'Abduh: An essay on religious unbelief and political activism in modern Islam. London

Kellerhoff, Sven (2010): Radiowerbung für den Völkermord. Wie Hitler die Araber gegen die Juden aufhetzte. Die Welt, 20.04.2010, unter i(Zugriff 10.01.2018)

Khalidi, Rashid (1980): British Policy towards Syria & Palestine 1906–1914. A study of the antecedents of the Hussein-McMahon correspondence, the Sykes-Picot agreement, and the Balfour declaration. London

Khalidi, Rashid (1991): The origins of Arab nationalism. New York

Khan, Inamullah (1972): Islam in the Contemporary World. In: Malik, Charles: God and Man in Contemporary Islamic Thought. Beirut, S. 1–15

Khoury, Adel (2003): Krieg und Gewalt im Islam. In: Grundmann, Ekkehard/Khoury, Adel/Müller, Hans-Peter (Hg.): Krieg und Gewalt in den Weltreligionen. Fakten und Hintergründe. Freiburg: S. 45–66

Kirk, Dudley (1967): Europe's population in the interwar years, New York: Gordon & Breach

Krämer, Gudrun (2011). Demokratie im Islam. Der Kampf für Toleranz und Freiheit in der arabischen Welt. Bonn

Kügelgen, Anke von (2007): 'Abduh, Muḥammad. In: Fleet, Kate/Krämer, Gudrun/Matringe, Denis/Nawas, John/Rowson, Everett: Encyclopaedia of Islam 3, Zugriff online am 19.09.2017 unter http://dx.doi.org/10.1163/1573-3912_ei3_COM_0103

Küntzel, Matthias (2005): National Socialism and Antisemitism in the Arab World. In: Jewish Political Studies Review, Vol. 17, No. 1/2, Spring 2005, S. 99–118

Küntzel, Matthias (2007a): Das Erbe des Muftis. Amin el-Husseinis prägende Rolle für den heutigen Nahost-Konflikt. In: Tribüne. Zeitschrift zum Verständnis des Judentums, 187/2007, S. 151–158

Küntzel, Matthias (2007b): Islamischer Antisemitismus und deutsche Politik: „Heimliches Einverständnis"? Berlin [u. a.]: Lit Verlag

Küntzel, Matthias (2010): Von Goebbels zu Ahmadinejad. Über antisemitische Radio-propaganda der Nazis im Iran. In: Tribüne. 49. Jg., 196/2010, S. 146–152

Kurlander, Eric (2017): Hitler's Monsters. A Supernatural History of the Third Reich. New Haven/London: Yale University Press

Kurzman, Charles (Hg.) (2002): Modernist Islam, 1840–1940: A Source-Book. Oxford

Lächele, Rainer (1996): Protestantismus und völkische Religion im Kaiserreich. In: Puschner, Uwe (Hg.): Handbuch zur „Völkischen Bewegung": 1871–1918. München [u. a.]: Saur, S. 149–163

Lahore Ahmadiyya Islamic Movement (Hg.) (2014): Die Berliner Moschee. 90 years old Muslim Monument. Berlin

Lampe, John R. (1997): Yugoslavia as history: twice there was a country. Cambridge u. a.: Cambridge Univ. Press

Lange, Britta (2014): Die Gefangenen als Untersuchungsobjekte. Krieg, Wissenschaft und Ausstellung. In: Burkard, Benedikt (Hg.): Gefangene Bilder. Wissenschaft und Propaganda im Ersten Weltkrieg. Frankfurt/M., S. 95–101

Leicht, Johannes (2015a): Antisemitische Parteien im Kaiserreich. Berlin: Deutsches Historisches Museum. Unter: https://www.dhm.de/lemo/kapitel/kaiserreich/antisemitismus/antisemitische-parteien/ (15.07.2017)

Leicht, Johannes (2015b): Der Deutschvölkische Schutz- und Trutzbund. Berlin: Deutsches Historisches Museum. Unter: https://www.dhm.de/lemo/kapitel/weimarer-republik/antisemitismus/trutzbund/ (15.07.2017)

Leicht, Johannes (2015c): Der Verein zur Abwehr des Antisemitismus (Abwehrverein). Berlin: Deutsches Historisches Museum. Unter: https://www.dhm.de/lemo/kapitel/weimarer-republik/antisemitismus/abwehrverein/ (15.07.2017)

Lerg, Winfried B. (1980): Rundfunkpolitik in der Weimarer Republik. München: Dt. Taschenbuch-Verlag

Linz, Juan J. (1996): Der religiöse Gebrauch der Politik und/oder der politische Gebrauch der Religion. Ersatz-Ideologie gegen Ersatz-Religion. In: Maier, Hans (Hg.): Totalitarismus und politische Religionen. Konzepte des Diktaturvergleichs. Paderborn/München, S. 129–154

Linz, Juan J. (2000): Totalitarian and Authoritarian Regimes. Rienner

List, Guido (1910): Die Religion der Ario-Germanen in ihrer Esoterik und Exoterik. Berlin-Lichterfelde

Löffler, Roland (2008):Protestanten in Palästina: Religionspolitik, sozialer Protestantismus und Mission in den deutschen evangelischen und anglikanischen Institutionen des Heiligen Landes 1917–1939. Stuttgart

Malcolm, Noel (1994): Bosnia. A Short History. London

Mallmann, Klaus-Michael/Cüppers, Martin (2011): Halbmond und Hakenkreuz. Das Dritte Reich, die Araber und Palästina. 3. Aufl., Darmstadt

Marr, Wilhelm (1879): Der Sieg des Judenthums über das Germanenthum. Bern

Marr, Wilhelm (1880): Der Weg zum Siege des Germanenthums über das Judenthum. 4. Aufl. v. ,Wählet keinen Juden'!, Berlin

Masud, Mohammad Khalid (2009): Islamic Modernism. In: Masud, Mohammad Khalid/Salvatore, Armando/Bruinessen, Martin van (Hg.): Islam and Modernity. Key Issues and Debates. Edinburgh: Edinburgh University Press, S. 237–260

May, Georg (1991): Kirchenkampf oder Katholikenverfolgung? Ein Beitrag zum gegenseitigen Verhältnis von Nationalsozialismus und christlichen Bekenntnissen. Stein am Rhein: Christiana-Verlag

Mayntz, Renate (1997): Historische Überraschungen und das Erklärungspotential der Sozialwissenschaft. In: ders.: Soziale Dynamik und politische Steuerung. Theoretische und methodologische Überlegungen. Frankfurt/Main: Campus, S. 328–339

McCormick, Robert (2014): Croatia under Ante Pavlević. America, the Ustaše and Croatian Genocide. London: I.B. Tauris

McMahon, Arthur H. (1939): Correspondence between Sir Henry MacMahon, His Majesty's high commissioner at Cairo, and the Sherif Hussein of Mecca, July 1915–March 1916 (presented by the secretary of state for foreign affairs to Parliament by command of His Majesty.). London

Meclisi Mebusan (Hg.) (1914): Zabıt Ceridesi, Birinci İnikad, 1 Kanunuevvel 1330 (1914) Pazartesi. Istanbul

Mernissi, Fatima (1998): A Feminist Interpretation of Women's Rights in Islam. In: Kurzman, Charles (Hg.): Liberal Islam. A Source-Book. Oxford, S. 112–126

Mostashari, Firouzeh (2006): On the religious frontier: Tsarist Russia and Islam in the Caucasus. London: Tauris

Motadel, David (2009): Islamische Bürgerlichkeit – Das soziokulturelle Milieu der muslimischen Minderheit in Berlin 1918–1939. In: Brunner, José/Lavi, Shai (Hg.): Juden und Muslime in Deutschland. Recht, Religion, Identität. Tel-Aviv, S. 103–121

Motadel, David (2011): Islam und die Politik der europäischen Großmächte, 1798–1989. In: Neue Politische Literatur, 56/2011, S. 37–60

Motadel, David (2013): The ‚Muslim Question' in Hitler's Balkans. In: The Historical Journal, 56, 4 (2013), S. 1007–1039

Nanko, Ulrich (1993): Die Deutsche Glaubensbewegung. Marburg

Nashif, Taysir (1977): Palestinian Arab and Jewish Leadership in the Mandate Period. In: Journal of Palestine Studies, Vol. 6, No. 4, S. 113–121

National Library of Israel (Hg.) (2017): Die Templer in Palästina. Jerusalem. Unter http://web.nli.org.il/sites/NLI/English/collections/personalsites/Israel-Germany/Israel-Deutschland/Weimarer-Republik/Pages/Templers.aspx (01.11.2017)

Nezavisna Država Hrvatska (1942) (Hg.): Život muslimana u Njemačkoj. Zagreb

o.A. (2014): Das Recht, Rechte zu verletzen. In Washington sind Busse mit einer antiislamischen Kampagne und einem Foto von Hitler plakatiert. Meinungsfreiheit oder Grenzüberschreitung?. In: Zeit Online, 28.05.2014, unter http://www.zeit.de/community/2014-05/meinungsfreiheit-hetzkampagne (10.09.2018)

o.A. (2015): Netanjahu: Mufti von Jerusalem drängte Hitler zum Holocaust. In: Deutsche Welle Online, 21.10.2018, unter http://www.dw.com/de/netanjahu-mufti-von-jerusalem-dr%C3%A4ngte-hitler-zum-holocaust/a-18794874 (10.09.2018)

Ognyanova, Irina (2009): Religion and Church in the Ustasha ideology (1941–1945). In: Croatica Christiana Periodica, 64, S. 157–190

Oppenheim, Max (1914): Denkschrift betreffend Die Revolutionierung der islamischen Gebiete unserer Feinde. Berlin: Auswärtiges Amt, Akten betreffend den Krieg 1914

Orzechowski, Peter (1987): Schwarze Magie – Braune Macht. Ravensburg

Pappe, Ilan (2000): The Rise and Fall of the Husaynis, 1840–1922. Jerusalem Quarterly File 10 (2000), S. 27–38

Pappe, Ilan (2001): The Rise and Fall of the Husaynis II, 1840–1922. Jerusalem Quarterly, File 11–12 (2001), S. 52–67

Pappe, Ilan (2010): The Rise and Fall of a Palestinian Dynasty: The Husaynis, 1700–1948. University of Calgary Press

Pavlowitch, Stevan (2008): Hitler's New Disorder. The Second World War in Yugoslavia. London: Hurst

Pickel, Susanne/Pickel, Gert (2012): Die Messung von Indizes in der Vergleichenden Politikwissenschaft – methodologische Spitzfindigkeit oder substantielle Notwendigkeit. In: Zeitschrift für Vergleichende Politikwissenschaft (2012) 6: 1–17

Piorkowski, Christoph (2018): Wurzeln des Hasses. Den Islam als antisemitisch zu bezeichnen, ist falsch. Dass Islam und Judenfeindschaft nichts miteinander zu tun haben, ebenfalls. In: Der Tagesspiegel, 29.03.2018, S. 29

Popović, Alexandre (2006): Muslim intellectuals in Bosnia-Herzegovina in the twentieth century: continuities and changes. In: Dudoignon, Stephane/Hisao, Komatsu/Yasushi, Kosugi (Hg.): Intellectuals in the Modern Islamic World. London u. a.: Routledge, S. 211–225

Posener, Alan (2015): Netanjahus Thesen. Was, ein Araber hat sich den Holocaust ausgedacht?. In: Die Welt, 21.20.2015, unter https://www.welt.de/kultur/article147877905/Was-ein-Araber-hat-sich-den-Holocaust-ausgedacht.html (01.09.2018)

Puschner, Uwe (2002): Ein Volk, ein Reich, Ein Gott. In: Sösemann, Bernd (Hg.): Der Nationalsozialismus und die deutsche Gesellschaft. Einführung und Überblick. Stuttgart (u. a.), S. 25–41

Qaradawi, Yusuf Al- (1998): Extremism. In: Kurzman, Charles (Hg.): Liberal Islam. A Source-Book. Oxford, S. 196–204

Rahlf, Thomas (Hg.) (2015): Deutschland in Daten. Zeitreihen zur Historischen Statistik, Bonn: Bundeszentrale für politische Bildung

Raziq, ,Ali ,Abd al- (1998): Message Not Government, Religion Not State. In: Kurzman, Charles (Hg.): Liberal Islam. A Source-Book. Oxford, S. 29–36

Reitlinger, Gerald (1957): The SS: Alibi of a Nation, 1922–1945. 2. Aufl., London u. a.: William Heinemann

Rippin, Andrew (1993): Muslims. Their Religious Beliefs and Practices. Volume 2: The Contemporary Period. London

Rosbach, Jens (2010): Nazi-Propaganda auf Arabisch. Neue Untersuchungen zum Antisemitismus des NS-Auslandsrundfunks. Köln: Deutschlandfunk. Unter http://www. deutschlandradiokultur.de/nazi-propagandaauf-arabisch.1079.de.html?dram:article_id=176254 (18.01.2018)

Rosenberg, Alfred (1924): Die Protokolle der Weisen von Zion und die jüdische Weltpolitik. 2. Aufl., München

Rosenberg, Alfred (1934 [1930]): Der Mythus des 20. Jahrhunderts. Eine Wertung der seelisch-geistigenGestaltenkämpfe unserer Zeit. 39.–40. Aufl., München: Hoheneichen-Verlag

Rubenberg, Cheryl (Hg.) (2010): Encyclopedia of the Israeli-Palestinian Conflict. Boulder, Colo: Lynne Rienner Verlag

Ryad, Umar (2006): From an officer in the Ottoman army to a Muslim publicist and armament agent in Berlin: Zekî Hishmat-Bey Kirâm (1886–1946). In: Bibliotheca Orientalis, Vol. 63, 3–4, S. 235–268

Sadr-du-Din, Maulana (1939): Der Koran. Arabisch-Deutsch. Übersetzung, Einleitung und Erklärung von Maulana Sadr-ud-Din. Verlag der Moslemischen Revue (Selbstdruck), Berlin

Scholtysek, Joachim (2012): Fascism – National Socialism – Arab "Fascism": Terminologies, Definitions and Distinctions. In: Die Welt des Islams 52 (2012), S. 242–289

Schulze, Reinhard (1994): Geschichte der islamischen Welt im 20. Jahrhundert. München: Beck

Shamir, Ronen (2013): Current Flow. The Electrification of Palestine. Stanford University Press

Shepard, William E. (1987): Islam and Ideology: Towards a Typology. In: International Journal of Middle East Studies, 19/1987, S. 307–336

Shirer, William L. (1960): The Rise and Fall of the Third Reich. London

Schnurbein, Stefanie von (1996): Die Suche nach einer „arteigenen" Religion in ,germanisch-' und ,deutschgläubigen' Gruppen. In: Puschner, Uwe (Hg.) (1996): Handbuch zur „Völkischen Bewegung": 1871–1918. München [u. a.]: Saur, S. 172–185

Srpska Pravoslavna Crkva, Mitropolija Zagrebačko-ljubljanska (Hg.) (2017): Istorijat Mitropolije zagrebačko-ljubljanske. Zagreb, unter: http://mitropolija-zagrebacka.org/istorijat-mitropolije-zagrebacko-ljubljanske (12.06.2017).

Stanton, Andrea (2013): „This Is Jerusalem Calling": State Radio in Mandate Palestine. University of Texas Press

Stefanov, Nenad (2010): Jargon der eigentlichen Geschichte: Vom Nichtverstehen und dem Fremden. Zur Diskussion um Holm Sundhausens Geschichte Serbiens in der serbischen Öffentlichkeit. In: Südosteuropa–Zeitschrift für Politik und Gesellschaft, 2/2010, S. 220–249

Steinke, Ronen (2015): Der Muslim und die Jüdin. In: Süddeutsche Zeitung, Nr. 7, 10.01.2015, S. 57

Steinke, Ronen (2016): Halbmond und Hakenkreuz. Die Nationalsozialisten waren voll des Lobes für den Islam. In: Süddeutsche Zeitung, Nr.127, 04./05.06.2016, S. 57

Steinke, Ronen (2017): Der Muslim und die Jüdin: Die Geschichte einer Rettung in Berlin. Berlin u. a.: Berlin Verlag

Sundhaussen, Holm (1971): Die Geschichte der Waffen-SS in Kroatien 1941–1945. In: Südost-Forschungen, Band 30, S. 176–196

Sundhaussen, Holm (2003): Jasenovac 1941–1945. In: Ueberschär, Gerd (Hg.): Orte des Grauens. Verbrechen im Zweiten Weltkrieg. Darmstadt: Primus, S. 49–59

Töpfer, Jochen (2015): Concepts of Religion and the State: An Application to South-Eastern Europe. In: Gerlach, Julia/Töpfer, Jochen (eds.): The Role of Religion in Eastern Europe Today. Wiesbaden: Springer VS

Traunmüller, Richard (2012): Zur Messung von Staat-Kirche-Beziehungen: Eine vergleichende Analyse neuerer Indizes. In: Zeitschrift für Vergleichende Politikwissenschaft (2012) 6: 207–231

Tripp, Charles (2015): Capitalism, Islam and. In: Fleet, Kate/Krämer, Gudrun/Matringe, Denis/Nawas, John/Rowson, Everett: Encyclopaedia of Islam 3, Zugriff online am 19.09.2017 unter http://dx.doi.org/10.1163/1573-3912_ei3_COM_27585

ʿUmar, ʿAbd-al-Karīm al- (1999): Muḏakkirāt al-ḥāǧǧ Muḥammad Amīn al-Ḥusainī. Dimašq al-Ahālī (Biographie Amin al-Husseini)

USHMM – United States Holocaust Memorial Museum (Hg.) (2017a): Hajj Amin al-Husayni: Timeline; Zugriff unter https://www.ushmm.org/wlc/en/article.php?ModuleId=10007668 (23.11.2017)

USHMM – United States Holocaust Memorial Museum (Hg.) (2017b): Hajj Amin al-Husayni: Wartime Propagandist; Zugriff unter https://www.ushmm.org/wlc/en/article.php?ModuleId=10007667 (23.11.2017)

USHMM – United States Holocaust Memorial Museum (Hg.) (2017c): Hajj Amin al-Husayni: The Mufti of Jerusalem; Zugriff unter https://www.ushmm.org/wlc/en/article.php?ModuleId=10007665 (23.11.2017)

Uyar, Mesut (2013): Ottoman Arab Officers between Nationalism and Loyalty during the First World War. In: War in History, 20(4), S. 526–544 (DOI: https://doi.org/10.1177/0968344513494658)

Weiss, Volker (2015): Blutige Gerüchte. Wie der Judenhass in den Orient kam: die Damaskus-Affäre 1840 um einen verschwundenen Mönch war ein Schlüsselereignis. In: Süddeutsche Zeitung 31, 30.07.2015, S. 15

Welch, A.T./Paret, R./Pearson, J.D. (2012): "al-Ḳurʾān". In: Bearman P./Bianquis, Th./Bosworth, C.E./Donzel, E. van/Heinrichs, W. (Hg): Encyclopaedia of Islam, 2. Aufl., http://dx.doi.org/10.1163/1573-3912_islam_COM_0543

Whisker, James B. (1982): The Social, Political and Religious Thought of Alfred Rosenberg. An Interpretive Essay. Washington, D.C.: Univ. Pr. of America

Wildangel, Rene (2007): Zwischen Achse und Mandatsmacht. Palästina und der Nationalsozialismus. Berlin: Schwarz

Wildangel, Rene (2012): The Invention of "Islamofascism". Nazi Propaganda to the Arab World and Perceptions from Palestine. In: Welt des Islams 52 (2012), S. 526–543

Wippermann, Wolfgang (2013): Bis zum Völkermord. Antisemitismus und Antiziganismus. In: iz3w, Nr. 334, Januar/Februar 2013, S. 21–23

Wokoeck, Ursula (2009): Wie lässt sich die Geschichte der Muslime in Deutschland vor 1945 erzählen? In: Brunner, Jose/Lavi, Shai (Hg.): Juden und Muslime in Deutschland. Recht, Religion, Identität. Tel-Aviv, S. 122–144

Wolin, Richard (2009): Herf's Misuses of History. The Chronicle of Higher Education (http://www.chronicle.com/article/Herfs-Misuse-of-History/49195/), 12.02.2017

Zaffi, Davide (2006): Das millet-System im Osmanischen Reich. In: Pan, Christoph/Pfeil, Sibylle (Hg.): Zur Entstehung des modernen Minderheitenschutzes in Europa. Wien, S. 132–155

Zander, Helmut (1996): Sozialdarwinistische Rassentheorien aus dem okkulten Untergrund des Kaiserreichs. In: Puschner, Uwe (Hg.): Handbuch zur „Völkischen Bewegung": 1871–1918. München [u. a.]: Saur, S. 224–251

Zankel, Sönke (2006): Der Jude als Anti-Muslim. Amim al-Husseini und die „Judenfrage". In: Günther, Niklas/Zankel, Sönke (Hg.): Abrahams Enkel. Juden, Christen, Muslime und die Schoa. Stuttgart, S. 41–52

Zentral-Pressbureau des Ministerratspräsidiums (Hg.) (1930): Königreich Jugoslawien 1919–1929. Beograd

Weitere Internetquellen

American Freedom Defense Initiative (AFDI) http://freedomdefense.typepad.com/ (02.02.2017)

Bundesarchiv, Bilder zu Amin al-Husseini im Exil 1941–1945 http://www.bild.bundesarchiv.de/cross-search/search/_1539348720/ (12.09.2018)

International Qur'anic Studies Association, https://iqsaweb.wordpress.com/2016/12/01/ripar/ (10.09.2018)

Kayalı, Hasan (Biographie) https://history.ucsd.edu/people/faculty/kayali.html (10.09.2018)

Orient House der Familie al-Husseini in Jerusalem http://www.orienthouse.org/about/history.html (12.09.2018)

Ostsachsen Projekt 2017 – Projekt zur Organisations- und Sozialgeschichte der SS in Ostsachsen (1925–1945) http://ostsachsenprojekt.blogspot.de/ (12.01.2018)

Shepard, William E. (Biographie) http://www.oxfordbibliographies.com/ViewContributor/document/obo-9780195390155/obo-9780195390155-0072.xml (02.02.2017)

Filmdokumentation

Billstein, Heinrich (2015): Turban und Hakenkreuz. Der Großmufti und die Nazis. Strasbourg: ARTE

The manufacturer's authorised representative in the EU is Springer
Nature Customer Service Centre GmbH, Europaplatz 3, 69115 Heidelberg,
Germany. If you have any concerns regarding our products, please
contact ProductSafety@springernature.com

Printed and bound by CPI Group (UK) Ltd, Croydon, CR0 4YY
24/04/2026
02096311-0002